H. Dv. 12

Reitvorschrift

Vom 29. Juni 1912

Ausgabe 1926

Faksimile Nachdruck
Scan der H. Dv. 12 1926
Verlegt bei Mittler& Sohn

Das ursprüngliche Werk gilt gemäß dem deutschen Urheberrecht als gemeinfrei, weil es Teil der Statuten, Verordnung oder ein gesetzlicher Erlass (Amtliches Werk) ist, das durch eine deutsche Behörde bzw. durch ein deutsches Gericht veröffentlicht wurde (§ 5 Abs.1 UrhG).

Vorwort

Nach dem 1.Weltkrieg reduzierte sich aufgrund des Versailler Vertrages die Anzahl der Kavallerieregimenter von 110 auf 18, dadurch blieb eine kleine aber feine Elite der Kavalleristen übrig. Durch die erzwungene Umwandlung der Reichswehr in eine Berufsarmee und die sich daraus ergebenden erheblich längeren Dienstzeiten, zwölf Jahre für Mannschaften und Unteroffiziere, fünfundzwanzig Jahre für Offiziere, stand für die Reiter und Pferdeausbildung viel mehr Zeit zur Verfügung. Im Vergleich dazu hatte der Kavallerist im kaiserlichen Heer nur drei Jahre Wehrdienst.

Die Kavallerieschule Hannover wurde durch diese Umstände zum Zentrum des gesammelten reiterlichen Könnens und Wissens weltweit. In diese Zeit fiel die Neuauflage der Reitvorschrift, H. Dv. 12, von 1926. Es war genügend Zeit vorhanden um die Reitvorschrift auf so hohes Niveau zu setzen wie es vorher und nachher nicht mehr geschehen ist. Aus der ganzen Welt kamen hervorragende Reiter um sich in Hannover auszutauschen.

Die besten Reiter Deutschlands wurden auf die Kavallerieschule Hannover berufen, um die klassische Ausbildung gemäß der H. Dv. 12 in der Tiefe zu durchlaufen, die international als die beste Reitlehre der Welt galt.

Leutnant Walter Schwabl war einer davon. Sein Sohn, Gert Schwabl von Gordon, bezieht sich in seinem Buch „ Die Klassische Reitlehre in der Praxis gemäß der H. Dv. 12 „ fast ausschließlich auf die Reitvorschrift von 1926 über die sein Vater, Walter Schwabl, sagte das es die Beste sei von allen.

1935 wurde die Wehrpflicht wieder eingeführt. Die Wehrdienstzeit war jetzt zwei Jahre. Zwangsläufig musste die Reitvorschrift angepasst werden. Eine zügige Ausbildung der Pferde und Reiter stand jetzt im Vordergrund. Das Ziel war die sichere Beherrschung des Pferdes im Gelände. Pferd und Reiter wurden nur noch bis L Niveau ausgebildet, statt vormals bis M/S.

Sigrun Hermes

H. Dv. **12**

Reitvorschrift

Vom 29. Juni 1912

Ausgabe 1926

Berlin 1926

Verlegt bei E. S. Mittler & Sohn

Ich genehmige die Änderungen und Erweiterungen der Reitvorschrift vom 29. Juni 1912 in der vorliegenden zweiten Auflage und ermächtige die Inspektion der Kavallerie, Änderungen, soweit sie nicht grundsätzlicher Art sind, selbständig zu veranlassen.

Die erste Auflage tritt mit Ausgabe dieser zweiten Auflage außer Kraft.

Berlin, den 30. April 1926.

v. Seeckt.

Inhaltsverzeichnis.

II. Teil.

Reitlehre.

III. Teil.

Dressur der Remonten.

Junge Remonten.

V. Teil.

Einleitung.

1. Der Krieg fordert vom Reiter die sichere Beherrschung des Pferdes, vom Pferde Gehorsam, Gewandtheit und Ausdauer. Diese Anforderungen durch eine sachgemäße körperliche Durchbildung von Mann und Pferd zu erfüllen, ist die Aufgabe der Reitausbildung.

2. Die Reitvorschrift enthält die Grundsätze für die Ausbildung des Reiters und die Dressur des Pferdes sowie die Lektionen, deren man sich dabei bedient.

3. Die Verschiedenheit des Materials macht es unmöglich, für alle Fälle bestimmte Anweisungen zu geben. Nur dauernde Übung im Sattel und fleißige Beobachtung von Reiter und Pferd können Gefühl und Auge so schärfen, daß es bei auftretenden Schwierigkeiten gelingt, die wahren Ursachen zu erkennen und nach den Grundsätzen der Reitvorschrift durch zweckentsprechende Lektionen zu beseitigen.

4. Mit der körperlichen muß die geistige Ausbildung des Mannes zum denkenden, selbständig arbeitenden Reiter Hand in Hand gehen. Die Dressur des Pferdes ist durch planmäßige Erziehung und Gewöhnung zu unterstützen.

5. In der Reitbahn oder auf dem Reitplatz wird die Grundlage gelegt für die sichere Beherrschung des Pferdes im Gelände.

6. Das gesteckte Ziel ist nur durch gründliche Einzelausbildung zu erreichen, da nur so die Eigenart von Reiter und Pferd gebührend berücksichtigt werden kann. Alle Reiter müssen täglich Gelegenheit erhalten, ihre Pferde selbständig zu arbeiten und zu springen.

Das Reiten in der Abteilung ist bei der Ausbildung nicht zu entbehren und dient auch als Vorbereitung für das Reiten im Gliede und zur soldatischen Erziehung von Mann und Pferd. Gute Leistungen geschlossener Abteilungen müssen jedoch das Ergebnis der Einzelausbildung sein.

7. Die Leitung des Reitdienstes in der Eskadron*) liegt in den Händen des Eskadronchefs. Er ist für die gesamte Ausbildung der Eskadron und für die richtige Anleitung der ihm zur Verfügung stehenden Lehrkräfte verantwortlich und in der Wahl seiner Mittel möglichst wenig zu beschränken.

Die Reitfertigkeit der Unteroffiziere und ihr reiterliches Verständnis zu fördern, sie mit Lust und Liebe für die Reitkunst zu erfüllen, ist eine der wichtigsten und dankbarsten Aufgaben des Eskadronchefs.

Der Erhaltung und Verbesserung der Reitform der Pferde hat er während aller Dienstperioden, namentlich auch während der Sommermonate, seine besondere Aufmerksamkeit zuzuwenden.

8. Der Regimentskommandeur überwacht die Reitausbildung und sorgt dafür, daß das geforderte Ausbildungsziel von allen Eskadronen erreicht wird.

Alle Vorgesetzten sind verpflichtet, einzugreifen, sobald sie Mißgriffe oder Zurückbleiben bemerken.

9. Pflege und Schonung des Pferdematerials müssen zur Erhaltung steter Kriegsbereitschaft jeder Zeit im Auge behalten werden.

10. Der Reitlehrer muß dem Manne ein nachahmenswertes Vorbild bieten, sowohl in seiner persönlichen Haltung im Sattel als auch in seinem reiterlichen Können. Er sollte imstande sein und Gelegenheit nehmen, jedes Pferd seiner Abteilungen selbst zu reiten, um den Schülern aus eigenem Reitergefühl die gebotenen Hilfen an die Hand geben zu können.

Der junge Reiter und das junge Pferd sind meist willig und werden mit wenigen Ausnahmen bei ruhiger, wohlwollender Behandlung und verständnisvoller Belehrung alles Erforderliche leisten. Erfolg und Miß-

---

*) Eskadron gilt sinngemäß für Batterie, Kompanie, Abteilung.

erfolg in der Reitausbildung hängen daher in erster Linie von der Persönlichkeit des Lehrers ab.

11. Die Reitfertigkeit der Offiziere ist mit allen Mitteln zu fördern und darin schon bei Fahnenjunkern und Fähnrichen eine sichere Grundlage zu schaffen.

Den Unterricht an Offiziere erteilt o h n e R ü c k = s i c h t a u f d e n D i e n s t g r a d d e r e r f o l g r e i c h s t e R e i t l e h r e r. Dem Regimentskommandeur steht es frei, den Unterricht selbst zu geben.

12. Neben dem Reitunterricht in der Bahn ist das Geländereiten in jeder Weise, namentlich durch Jagdreiten, zu fördern. Alljährlich nach den Manövern sind bei den Regimentern Jagden zu reiten, an denen das gesamte Offizierkorps unter seinem Kommandeur teilzunehmen hat. Daneben ist die Ausführung von Dauerritten nach den hierfür erlassenen Bestimmungen zu pflegen.

13. A l l e B e f e h l s h a b e r m ü s s e n d a h i n w i r k e n, b e i i h r e n U n t e r g e b e n e n r e i t e r l i c h e n E h r = g e i z u n d r e i t e r l i c h e s S e l b s t v e r t r a u e n, s o w i e L u s t u n d L i e b e f ü r d e n R e i t d i e n s t z u w e c k e n u n d a u f j e d e W e i s e z u f ö r d e r n. N u r s o k a n n e s g e l i n g e n, d e n G e i s t g r o ß z u = z i e h e n, d e r i m K r i e g e d e n E r f o l g v e r = b ü r g t.

I. Teil.

Allgemeines.

1. Der Reitlehrer.

Der Reitlehrer soll die Reitkunst im Rahmen seiner Aufgabe praktisch wie theoretisch beherrschen. Er muß mit Ziel und Gang der Ausbildung völlig vertraut sein, den Zweck, Aufbau und inneren Zusammenhang der einzelnen Lektionen und die bei ihrer Ausführung auftretenden Schwierigkeiten und charakteristischen Fehler kennen. Nur ein Lehrer, der die Durchführbarkeit seiner Anforderungen selbst im Sattel beweist, wird das unbedingte Vertrauen seiner Schüler besitzen. Lehrer der Remonteabteilungen müssen selbst junge Pferde zugeritten haben und auch die die Dressur unterstützenden Hilfsmittel anzuwenden verstehen.

Jeder Unterrichtsstunde muß eine vorher durchdachte Zeiteinteilung zugrunde gelegt werden, die dem augenblicklichen Ausbildungsgrade zu entsprechen hat. Ebenso wie in der gesamten Ausbildung müssen auch in den einzelnen Reitstunden die Lektionen sich in sachgemäßer Weise folgen und vom Leichteren zum Schwereren fortschreiten. Es wird oft, besonders im späteren Verlauf der Ausbildung, nicht möglich sein, alle dem Ausbildungsgrad entsprechenden Lektionen in einer Reitstunde ohne Übereilung durchzunehmen. Sie müssen dann zweckentsprechend auf mehrere Tage verteilt werden. Überraschend auftretende Schwierigkeiten in der Dressur werden den Reitlehrer öfters veranlassen, von der vorher geplanten Einteilung der Reitstunde bewußt abzuweichen.

Eine gründliche und deshalb langsam fortschreitende Arbeit ist geboten. Es ist aber falsch, nicht eher weiterzugehen, als bis das Erreichte vollständig allen Ansprüchen genügt. Man muß berücksichtigen, daß die späteren Lektionen auch die vorhergehenden verbessern.

Im Anfang der Stunde sind die Pferde zur Losgelassenheit zu bringen. Erst wenn diese erreicht ist, darf man die Pferde versammeln lassen. Auf Lektionen in starker Versammlung müssen stets freie Gänge folgen. Werden diese Grundsätze nicht befolgt, so wird sich bei der Versammlung des Pferdes leicht eine fehlerhafte Spannung einstellen. In Unterrichtsstunden, die auf Ruhetage folgen, empfiehlt es sich, anfangs freiere Gänge mit etwas längeren Zügeln, unter Umständen Galopp in einem natürlichen Tempo, reiten zu lassen.

Ein Aneinanderreihen vieler schwieriger Lektionen und zu lange Reprisen rufen beim Reiter Steifheit hervor und veranlassen ihn, sich festzuziehen; beim Pferde ist Verlust des schwunghaften Ganges die Folge. Besonders bei Rekruten und jungen Remonten sind kurze Reprisen, öfteres Rühren und Absitzen zur Schonung der Reiter oder Pferde erforderlich. Gegen Schluß des Unterrichts ist rechtzeitiges Beenden besonders anstrengender Lektionen geboten. Außerdem sollten ihnen stets Schrittreprisen folgen, bei denen den Pferden vollständige Zügelfreiheit zu gewähren ist. Dies dient der Pferdeschonung und Dressur. Nützlich sind solche Ruhepausen auch als Belohnung für das Pferd, wenn sich Fortschritte gegen früher gezeigt haben.

In den Ruhepausen hat jede Arbeit zu unterbleiben, damit sie wirklich zur Erholung der Pferde dienen. Besonders zu bekämpfen ist das Bestreben vieler Reiter, den Hals des Pferdes dabei mit den Händen allein formen zu wollen. Zusammengezogene Hälse sind sonst die Folge.

Die in den abgekürzten Gängen sich naturgemäß ergebende engere Form des Pferdehalses darf in den freieren Gängen nicht beibehalten werden. Hauptsächlich bei den Übergängen zu diesen, wo das Pferd infolge der vermehrt einsetzenden Schubkraft und der hierdurch bedingten Verlegung des Schwerpunktes weiter nach vorn das Bestreben hat, den Hals etwas mehr zu strecken, muß der Reiter veranlaßt werden, ihm dies zu gestatten. Auch ist es erforderlich, in allen Tempos von Zeit zu Zeit den Pferden die Zügel nachgeben zu lassen, um sich zu überzeugen, ob sie in der beim Gebrauch erforderlichen Selbsthaltung gehen.

Die Ausbildung erfolgt teils durch Einzelarbeit, teils durch Reiten in der Abteilung. Jeder Reiter muß täglich Gelegenheit haben, sein Pferd für sich arbeiten zu können.

Dies allein ermöglicht eine gründliche und der Eigenart des Pferdes angepaßte Dressur. Selbst der Rekrut wird bei dieser Art des Reitens am besten lernen, sein Pferd zu beherrschen und in Haltung zu bringen.

Die Überwachung der Einzelarbeit ist, namentlich wenn sämtliche Reiter in frei gewählten Lektionen gleichzeitig arbeiten, für unerfahrene Reitlehrer nicht leicht und erfordert große Aufmerksamkeit. Der Neigung der Reiter, sich meist in kurzen, schwunglosen Gängen zu bewegen und nur die für sie bequemsten, die Dressur des Pferdes jedoch wenig fördernden Lektionen zu reiten, muß entgegengewirkt werden.

Wenn auch die Einzelarbeit ihren hohen Wert hat und täglich stattfinden soll, so muß doch das Reiten in der Abteilung als wichtiges Ausbildungsmittel auch gepflegt werden. Das auf das Einzelreiten unmittelbar folgende Reiten in der Abteilung zeigt am deutlichsten, ob die Reiter ihre Pferde richtig oder falsch gearbeitet haben. Wird dies den Reitern von Anfang an klar gemacht, so wird dadurch die Einzelarbeit sehr gewinnen.

Das beim Reiten in der Abteilung erforderliche genaue Halten der Abstände und des befohlenen Tempos nötigt ferner den Reiter dauernd zu Einwirkungen und lehrt das Pferd diese beachten. Auch lassen sich einige Lektionen leichter durch das Reiten in der Abteilung als durch das Einzelreiten lehren. Schließlich bereitet das Reiten in der Abteilung Mann und Pferd zu ihrer Verwendung im Gliede vor.

Nutzbringend ist die Arbeit in der Abteilung nur dann, wenn alle Reiter das gleiche Tempo reiten und die Hufschlagslinien genau innehalten. Das Halten der Abstände ergibt sich von selbst, sobald die Reiter ihre Pferde im Tempo vollständig beherrschen. Die Abstände dürfen aber auch anfangs nicht so weit aufgegeben werden, daß die folgenden Reiter in ihrem Tempo und dadurch in ihrer Arbeit gestört werden. Verlorene Abstände sind durch mehr oder weniger scharfes Ausreiten der Ecken wieder herzustellen.

Genaue Abstände sind ein Zeichen nicht nur für die soldatische, sondern auch für die reiterliche Durchbildung einer Abteilung und müssen schließlich unbedingt gefordert werden.

Es ist durchaus zu vermeiden, dieselben Lektionen immer

an der gleichen Stelle der Bahn und in der gleichen Reihen=
folge reiten zu lassen. Die Pferde führen sonst die Übungen
nicht aus Gehorsam, sondern aus Gewohnheit aus; die Reiter
sind nicht genötigt, ihre Hilfen genau abzumessen.

Eine frische, abwechslungsreiche, jedes Schema vermei=
dende Lehrart schafft aufmerksame, selbsttätige und passionierte
Schüler, eine Vorbedingung für einen erfolgreichen Unterricht.

Vor Beginn des Reitens ist der Anzug der Reiter, das
Aussehen und der Putzzustand der Pferde sowie Zäumung
und Sattelung eingehend zu prüfen.

Während des Unterrichts muß sich der Lehrer so auf=
stellen, daß er einen möglichst großen Teil der Abteilung
übersieht, in der geschlossenen Bahn im allgemeinen an einer
kurzen Seite, im Freien zeitweise außerhalb des Vierecks.
Das Changieren durch die Bahn und das Entwickeln von Lek=
tionen von der Tete ab läßt er auf sich zu ausführen. Das
Geradeausreiten auf langer Linie prüft er, indem er sich in
ihrer Verlängerung aufstellt.

Ohne die Abteilung ganz aus dem Auge zu verlieren,
prüft der Reitlehrer die an ihm vorüberkommenden Pferde
und Reiter und ruft die etwa notwendige Korrektur zu. Erst
wenn der Lehrer sich von ihrer Ausführung überzeugt hat, be=
schäftigt er sich mit einem anderen Schüler.

Außer der Korrektur der einzelnen Leute findet auch
eine Belehrung der ganzen Abteilung statt, meist um an die
bei bestimmten Fällen sich bei Reiter und Pferd wieder=
holenden Fehler zu erinnern und um diesen vorzubeugen.

Alle Anweisungen, namentlich bei Rekruten, müssen dem
geistigen Fassungsvermögen der Leute angepaßt sein. Unver=
meidliche Fremdwörter sind zu erklären. Beim Reitunterricht
selbst sind nur kurze, schlagwortartige Anweisungen am Platz.
Längere Belehrungen gehören in den Dienstunterricht, der
gelegentlich in der Reitbahn unter Zuhilfenahme eines ge=
sattelten und gezäumten Pferdes erfolgen kann. Sind aus=
nahmsweise längere Erklärungen während des Reitunterrichts
nötig, so läßt der Lehrer halten oder versammelt seine Schüler,
auch abgesessen, um sich.

Reiter und Pferde, die den gestellten Anforderungen
nicht genügen, werden das gesteckte Ziel nur dann erreichen,
wenn sie durch besonderen Unterricht nachgefördert werden.

Stets soll der Reitlehrer seine Ruhe bewahren und bedenken, daß überlautes Kommandieren und vieles Sprechen die Aufmerksamkeit der Mannschaften abstumpft. Unbefriedigende Leistungen haben meist ihren Grund in Unkenntnis oder Unvermögen. Bei trägen und unaufmerksamen Schülern sucht man das Ehrgefühl zu wecken, ehe man zu Strafen schreitet. Lob und Anerkennung fördern die Ausbildung oft mehr als Tadel.

2. Einteilung in Reitabteilungen.

Reiter und Pferde der Eskadron werden nach folgenden Grundsätzen in Reitabteilungen zusammengestellt:

Rekrutenabteilungen. (1., 2., 3. usw.)

Ihnen gebührt das bestgerittene, ältere Pferdematerial der Eskadron. Nur auf frischen, gut durchgerittenen und vor allem in guter Selbsthaltung gehenden Pferden kann der junge Reiter richtig sitzen, fühlen und damit reiten lernen. Auf verbrauchten, müden, ohne Schwung dahingehenden oder tot auf der Hand liegenden Pferden ist dies nicht möglich. Eine Beeinträchtigung des Pferdematerials der Rekruten zugunsten anderer Abteilungen ist unzulässig und bestraft sich durch ein ungenügendes Ausbildungsergebnis.

Junge und alte Remonten.

Sie erhalten die besten Reiter der Eskadron. Remonten, die im ersten Jahr in der Dressur zurückgeblieben sind, können ein zweites Jahr mit den jungen Remonten ausgebildet werden.

Abteilung A.

In ihr sind grundsätzlich sämtliche im dritten Dienstjahre stehenden Pferde zu vereinigen und durch gute Reiter in ihrer Ausbildung zu fördern. Es ist jedoch gestattet, einzelne besonders gut gerittene Pferde des dritten Jahrgangs in der Abteilung B zu verwenden. Dies hat zu geschehen, wenn die Abteilung A sonst zu stark würde. Anderseits können auch ältere Pferde, die der Nachdressur bedürfen, in die Abteilung aufgenommen werden.

Abteilung B.

Sie erhält die bestgerittenen, gut gebauten jüngeren Pferde. Ihre Aufgabe ist die Heranbildung reiterlich besonders veranlagter Mannschaften der älteren Jahrgänge zu Remontereitern.

Abteilungen C und D (E).

Dazu gehören alle in den bisher genannten Abteilungen nicht verwendeten Reiter und Pferde. Die besseren Reiter und jüngeren Pferde sind der Abteilung C zuzuweisen.

3. Allgemeine Zeiteinteilung.

Die nachstehend angegebenen Zeitgrenzen können sich durch klimatische oder örtliche Verhältnisse, durch Pferdeseuchen und die nach ihrem Erlöschen unbedingt zu fordernde längere Schonung der Pferde verschieben.

Rekruten. 2½ Monate nach dem Diensteintritt darf, 3½ Monate danach muß auf Kandare geritten werden. Die Einstellungsfähigkeit in die Eskadron muß 6 Monate nach dem Diensteintritt erreicht sein.

Junge Remonten. Am 1. Juli des auf ihre Überweisung folgenden Jahres muß ihre Dressur auf Trense in den für das erste Dienstjahr vorgeschriebenen Lektionen so weit gefördert sein, daß sie auf Kandare geritten werden können. Bei noch ungenügend entwickelten, ungünstig gebauten oder durch Krankheit zurückgebliebenen Pferden müssen die Ansprüche an die Dressur, um eine Schädigung auszuschließen, entsprechend ermäßigt werden.

Fertig zur Einstellung in die Eskadron soll die Remonte erst im zweiten Dienstjahre werden.

Die junge Remonte muß während der Dressur an Kraft und Fülle zunehmen.

Alte Remonten. Bis Mitte Januar muß auf Trense geritten werden, Ende März die Einstellungsfähigkeit in die Eskadron erreicht sein.

Es ist zu verlangen, daß die alten Remonten in voller Kraft und Frische und möglichst vollzählig in die Eskadron eingestellt werden. Auch während ihres ersten Dienstjahres in der Front bedürfen sie schonender Behandlung und besonders guter Pflege, wenn sie nicht vor der Zeit verbraucht werden sollen. Zu den Manövern dürfen nur einzelne alte Remonten nach Bestimmung des Regimentskommandeurs

mitgenommen werden. Von den Aufklärungsübungen sind sie zurückzulassen.

Die Abteilung A darf Mitte Dezember und muß Mitte Januar auf Kandare gezäumt werden.

Die Abteilung B reitet bis Mitte Januar auf Trense.

Für die Abteilungen C und D (E) bleibt dem Regimentskommandeur die Bestimmung überlassen, ob der Beginn der Winterdressur auf Trense oder auf Kandare erfolgen soll.

Bei allen Abteilungen, die auf Trense gearbeitet sind, bietet der Abschluß der Trensenarbeit im allgemeinen ein zuverlässiges Bild von dem Grade der Reitfertigkeit der Leute und der Rittigkeit der Pferde. Der Regimentskommandeur hat sich daher vor Zäumung der Abteilungen auf Kandare von dem Stande ihrer Ausbildung zu überzeugen. Die Vornahme von „Besichtigungen" zu diesem Zeitpunkt birgt die Gefahr in sich, daß an Stelle planmäßig sich steigernder Anforderungen eine überstürzte Ausbildung tritt.

Die Kandarenbesichtigung wird unter gewöhnlichen Verhältnissen etwa Mitte März abzuhalten sein. Da sie den Höhepunkt der Winterausbildung von Mann und Pferd darstellen soll, ist sie mit Ausnahme der Rekruten in der Reitbahn vorzunehmen, wo allein eine gründliche Prüfung des technischen Könnens möglich ist. Dies darf nicht verhindern, daß alle Abteilungen während des Winters auch im Freien gehen.

Es bleibt dem Regimentskommandeur unbenommen, zu einem späteren Zeitpunkt die Abteilungen auch im angewandten Reiten und in der Führung der Waffe zu besichtigen.

4. Erklärung einiger Bezeichnungen.

Die Kommandos bestehen meist aus Ankündigungs- und Ausführungskommandos. Sie sind fett gedruckt; Pausen werden durch einen Bindestrich angedeutet. Das Ankündigungskommando soll den Reiter veranlassen, sein Pferd auf die mit dem Ausführungskommando beginnende neue Lektion vorzubereiten. Soll eine Übung von den Reitern nicht gleichzeitig, sondern von der Tete ab nacheinander ausgeführt werden, so wird sie von jedem Reiter an derselben Stelle wie vom Tetenreiter begonnen.

Grundlinie ist eine Linie, die man sich durch die Vorderhufe des richtig aufgestellten Pferdes des Mittelreiters gezogen denkt.

Abstand ist die Entfernung vom Schweif des Vorderpferdes bis zum Kopf des ihm folgenden. Die Abstände werden nach Schritten (80 cm) und nach Pferdelängen (drei Schritt) gemessen.

Zwischenraum ist die seitliche Entfernung zweier nebeneinander befindlicher Reiter, von Bügel zu Bügel gemessen.

Geöffnet heißt eine Abteilung, wenn der Zwischenraum 3 Schritt beträgt, geschlossen, wenn sie Bügelfühlung hat.

Fühlung haben die Reiter, wenn sich ihre Bügel berühren.

Das nötige Maß der Seitenrichtung ergibt sich durch richtiges Aufstellen der Pferde auf der Grundlinie.

Fühlung und Richtung sind von jedem Reiter ohne weiteres zu nehmen.

Augenrichtung wird auf: **Richt Euch!** nach dem Mittelreiter genommen.

Soll ausnahmsweise die Richtung nach einem Flügel genommen werden, so lautet das Kommando: **Augen rechts! (die Augen links!) — Richt Euch!** Die Augenrichtung wird auf: **Augen geradeaus!** beendet.

Man reitet auf der rechten (linken) Hand, wenn die rechte (linke) Seite dem Innern der Bahn (Reitplatz) zugewandt ist.

Inwendige Seite ist bei geradeaus gestelltem Pferd die nach dem Inneren der Bahn zeigende, sonst diejenige, nach der das Pferd gestellt ist; auswendige Seite ist die entgegengesetzte.

Halbe Paraden sind Einwirkungen des Reiters, durch die das Pferd entweder nur für den Augenblick verhalten, versammelt, zum Mäßigen des Tempos oder zum Übergang in eine kürzere Gangart veranlaßt wird.

Ganze Paraden bringen das im Gange befindliche Pferd zum Halten.

Tempo bedeutet die Geschwindigkeit, mit der das Pferd eine bestimmte Strecke in einer bestimmten Gangart zurück-legt. Mit dem Begriff des Temporeitens verbindet man gleichzeitig die Vorstellung, daß die Tritte oder Sprünge des Pferdes sich dauernd in demselben Zeitmaß folgen und dauernd dieselbe Länge haben.

Das Tempo ist stark oder kurz, je nachdem in derselben Zeit viel oder wenig Raum zurückgelegt wird.

Je nach dem Takt, in dem das Pferd die Füße aufhebt und niedersetzt, wird das Tempo als ruhig oder übereilt, lebhaft oder matt, gleichmäßig oder wechselnd bezeichnet, un-abhängig davon, ob viel oder wenig Raum in derselben Zeit zurückgelegt wird.

Sicheres Temporeiten ist die Grundlage für Fühlung und Richtung sowie für geord-nete und flüssige Bewegungen jeder be-rittenen Truppe. Jedem Reiter muß daher schon im Reitunterricht das Gefühl für das Tempo und die Fähigkeit, es in allen Gang-arten richtig anzunehmen und dauernd gleichmäßig zu erhalten, gelehrt werden.

Es sind zurückzulegen in der Minute:

im Schritt	125 Schritt,
im Mitteltrab	300 Schritt,
im Mittelgalopp	350 Schritt.

Für die übrigen bei der Reitausbildung nötigen Tempos dürfen Maße, soweit sie nicht durch die A. V. K. bestimmt sind, nicht festgesetzt werden.

Im Trabe läßt sich der Mann stets werfen; soll leicht getrabt werden, so ist dies besonders zu befehlen.

5. Sattelung.

Nur auf einem richtig gebauten und gut liegenden Sattel kann der Reiter richtig sitzen und einwirken.

Ein gut verpaßter Sattel liegt mit seinen überall gleich-mäßig auf den Rippen aufliegenden Trachten an den Schulter-blättern an. Die beiden Enden der Trachten sollen dabei vom

Pferdekörper etwas abgebogen sein und mit ihren oberen Kanten nirgends den Rücken klemmen, namentlich nicht am Widerrist. Zwischen Vorderzwiesel und Woilach muß so viel freier Raum sein, daß man mit der Hand hineinfassen kann, solange der Woilach noch nicht in die Kammer gezogen ist.

Der tiefste Punkt der Sitzfläche muß in der Mitte des Sattels liegen. Liegt er weiter zurück, so gleitet das Gesäß beim Reiten nach hinten heraus, die Oberschenkel und Knie steigen (Stuhlsitz). Liegt der tiefste Punkt zu weit nach vorn, so kommt auch der Reiter zu weit nach vorn, und es entsteht leicht ein stehender Sitz (Spaltsitz). Falsch gebaute Sättel müssen umgearbeitet werden.

Liegt der Sattel zu weit nach vorn, so wird die Vor= hand durch das Reitergewicht zu sehr belastet und die Ein= wirkung auf die Hinterhand erschwert. Ein zu weit hinten liegender Sattel belastet den schwächeren Teil des Rückens in der Nierengegend; die Gurte liegen zum Teil schon auf den falschen Rippen und pressen sie zusammen.

Bei fehlerhafter Lage des Sattels ist eine richtige Ein= wirkung des Reiters erschwert. Die Lage der Sättel ist daher dauernd zu beachten, nötigenfalls durch Umsatteln zu berichtigen. Bei Pferden mit besonders ungünstiger Sattel= lage können Vor= oder Hintergurte verwendet werden.

Der sechs= oder neunfach zusammengelegte Woilach ist so auf den Rücken des Pferdes aufzulegen, daß er vorn etwa eine Hand breit über den Sattel hervorragt und zu beiden Seiten des Widerristes gleich tief herabhängt. Die offenen Enden des Woilachs müssen nach links unten und hinten liegen.

Das Vorderzeug gibt namentlich dem gepackten Sattel eine sicherere Lage, besonders verhindert es ein Zurück= rutschen des Sattels beim Erklettern steiler Hänge. Das Herzblatt soll auf der Herzgrube des Pferdes liegen. Der Unterriemen darf weder spannen noch herunterhängen.

Anstatt des zusammengelegten Woilachs empfiehlt es sich, beim Dressurreiten Unterlegedecken, am besten aus Filz, zu verwenden.

6. Zäumung.

Zäumung auf Trenfe. Bild 1*).

Die Trenfe ift fo zu verpaffen, daß das Gebiß (f) an den Maulwinkeln anliegt, ohne diefe hochzuziehen. Das

Bild 1.

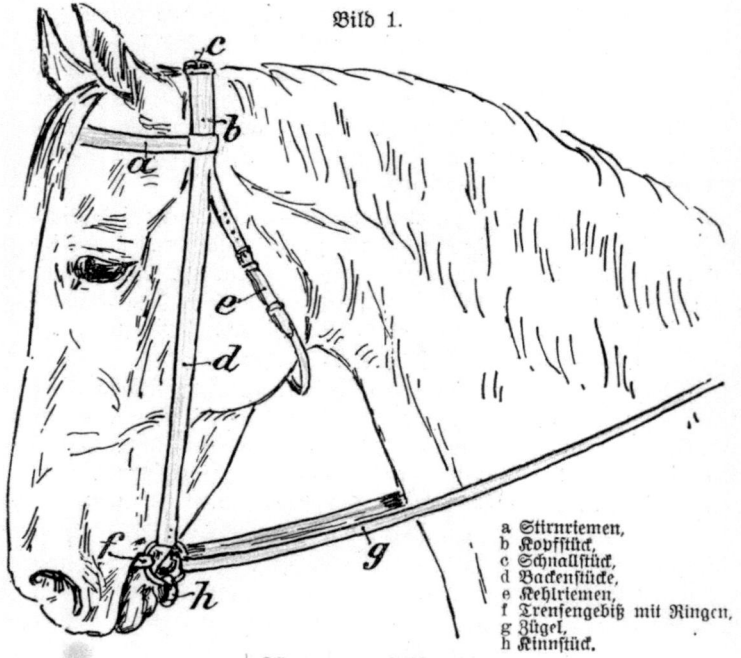

a Stirnriemen,
b Kopfftück,
c Schnallftück,
d Backenftücke,
e Kehlriemen,
f Trenfengebiß mit Ringen,
g Zügel,
h Kinnftück.

Zäumung auf Trenfe.

Schnallftück (c) liegt auf der Mitte des Genicks, der Stirn= riemen (a) dicht unterhalb der Ohren, am Pferdekopf bequem anliegend; die Backenftücke (d) liegen etwa zwei Finger breit hinter der Jochbeinleifte. Der Kehlriemen (e) ift fo weit gefchnallt, daß bei beigezäumtem Pferde zwifchen ihm und dem Kehlgange die flache Hand Platz hat.

_____

*) In der Reitvorfchrift find bei Befchreibung der einzelnen Handgriffe offene Trenfenzügel angenommen. Es ift aber auch geftattet, die Trenfenzügel zufammenzufchnallen.

Mit Nutzen wendet man bei der Arbeit auf Trense, be=
sonders bei den Remonten, eine Reithalfter an (Bild 2).
Sie bezweckt, das bei der Dressur des Pferdes oft vorkommende
Aufsperren des Maules und seitliche Verschieben des Unter=
kiefers zu verhindern und dadurch das Pferd zu zwingen,

Bild 2.

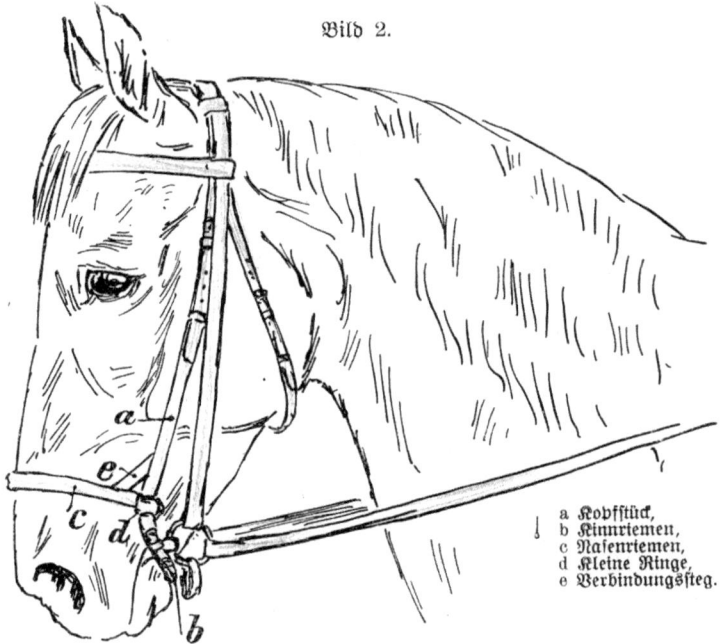

a Kopfstück,
b Kinnriemen,
c Nasenriemen,
d Kleine Ringe,
e Verbindungssteg.

Zäumung auf Trense mit Reithalfter.

nicht nur mit dem Unterkiefer, sondern auch im Genick nach=
zugeben. Das Kopfstück (a), der Kinnriemen (b) und der
Nasenriemen (c) der Halfter sind in kleine Ringe (d) einge=
näht; ein kleiner Verbindungssteg (e) verhindert das Herab=
fallen des Nasenriemens. Dieser muß so kurz sein, daß die
beiden Ringe vor den Backenstücken der Trense liegen.

Das Kopfstück der mit der Trense zu vereinigenden
Reithalfter wird unter den Backenstücken der Trense durch
die Stirnriemenschlaufen hindurchgezogen. Nach dem Auf=

legen der Trense wird der Kinnriemen unterhalb des Trensen-
mundstücks durchgezogen und in ein auf der linken Seite in
den Ring eingenähtes Schnallstück, dessen Schnalle dicht am
Ringe sitzen muß, eingeschnallt. Der Nasenriemen soll etwa vier
Finger breit über dem oberen Nüsternrand liegen, der Kinnriemen nur so eng geschnallt sein, daß das Pferd noch kauen kann.

Zäumung auf Kandare. Bild 3, 4 und 5.

Das Hauptgestell des Zaumzeuges 22 liegt so weit hinter
den Pferdeohren, daß das Backenstück etwa 4 cm hinter der

Bild 3.

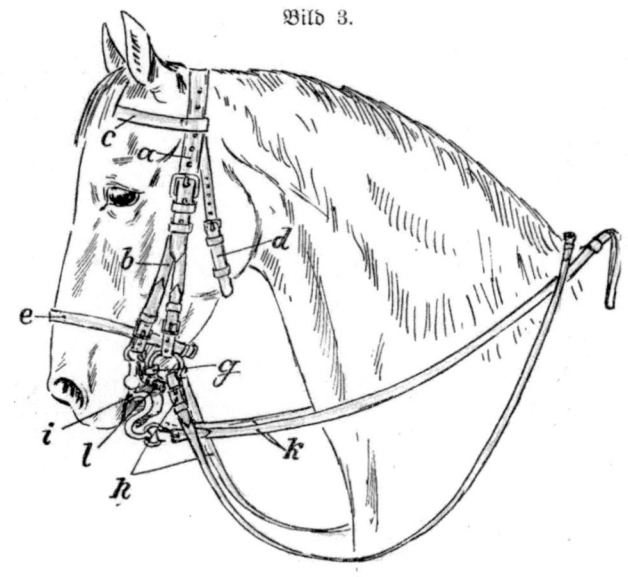

Zäumung auf Kandare.

a Kopfstück,	g Trensengebiß,
b Backenstück,	h Trensenzügel,
c Stirnriemen,	i Kandare,
d Kehlriemen,	k Kandarenzügel,
e Nasenriemen,	l Kinnkette.

Jochbeinleiste entlang läuft. Danach richtet sich die Länge
des Stirnriemens. Der Nasenriemen liegt 2 cm unter den
Jochbeinleisten. Die Schnalle des Kehlriemens, der so lang

zu schnallen ist, daß man bei beigezäumtem Pferde die flache Hand zwischen ihn und den Kehlgang stecken kann, liegt etwa auf der Mitte des Backenknochens.

Beim Einschnallen der Kandarenzügel ist zu beachten, daß der um 2,5 cm kürzere in den rechten Kandarenring ge= schnallt wird.

Das Trensengebiß liegt an den Maulwinkeln an, ohne diese hochzuziehen. Dünne Trensengebisse sind, weil sie zu scharf wirken, zu vermeiden. Die Trensenzügel müssen so lang sein, daß das Pferd den Hals völlig strecken kann, ohne daß der Reiter dazu die vorschriftsmäßige Handstellung auf= zugeben braucht.

Die Kandare soll so im Maule des Pferdes liegen, daß das Gebiß sich etwa in gleicher Höhe mit der Kinnketten= grube befindet und die Hakenzähne nicht berührt. Bei Pferden, die sich überzäumen, legt man das Mundstück etwas höher.

Die Breite des Mundstücks ist so zu wählen, daß zu beiden Seiten des Maules vom Mundstück nichts zu sehen ist; auch dürfen die Obergestelle die Lefzen oder die Backenhaut nicht zusammendrücken. Andernfalls ist die Kandare entweder „zu weit" oder „zu eng".

Die Obergestelle sind stets etwas nach außen gebogen.

Bei der Wahl des Mundstücks ist zu beachten, ob die Laden breit oder schmal, fleischig oder scharfkantig sind und ob die Zunge dick oder dünn ist. Bei empfindlichen Pferden nimmt man am besten Mundstücke mit geringer Zungen= freiheit, bei weniger empfindlichen Pferden kann man Mund= stücke mit größerer Zungenfreiheit anwenden. Auch bei Pferden, die die Neigung haben, die Zunge über das Gebiß zu strecken, empfiehlt sich die Verwendung eines Mundstücks mit größerer Zungenfreiheit. Mundstücke mit großer Zungen= freiheit beschädigen leicht die Laden.

Auf die Wirkung der Kandare ist das Längenverhältnis zwischen Anzügen und Obergestell von wesentlichem Einfluß. Je länger der Anzug und je kürzer das Obergestell, um so größer ist die Hebelwirkung, desto schärfer wirkt die Kandare.

Die Kinnkettenhaken, nach außen gebogen, sollen bis auf das Mundstück reichen. Ihre richtige Biegung ist von wesent=

Bild 4.

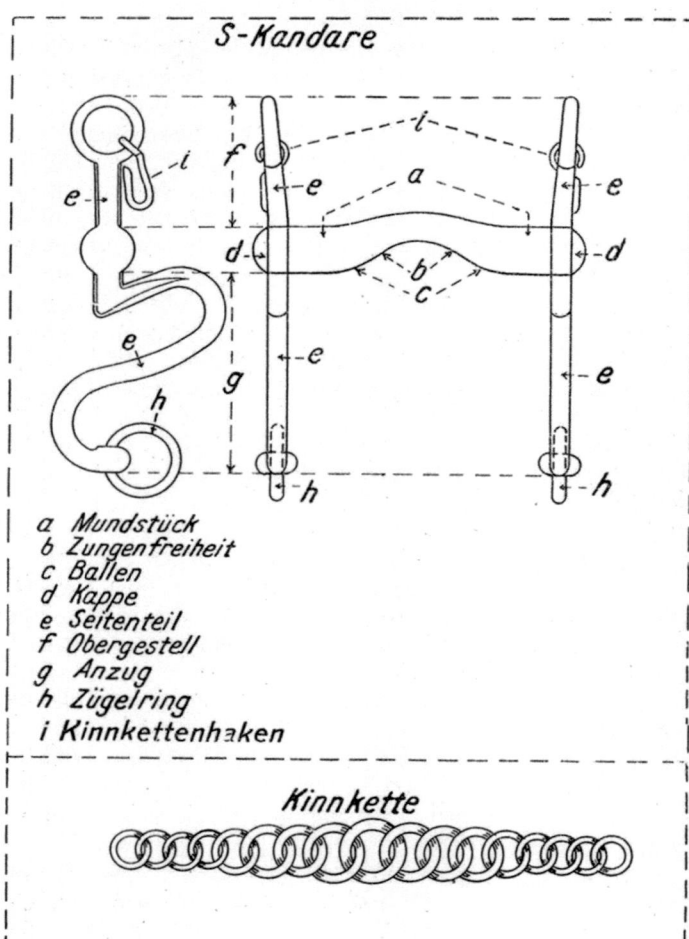

S-Kandare

a Mundstück
b Zungenfreiheit
c Ballen
d Kappe
e Seitenteil
f Obergestell
g Anzug
h Zügelring
i Kinnkettenhaken

Kinnkette

lichem Einfluß auf eine gute Zäumung. Verbogene oder ver= wechselte Haken (z. B. rechter Haken im linken Obergestell) führen zu Verletzungen des Pferdemauls.

Die Kinnkette muß nach rechts glatt ausgedreht sein und in der Kinnkettengrube, somit in gleicher Höhe mit dem Mundstück liegen. Sie wird unter dem Trensenmundstück mit dem letzten Gliede so in den rechten Haken eingelegt, daß dieses Glied rechts ausgedreht verbleibt und das übrigbleibende Glied auf der linken Seite außerhalb des Hakens herabhängt. Weiter überschießende Glieder werden auf beiden Seiten gleichmäßig verteilt, bei ungerader Zahl kommt die Mehrzahl auf die linke Seite. Sind die

Bild 5.

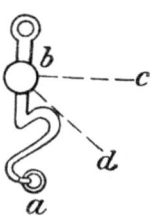

Zügel nicht angenommen, und liegen die Anzüge gleichlaufend mit der Maulspalte, so muß zwischen Kinnkette und Unterkiefer bequemer Raum für zwei Finger sein. Erst beim Annehmen der Kandarenzügel soll die Wirkung der Kinnkette eintreten, und zwar an der Stelle, die für ihre richtige Lage vorstehend angegeben ist. Die Anzüge sollen dann bis zur Halbierungslinie b d des rechten Winkels a b c nach dem Halse des Pferdes zu= rückgehen können. Gehen die Anzüge hinter die Linie b d zurück, so spricht man von einem „Durchfallen" der Kan= dare. Bleiben die Anzüge in der Verlängerung der Backen= stücke stehen oder bewegen sie sich nur in geringerem Maße nach rückwärts, so liegt die Kandare „zu steil" und wirkt dann fehlerhaft, indem die Kinnkette mehr als das Mundstück zur Wirkung kommt und die Hebelwirkung zu stark wird.

Bei richtiger Zäumung darf die Kinnkette auf das An= nehmen der Zügel nicht aus der Kinnkettengrube „steigen". Die Kinnkettenhaken müssen ihre Lage zum Obergestell an= nähernd beibehalten. Bildet sich zwischen Obergestell und Kinnkettenhaken ein größerer Winkel, so ist die Kinnkette zu kurz; die Lefzen werden in diesem Winkel eingeklemmt und verletzt. Die Kinnkette muß sich dem Unterkiefer des Pferdes durchweg anschmiegen. Dies ist nur bei richtiger Breite des Mundstücks möglich.

Jede Zäumung, die dem Pferde Schmerz verursacht oder das Maul verletzt, ist fehlerhaft. Das Pferd sucht sich dann

der Wirkung der Kandare durch verschiedene Mittel, z. B.
Zungenstrecken, Zurückziehen der Zunge, Zunge über das
Gebiß nehmen zu entziehen, anstatt vertrauensvoll an das
Gebiß heranzugehen.

Die richtige Lage und Wirksamkeit der Kandare für das
einzelne Pferd herauszufinden, bedarf sorgfältigster Prüfung
und dauernder Beobachtung, vor allem im Gange. Da das
Zaumzeug 22 als Einheitszaumzeug nur in einer Größe vorhanden ist, kann ein guter Sitz des Zaumzeuges nur
durch richtiges und sorgfältiges Verschnallen am Backenstück
und an den Schnallen für Trensen und Kandare erreicht
werden.

Der Reitlehrer bleibt für die richtige Zäumung seiner
Abteilung verantwortlich. Gute und schlechte Zäu=
mung haben weitgehenden Einfluß auf die
Willigkeit und damit auf die Dressur der
Pferde.

7. Zügelhaltung.

Bei Zäumung auf Trense.

Die Zügel der Trense werden unverdreht und gleich lang
zwischen dem kleinen und Ringfinger ergriffen, so daß die
glatte Lederseite nach außen zeigt. Die Zügelenden hängen
über dem zweiten Gelenk der Zeigefinger auf beiden Seiten
außerhalb der Zügel herab. Die Hände sind geschlossen, die
mäßig gekrümmten Daumen drücken die Zügel auf die Zeigefinger. Die Hände werden mit den Daumen nach oben senk=
recht, den Pferdehals mit den Zügeln einschließend, etwa vier
Finger breit voneinander und ungefähr eine Handbreite vom
Leibe entfernt, annähernd zwei Hände hoch über dem Widerrist
getragen. Doch lassen sich hierüber keine völlig bindenden
Vorschriften geben, da sowohl der Körperbau des Reiters als
auch Gebäude und Rittigkeit des Pferdes von Einfluß sind.

Bei Zäumung auf Kandare.

Der Reiter teilt die Kandarenzügel mit dem Ringfinger
der linken Hand, das Ende dieser Zügel hängt über das zweite
Gelenk des Zeigefingers aus der Hand nach rechts herab. Die

Trenſenzügel liegen über den Kandarenzügeln ſo in der vollen Hand, daß ſie auf beiden Seiten gleich lang herunterhängen.

Die Hand iſt geſchloſſen, der Daumen im Gelenk nur mäßig gekrümmt und auf Kandaren- und Trenſenzügel dort aufgeſetzt, wo ſie aus der Hand hervortreten und auf dem zweiten Gelenk des Zeigefingers liegen. Falls der Schieber benutzt wird, befindet er ſich hinter dem Ringfinger, andernfalls iſt er bis an das Ende der Kandarenzügel zurückzuſchieben*).

Die Kandarenzügel ſchließen den Pferdehals ein, die Trenſenzügel hängen über die Kandarenzügel nach außen herab.

Mit den auf dieſe Weiſe ergriffenen Zügeln wird die linke Hand eine Handbreite vor der Mitte des Leibes, etwa zwei Hände hoch über dem Widerriſt getragen und von hier, unter Berückſichtigung der Halslänge und des Grades der Beizäumung der Pferde, das Maß der Zügel genommen. Der rechte Arm hängt natürlich herab; die Hand liegt hinter dem rechten Oberſchenkel, iſt leicht und zwanglos geöffnet und zeigt mit der inneren Fläche nach dem Pferdeleib.

Faßt Trenſen an!

Die rechte Hand ergreift mit dem Daumen und den drei erſten Fingern den Trenſenzügel und zieht ihn durch die linke Hand, bis der linke Trenſenzügel mit dem linken Kandarenzügel gleichmäßig anſteht. Der rechte Trenſenzügel wird ſo kurz gefaßt, daß er mit dem rechten Kandarenzügel gleichmäßig anſteht. Der übrig bleibende Teil der Trenſenzügel wird nach dem Leibe des Reiters zu nach innen und unten herabgeſchlagen.

Die linke Hand bleibt beim Reiten mit angefaßter Trenſe vor der Mitte des Leibes ſenkrecht über dem Widerriſt ſtehen, die rechte iſt etwa zwei Fingerbreiten davon entfernt und wird in gleicher Höhe mit der linken wie dieſe ſenkrecht getragen.

Auf: **Laßt Trenſen los!** legt der Reiter die Trenſenzügel ſo in die unverändert ſtehenbleibende linke Hand, daß ſie auf beiden Seiten gleichmäßig herabhängen, worauf ſich die Hand wieder ſchließt.

---

*) Der Schieber befindet ſich nur beim Exerzieren, bei Waffen- übungen und beim Reiten mit angefaßter Lanze in der Hand des Reiters.

Wird ausnahmsweise mit geteilten Zügeln geritten, so führt der Reiter in jeder Hand je einen Kandaren= und Trensenzügel, geteilt durch den Ringfinger.

Auf: **Trensen durchziehen!** (Bild 6) werden die Kandaren=zügel und der linke Trensenzügel wie bei angefaßter Trense gehalten, der rechte Trensenzügel wird zwischen Mittel= und Zeigefinger hindurchgezogen, alle vier Zügel über das zweite

Bild 6.

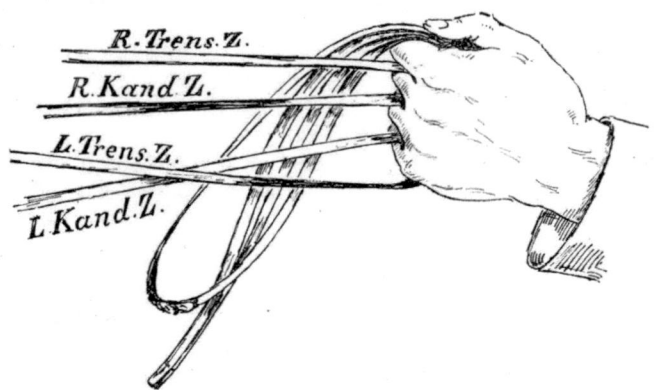

R. Trens. Z.
R. Kand. Z.
L. Trens. Z.
L. Kand. Z.

Zügelhaltung mit durchgezogenen Trensenzügeln.

Gelenk des Zeigefingers hinweg gelegt und hier vom Daumen gehalten.

Das Durchziehen der Trense verhindert ebenso wie das Anfassen der Trense, daß sich das Trensengebiß unter das Kandarengebiß legt und Ladendrücke verursacht.

Die Zügelführung mit durchgezogenen Trensenzügeln ist die Regel, sobald mit Waffen geritten wird; doch kann der einzelne Reiter im Gelände und beim Felddienst auch die Trense anfassen oder die Zügel teilen.

8. Führen der Pferde an der Hand.

Auf Trense.

Die rechte Hand ergreift die durch Zeige= und Mittel=finger geteilten Trensenzügel eine Handbreite hinter den

Ringen, so daß der rechte Trensenzügel etwas mehr ansteht. Die Zügelenden werden in die volle rechte Hand gelegt, Daumen auf den Zügeln.

Der Reiter geht auf der linken Seite des Pferdes im freien Schritt vorwärts. Der rechte Arm ist leicht gekrümmt, der linke wird zwanglos bewegt.

Bei einem Pferde, das nicht gut folgt, geht der Führer seitwärts vor dessen Kopf und sucht es mit gehobener rechter Hand etwas vorwärts zu ziehen, ohne es anzusehen.

Bei einem heftigen Pferde, das vorwärts eilt, bleibt der Führer an dessen Schulter zurück und sucht es durch sanfte Anzüge der Zügel neben sich zu halten. Wenn das Pferd stark vorwärts drängt, hält der Führer die erhobene linke Hand vor das Gesicht des Pferdes, bis es sich beruhigt.

Schlägt das Pferd mit den Vorder= oder Hinterfüßen nach dem Führer, so hält er sich dicht an die Schulter des Pferdes und straft es durch einen Stoß der rechten Hand gegen das Kinn.

Auf Kandare.

Alle vier Zügel liegen auf dem Pferdehalse. Die rechte Hand ergreift über den linken Kandarenzügel hinweg die Trensenzügel und teilt sie mit dem Zeige= und Mittelfinger eine Handbreite hinter den Ringen. Im übrigen wird wie auf Trense verfahren.

Mit Lanze.

Der Reiter legt den linken Unterarm von außen um die Lanze herum und die linke Hand etwa ½ m unter dem Ring so auf die Lanze, daß der Daumen von innen, die übrigen vier Finger von außen die Lanze umfassen. Auf diese Weise wird die Lanze auf der linken Schulter so getragen, daß sie durch einen leichten Druck der Hand im Gleichgewicht ge= halten wird.

Vorführen eines Pferdes.

In der Höhe des Vorgesetzten angekommen, macht der Vorführende halt, setzt den rechten Fuß einen kleinen Schritt vor und macht auf diesem Fuße rechtsumkehrt gegen das Pferd, wobei er den linken Fuß einen Schritt seitwärts stellt. Die rechte Hand ergreift hierauf den linken, die linke Hand den rechten Trensenzügel, Daumen an den Trensenringen,

Zügelenden bei Zäumung auf Trense in der vollen rechten Hand. Die Ellenbogen werden etwas angehoben.

Demnächst wird durch weiches Vorwärtsziehen oder gelinden ein- oder beiderseitigen Druck das Pferd so hingestellt, daß es gerade und gleichmäßig auf allen vier Beinen steht. Der Kopf des Pferdes wird etwas gehoben.

Zum Vorführen des Pferdes tritt der Mann wieder an dessen linke Seite. Auf Trense sind zuvor die Zügel wie zum Führen zu ordnen und so lang zu nehmen, daß der Gang nicht gestört wird. Zu einem gewandten Vorführen gehört, daß der Kopf des Pferdes in angemessener Höhe gehalten wird, der Reiter mit dem trabenden Pferde gleichen Tritt und seine rechte Hand in dauernder leichter Fühlung mit dem Pferdemaul hält.

9. Aufstellung einer Abteilung in der Reitbahn.

In der Regel werden auf Trense gezäumte Abteilungen geöffnet, auf Kandare gezäumte geschlossen aufgestellt. Die Aufstellung erfolgt im allgemeinen gleichlaufend zur langen Wand derart, daß die Pferdeköpfe hinter der Mittellinie der Bahn bleiben. Der Mittelreiter hält auf dem Hufschlag der halben Bahn. Die geschlossene Abteilung kann auch gleichlaufend zur kurzen Wand so aufgestellt werden, daß der Mittelreiter etwa auf der Mitte des Zirkels hält. Alle Pferde stehen senkrecht zur Grundlinie.

In der abgesessenen Abteilung berichtigt der Reiter die Stellung seines Pferdes in der beim Vorführen angegebenen Weise. Die hierbei vorgeschriebene Stellung nimmt er auch ein, wenn auf: **Rückwärts Richten!** die ganze Abteilung sich etwas mehr rückwärts aufstellen soll. Das Rückwärtsrichten geschieht Tritt für Tritt unter Beibehaltung der Zwischenräume und wird auf: **Halt!** beendet.

In beiden Fällen treten die Reiter demnächst wieder an die linke Seite des Pferdes, etwa in Höhe der Ohren. Zügelhaltung wie beim Führen. Die linke Hand liegt an der linken Lende. Führt der Reiter die Lanze, so wird sie in Schulterhöhe von der linken Hand derartig umfaßt, daß der Handrücken nach vorn, die Spitzen der geschlossenen Finger nach hinten zeigen. Der Oberarm liegt senkrecht am Körper, der Unterarm, in möglichst spitzem Winkel aufwärts gerichtet, drückt die Lanze so an die linke Körperseite, daß sie dicht neben dem linken Fuße senkrecht steht.

Auf: **Stillgestanden! Richt Euch!** wird nach den Bestimmungen der A. V. J. verfahren, die Richtung ist nach der Mitte und wird von der Stirn der Pferde genommen. Lanzenhaltung wie oben beschrieben.

Der richtigen Aufstellung des einzelnen Reiters in der aufgesessenen Abteilung ist als Vorbereitung für die Aufstellung der Eskadron der größte Wert beizulegen. Die Pferde sollen dabei senkrecht zur Grundlinie gleichmäßig auf allen vier Beinen und am Zügel stehen. Den am häufigsten vorkommenden Fehlern, dem Ausfallen der Kruppe nach einer Seite, dem Rückwärtsherausstellen der Hinterfüße, dem Ruhen auf einem Hinterfuß und vor allem dem Zurückkriechen, ist durch verwahrenden Schenkel und durch Heranhalten der Hinterhand entgegenzuwirken. Bei den Reitern ist namentlich auf gleiche Verteilung des Gewichts auf beide Gesäßknochen, gleichmäßig vorgeschobene, nicht auf einer Seite einknickende Hüften und auf zur Grundlinie gleichlaufende Stellung der Schultern zu achten. In der geschlossenen Abteilung ist großer Wert auf richtige Fühlung zu legen.

Die Reiter sind mit Rücksicht auf ihre Verwendung in der Front dahin zu erziehen, daß sie ohne besonderen Befehl, auch im Rühren, stets ihre Pferde in der beschriebenen Weise richtig aufstellen. Zur Erzielung straffer Disziplin sind militärischer Sitz und tadellose Handstellung unter allen Umständen zu fordern.

Der Reitlehrer prüft die Aufstellung einer Abteilung zunächst von vorn, um sich von der Erfüllung der Hauptanforderung, senkrechtem Stehen der Pferde zur Grundlinie und richtiger Fühlung (Zwischenraum) der Reiter, zu überzeugen. Erst in zweiter Linie erfolgt die Prüfung der Seitenrichtung.

10. Aufsitzen und Absitzen.

Das schnelle und geschickte Auf- und Absitzen des Reiters ohne fremde Hilfe und das unbedingte Stillstehen der Pferde dabei ist für die Verwendung in der Eskadron erforderlich. Das Nichtstillstehen hat abgesehen von ungenügender Erziehung des jungen Pferdes seinen Grund in Belästigungen des Pferdemauls durch die Zügelhand, im Anstoßen der linken

3*

Fußspitze an den Pferdeleib, im harten Niederſetzen des Reiters in den Sattel ſowie in der fehlerhaften Neigung der Reiter anzureiten, bevor ſie ſich zurechtgeſetzt und das Pferd an die Zügel geſtellt haben. Dieſe Fehler ſowie ſchnelle und heftige Wendungen und Handgriffe ſind von Anfang an zu ver= meiden. Einmal verdorbene Pferde ſind ſchwer zu korrigieren. **Ein beim Aufſitzen nicht ſtillſtehendes Pferd iſt nicht völlig kriegsbrauchbar.**

Um Zeit in der Reitſtunde zu ſparen und um den Pferden das Stillſtehen durch Ungeſchicklichkeit der Reiter nicht zu verleiden, iſt das Auf= und Abſitzen am hochgeſtellten Übungspferd häufig zu üben.

Bei einer geſchloſſenen Abteilung geht der Ausführung der unter Auf= und Abſitzen beſchriebenen Verrichtungen das Bilden zweier Glieder nach den Beſtimmungen der A. V. K. voraus. Auf: **Richt — Euch!** wird wieder ein Glied her= geſtellt.

Die Ausführung des Auf= und Abſitzens, wie es nach= ſtehend beſchrieben iſt, dient nur zur Einübung; ſpäter bildet das Kommando: **Aufſitzen! Abſitzen!** die Regel.

Auf= und Abſitzen erfolgt grundſätzlich im Rühren. Nach dem Aufſitzen wird die Richtung von ſelbſt eingenommen.

Auf Trenſe ohne Bügel.

Auf: **Fertig zum Aufſitzen!** macht der neben dem Pferde ſtill ſtehende Reiter rechts um. Die linke Hand ergreift die Zügel, die rechte läßt ſie los und empfängt, über den Pferde= hals hinweggreifend, den ihr von der linken entgegen= gerichteten rechten Zügel. Die linke Hand faßt den linken Zügel zwiſchen kleinem und Ringfinger ſo lang, daß ſie bis zum Widerriſt zurückgehen kann, wirft das Zügelende auf die rechte Halsſeite und empfängt von der rechten Hand den rechten Zügel in voller Hand, ſo daß er über dem linken liegend links herabhängt. Dann tritt der Reiter ſo weit rechts ſeitwärts, daß er, mit den Füßen am linken Vorderhuf und dicht an der Schulter des Pferdes ſtehend, über den Widerriſt hinwegſieht. Die linke Hand wird auf den Mähnen= kamm vor dem Woilach aufgeſetzt, die rechte erfaßt den Vorderzwieſel. Die Zügel ſtehen nur leicht an, bereit Be= wegungen des Pferdes zu verhindern.

Auf das Kommando: **Auf!** springt der Reiter in den Stütz.

Auf: **Gesessen!** wird das rechte Bein gestreckt seitwärts erhoben, worauf der Reiter sich mit einer Vierteldrehung links weich in den Sattel hineingleiten läßt und die Zügel ergreift.

Auf: **Fertig zum Absitzen!** wirft der Reiter mit der linken Hand das links herabhängende Zügelende auf die rechte Seite, legt den rechten Zügel über den linken, das Zügelende auf der linken Seite. Die linke Hand wird auf dem Mähnenkamm, die rechte auf dem Vorderzwiesel wie beim Aufsitzen aufgestützt und gleichzeitig der Sitz ein wenig gelüftet.

Auf: **Ab!** wird das rechte Bein gestreckt hoch über die Kruppe hinweg mit einer gleichzeitigen Vierteldrehung des Körpers nach rechts neben das senkrecht herabhängende linke Bein geführt, die rechte Hand stützt sich auf den Vorderzwiesel. Auf: **Gesessen!** läßt sich der Reiter mit ausgestreckten Fußspitzen an der Schulter des Pferdes auf die Erde herab. Nach einer Linkswendung tritt der Reiter einen Schritt vorwärts, wobei er die Zügel wieder wie zum Führen ordnet.

Auf Trense mit Bügeln.

Zum Aufsitzen tritt der Reiter nach der Rechtswendung und dem Ordnen der Zügel über dem Pferdehalse derart rechts seitwärts und so weit zurück, daß er den linken Fuß in den Bügel setzen kann. Die linke Hand ergreift die Mähne. Hierauf erfaßt er mit der rechten Hand den Bügelriemen, setzt den linken Fuß bis hinter den Ballen in den Bügel, indem er sich nach Bedarf dem Pferde nähert, und legt das linke Knie an den Sattel, damit die Fußspitze das Pferd nicht berührt. Sodann hebt er sich auf dem Ballen des rechten Fußes und ergreift mit der rechten Hand den Hinterzwiesel. Nun hält sich der Reiter an der Mähne, tritt mit dem linken Fuß in den Bügel, drückt das linke Knie an den Sattel und schnellt sich durch einen kräftigen Abstoß mit dem rechten Fuß unter Vorneigung des Oberleibes in die Höhe. Er bringt dann den rechten Fuß an den linken, die rechte Hand als Stütze des Oberleibes an den Vorderzwiesel, hebt das rechte Bein mit auswärts gehaltenem Sporn hoch über den Hinterzwiesel und läßt sich weich in den Sattel gleiten. Der rechte Fuß wird in den Bügel gesetzt, die Zügel werden geordnet.

Beim Abſitzen läßt der Reiter den rechten Bügel los, tritt in den linken Bügel und lüftet den Sitz. Nach dem Herübernehmen des rechten Beines läßt ſich der Reiter langſam auf den rechten Fuß nieder, wobei das linke Knie feſt am Sattel liegenbleibt. Hierauf wird der linke Fuß aus dem Bügel herausgehoben und neben den rechten geſtellt.

Auf Kandare.

Zum Aufſitzen Verfahren wie auf Trenſe mit Bügeln. Nach dem Schritt rechts ſeitwärts nimmt der Reiter die Zügel mit durchgezogenen Trenſenzügeln leicht anſtehend in die linke Hand und legt die Zügelenden auf die rechte Hals= ſeite.

Beim Abſitzen werden die Zügel wie beim Aufſitzen ge= ordnet, ſonſt wird wie auf Trenſe verfahren.

Mit Lanze.

Zum Aufſitzen wird nach dem Schritt rechts die Lanze ungefähr ½ m hinter dem linken Abſatz auf die Erde geſtellt und ſo an das Pferd gelehnt, daß ſie vor dem Widerriſt an der Mähne liegt. Ohne die Lanze loszulaſſen, gleitet die Hand hierauf zur Mähne und erfaßt, wie oben beſchrieben, die Zügel. Nach dem Aufſitzen ergreift die rechte Hand die Lanze unter der linken, ſchnellt ſie zwiſchen linkem Arm und Leib ſo weit gerade in die Höhe, bis das Schuhende über dem Widerriſt ſteht, und nimmt ſie dann auf die Lende.

Zum Abſitzen ſchnellt die rechte Hand die Lanze ſenkrecht durch die hohle Hand in die Höhe, hebt ſie mit dem Schuh über den Widerriſt und läßt ſie zwiſchen linkem Arm und Leib an der Pferdeſchulter zur Erde gleiten. Die linke Hand, die vor dem Widerriſt auf der Mähne liegt, ergreift hierauf die Lanze.

11. Abbrechen aus der Abteilung.

Aus der geöffneten Abteilung.

Auf: **Eskadron zu einem rechts (links) brecht ab — Marſch (Gangart)!** reitet der rechte (linke) Flügelreiter im lebhaften Schritt geradeaus an; ebenſo verfahren alle übrigen Reiter nacheinander, ſobald ihr rechter (linker) Nebenreiter mit der Kruppe ſeines Pferdes eine Pferdelänge über den

Kopf ihres Pferdes vorgerückt ist; alle Reiter sehen geradeaus. Drei Schritt vor dem Hufschlage wendet jeder Reiter in einer Viertelvolte rechts (links) und folgt auf dem Hufschlage des Vorderreiters. Jeder Reiter hat dann den vorgeschriebenen Abstand von zwei Pferdelängen. Die Größenverhältnisse der Bahn können auch kleinere Abstände bedingen. Dem Ankündigungskommando ist dann **„mit x Schritt Abstand"** hinzuzusetzen.

Soll im Trabe oder Galopp abgebrochen werden, so reitet jeder Reiter zunächst eine Pferdelänge im Schritt vor und setzt dann erst sein Pferd in die befohlene Gangart. Durch die Korrektur eines falsch angaloppierenden oder beim Abbrechen im Trabe in den Galopp fallenden Pferdes dürfen Tempo und Abstände in der Abteilung nicht verändert werden.

Jedes Pferd muß unbedingt am Zügel und still stehen, bis der Reiter die Hilfen zum Anreiten gibt.

Aus der geschlossenen Abteilung.

Kommando wie unter „Aus der geöffneten Abteilung".

Der rechte (linke) Flügelreiter reitet geradeaus an, ebenso nacheinander alle übrigen Reiter, sobald der rechte (linke) Nebenreiter fünf Schritt herausgeritten ist. Jeder Reiter sieht und reitet geradeaus, hält fünf Schritt Abstand und beginnt drei Schritt vor der gegenüberliegenden Wand rechts (links) zu wenden, so daß er nach der Wendung auf dem Hufschlag der ganzen Bahn sechs Schritt Abstand von seinem Vorderreiter hat.

Wird im Trabe oder Galopp abgebrochen, so erfolgt der Übergang aus dem Schritt in die befohlene Gangart zwei Pferdelängen vor der Abteilung, und zwar so rechtzeitig, daß die Abteilung im Fluß bleibt.

12. Aufmarschieren zur Abteilung.

Zur geöffneten Abteilung.

Tete rechts (links) dreht, mit Zwischenräumen links (rechts) marschiert auf — Marsch!

Auf: **Marsch!** wendet der Tetenreiter in die Bahn und reitet senkrecht auf die gegenüberliegende Seite los. Die folgenden Reiter reiten eine reichliche Pferdelänge über den Punkt, wo ihr Vorderreiter in die Bahn abgewendet hat,

hinaus und verfahren wie dieser. Auf: **Tete — Halt!** pariert
der Tetenreiter sein Pferd und stellt es senkrecht zur gegen=
überliegenden Seite hin. Die übrigen Reiter reiten in unver=
ändertem Tempo bis in die Höhe der Kruppe ihres rechten
(linken) Nebenpferdes und rücken, aus dem Trabe oder Galopp
zum Schritt übergehend, in versammelten Tritten in die Rich=
tung ein. Ein Hinauskommen über die Richtungslinie muß
unbedingt vermieden werden, damit ein Rückwärtsrichten nicht
nötig ist.

Zur geschlossenen Abteilung.

Auf: **Tete rechts (links) dreht, links (rechts) marschiert
auf — Marsch!** verfährt der Tetenreiter wie unter „Zur ge=
öffneten Abteilung". Die anderen Reiter wenden nicht eine Pferde=
länge, sondern nur einen Schritt später als ihr Vorderreiter.

Das Einrücken der einzelnen Reiter hat im versammelten
Schritt mit genauer Bemessung der Bügelfühlung zu erfolgen,
damit ein Schließen im Gliede vermieden wird.

Ein Aufmarsch nach innen erfolgt bei der geöffneten wie
geschlossenen Abteilung nach denselben Grundsätzen.

Bilden der Abteilung im Gange.

Zum Bilden der Abteilung nach dem Einzelreiten ist zu
kommandieren: **Auf der rechten (linken) Hand rechts (links)
abgebrochen, Abteilung bilden — Gangart!**

13. Das Reiten mit Gliederabständen.

Das Reiten in der Abteilung mit 1 (3) Schritt Abstand
soll Reiter und Pferd auf die Innehaltung der für das Exer=
zieren vorgeschriebenen Abstände vorbereiten. Zum Aufrücken
aus der Abteilung mit zwei Pferdelängen Abstand erfolgt
das Kommando:

Auf einen (drei) Schritt Abstand aufgerückt — Gangart!

Soll die Tete die Gangart (Tempo) beibehalten, so er=
folgt das Aufrücken in der nächst stärkeren Gangart (Tempo).
Soll sie halten oder die Gangart (Tempo) verkürzen, so er=
folgt das Kommando: **Tete Halt (Schritt, Trab)!**

Der einzelne Reiter darf den bisherigen Abstand erst
aufgeben, wenn sein Vorderreiter den befohlenen Abstand
erreicht hat; er muß das befohlene Tempo bis zum Parieren
auf dem neuen Abstande beibehalten.

Wird eine auf Gliederabstand reitende Abteilung auf zwei Pferdelängen auseinandergezogen, so geschieht dies auf: **Vor= wärts Abstand genommen — Gangart!** Soll ein anderer Abstand genommen werden, so ist dies dem Kommando voran= zusetzen.

Das Abstandnehmen nach vorwärts erfolgt stets in einer höheren Gangart (Tempo). Jeder Reiter hat das bis= herige Tempo bis zum Abstandnehmen genau festzuhalten und darf nicht nacheilen; anderseits muß er so früh in die neue Gangart (Tempo) eingehen, daß die Abstände und der Fluß der Bewegung von Anfang an gesichert sind.

14. Stillsitzen. Rühren. Ehrenbezeigungen.

Stillgesessen! Die Reiter stellen ihre Pferde an die Zügel und nehmen die vorgeschriebene Haltung an.

Auch im „Stillgesessen" sind dem Reiter die Bewegungen gestattet, die erforderlich sind, richtig auf das Pferd einzu= wirken. Die Hauptsache ist die gute Haltung des Pferdes.

Auf: **Rührt Euch!** bleibt der Reiter aufrecht sitzen, doch ist ihm die freiere Bewegung gestattet; er läßt die Zügel durch die Finger gleiten und gibt dem Pferde zur Erholung volle Zügelfreiheit.

Nähert sich ein besichtigender Vorgesetzter einer Abtei= lung von vorn, so wird er auf: **Achtung!** von jedem Reiter angesehen. Die Ehrenbezeigung wird auf: **Augen geradeaus!** beendet. Im übrigen s. die Bestimmungen der A. V. K. Ausnahmsweise kann beim Abbrechen befohlen werden, daß der Vorgesetzte angesehen wird.

Der Reitlehrer steht zu Beginn einer Besichtigung einen Schritt rechts (links) seitwärts der Abteilung in Höhe der Reiter. Er gibt das Kommando zum Abreiten vor der Mitte der Abteilung mit der Front dorthin. Im übrigen hält sich der Reitlehrer in der Nähe des besichtigenden Vorgesetzten auf. Nach Beendigung der Besichtigung nimmt er seinen Platz auf dem rechten Flügel der aufmarschierten Abtei= lung ein.

Ein sein Pferd führender Reiter richtet bei der Ehren= bezeigung den Kopf des Pferdes so in die Höhe, daß sich die rechte Hand etwa in Höhe seiner Schulter befindet.

15. Die Huffschlagsfiguren. Bild 7 und 8.

Ganze Bahn. Halbe Bahn. Anlegen eines Vierecks.

Die Seiten der Reitbahn werden lange und kurze Wand (Bande, Seite) genannt. Die lange Wand muß doppelt so lang sein wie die kurze, die mindestens zwanzig Schritt lang sein soll.

Der Übergang vom Huffschlag der ganzen Bahn auf den der halben Bahn erfolgt auf: **Halbe Bahn!** Soll wieder

Bild 7.

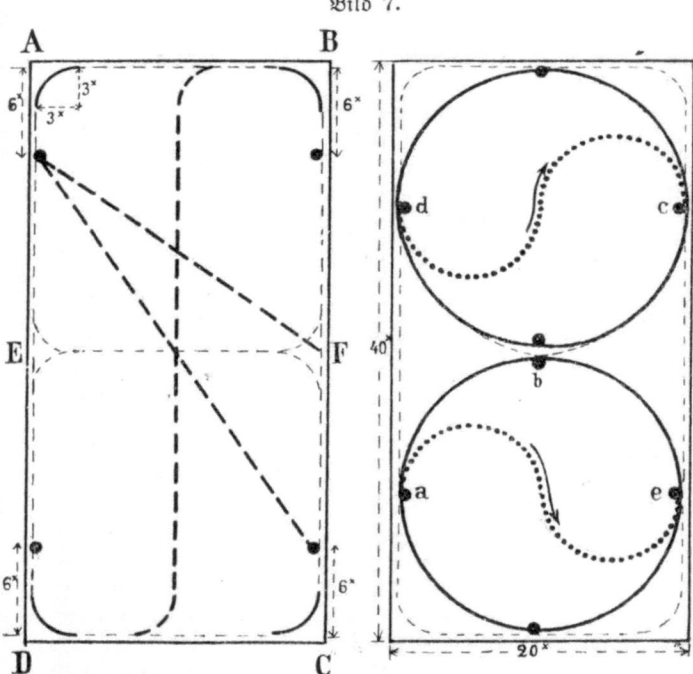

ABCD Ganze Bahn.
ABFE }
DCFE } Halbe Bahn.
● Changierungspunkte.
– – – Changierungslinien (von der linken zur rechten Hand).
☛ Huffschlag der Ecke.

● Paradepunkte der Zirkel.
abc }
dbe } Changierungslinien aus den Zirkeln.
•••• Changierungslinien [durch die Zirkel.

Bild 8.

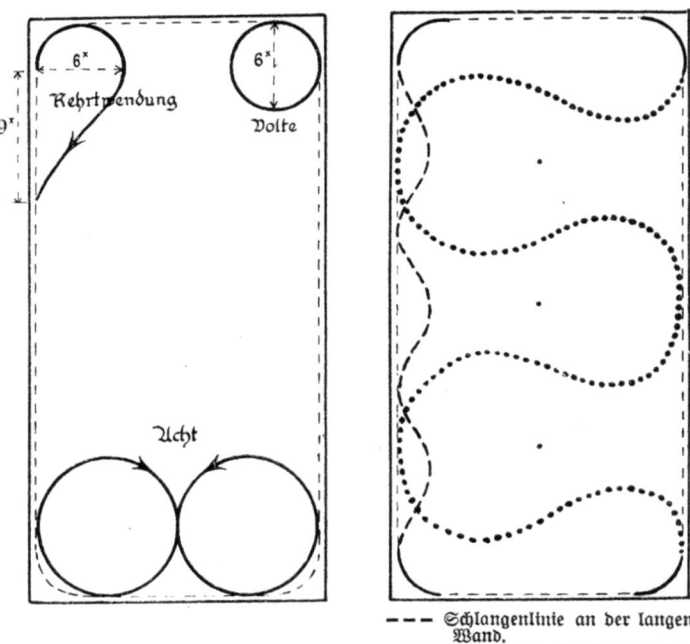

6ˣ Kehrtwendung

9ˣ

6ˣ Volte

Acht

— — — Schlangenlinie an der langen Wand.
•••• Schlangenlinie durch die Bahn.

ganze Bahn geritten werden, so wird: **Ganze Bahn!** kom=
mandiert, sobald sich die Tete der offenen Seite der halben
Bahn nähert.

Will der Reitlehrer auf einem nicht abgesteckten Viereck
reiten lassen, so leitet er die Tete durch das wiederholte
Kommando: **Tete rechts (links) dreht — Marsch!** auf
den gewünschten Hufschlag und läßt die Ankündigung:
Auf dem Viereck geritten! folgen, sobald der Hufschlag fest=
gelegt ist.

Durchreiten der Ecken.

Der Hufschlag, auf dem bei richtiger Ausführung die Ecke
zu durchreiten ist, stellt den Bogen eines mit drei Schritt
Halbmesser in die Ecke gelegten Kreises dar.

Changieren durch die Bahn.

Durch die ganze (halbe) Bahn changiert!

Das Kommando erfolgt, bevor der Tetenreiter auf der kurzen Seite an die Ecke kommt.

Das Kommando: **Durch die Länge der Bahn changiert!** erfolgt, wenn der Tetenreiter sich der zweiten Ecke der langen Wand nähert.

Auf den Changierungslinien sind Tempo und Vorder= mann innezuhalten.

Ein Umstellen des Pferdes erfolgt, wenn die Vorderfüße den inwendigen Rand des Hufschlages auf der anderen Hand erreichen, falls nicht **Ohne Wechsel!** dem Kommando voran= gesetzt wird. Im Galopp wird nur im abgekürzten Tempo changiert.

Der Zirkel.

Auf das Kommando: **Auf dem Zirkel geritten!** geht der Tetenreiter vom nächsten Paradepunkt auf die Zirkellinie über, die übrigen Reiter folgen an derselben Stelle.

Soll gleichzeitig auf zwei Zirkeln geritten werden, — **Auf zwei Zirkeln geritten!** — so muß vorher ein Tetenreiter für den zweiten Zirkel bestimmt sein.

Zur Rückkehr auf den Hufschlag der ganzen Bahn erfolgt das Kommando: **Ganze Bahn!** zwischen den Paradepunkten der kurzen und langen Wand. Der Tetenreiter des zweiten Zirkels führt die ihm folgenden Reiter auf dem kürzesten Wege, ohne das Tempo zu verändern, in das richtige Ver= hältnis zum ersten Zirkel.

Auf: **Aus dem Zirkel (den Zirkeln) changiert!** geht von der Tete ab jeder Reiter am Paradepunkt der offenen Seite auf die Zirkellinie des anderen Zirkels über.

Beim gleichzeitigen Reiten auf zwei Zirkeln weichen sich die Reiter auf der rechten Hand rechts, auf der linken Hand links aus. Der Stellungswechsel erfolgt am Paradepunkt der offenen Seite, falls nicht „ohne Wechsel!" befohlen ist.

Auf: **Durch den (die) Zirkel changiert!** wenden die Reiter von der Tete ab vom Paradepunkt vor der offenen Seite in den Zirkel. Stellungswechsel erfolgt, wenn nicht „ohne Wechsel!" befohlen ist, in der Mitte des Zirkels.

Auf: **Zirkel (auf x Schritt Abstand) verkleinern!** wird der
Zirkel in der Bewegung allmählich so lange verkleinert, bis
sich die Abteilung, gleichmäßig von der Zirkellinie nach innen
entfernt, auf einem Schritt Abstand oder dem befohlenen Ab=
stand befindet.   Auf: **Zirkel vergrößern!** wird im Vorwärts=
reiten der verkleinerte Zirkel wieder zu seiner vollen Größe
erweitert.

Das Verkleinern und Vergrößern wird von jedem Reiter
selbständig gegen den Mittelpunkt und die Kreislinie des
Zirkels ausgeführt (Bild 23 und 24).

Volten.

Die Volte ist ein Kreis von 6 Schritt Durchmesser.
Die Anpassung an diese Kreislinie stellt das höchste Maß
von Längsbiegung dar, die das Pferd ohne Beeinträchtigung
des Ganges annehmen kann.

Auf: **Volte — Marsch!** wendet der Reiter sein Pferd
vom Hufschlag zur Volte ab und kehrt am Punkte des Ab=
wendens auf den Hufschlag zurück.

Volten werden im Trabe und Galopp nur im abge=
kürzten Tempo geritten.   In der Abteilung dürfen sie in
der geschlossenen Reitbahn nur im Schritt und im abge=
kürzten Trabe geritten werden.

Das Ausführungskommando in der Abteilung erfolgt
zweckmäßig derart, daß der Tetenreiter die Volte in die
erste Ecke der kurzen Seite legen kann.

Kehrtwendungen.

Auf: **Eskadron kehrt — Marsch!** wendet jeder Reiter
auf einer halben Volte in die Bahn und reitet dann nach
einem Punkt des Hufschlages zurück, der drei Pferdelängen
rückwärts des Anfangspunktes der Kehrtwendung liegt.
Stellungswechsel erfolgt, wenn nicht „o h n e W e c h s e l !"
dem Kommando vorangesetzt wird, sobald die Vorderfüße
den inwendigen Hufschlagsrand erreichen.

Über Tempo und Ausführung gilt das für die Volten Gesagte.

Soll die Kehrtwendung von der Tete ab ausgeführt
werden, was zweckmäßig aus der ersten Ecke der kurzen
Wand geschieht, so erfolgt das Kommando: **Tete (aus der
Ecke) — kehrt!**

Schlangenlinien.

Tete Schlangenlinie an der langen Wand! Tete Schlangenlinie durch die Bahn!

Die Kommandos werden vor der ersten Ecke der langen Wand gegeben. Der Tetenreiter beginnt die Schlangenlinie nach dem Durchreiten dieser Ecke. Die Übung kann mit und ohne Stellungswechsel ausgeführt werden. Der Wechsel erfolgt beim Eingehen in jeden neuen Bogen. Die Zahl der Bogen richtet sich nach der Größe der Bahn und dem Ausbildungsgrad von Mann und Pferd.

Die Acht.

Die Acht wird aus der zweiten Ecke der kurzen Wand begonnen. Der Stellungswechsel erfolgt auf dem Berührungspunkt der beiden Kreise, wenn nicht „ohne Wechsel" geritten werden soll. Das Reiten der Acht findet nur beim Einzelreiten, im Trabe und Galopp nur im abgekürzten Tempo statt.

II. Teil

Reitlehre.

16. Sitz und Haltung des Reiters. Bild 9.

Ein sicherer, ruhiger und ungezwungener Sitz, der sich geschmeidig den Bewegungen des Pferdes anpaßt, ist für den Reiter zur Beherrschung des Pferdes und zum Waffengebrauch unerläßlich. Nur aus einem richtigen Sitz können richtige Hilfen gegeben werden. Ihn zu erlangen und zu erhalten ist erstes Erfordernis und

Bild 9.

Richtiger Sitz.

Grundlage für alles Reiten. Daher bleibt es während der gesamten Ausbildung in allen Abteilungen Hauptaufgabe des Lehrers, auf guten Sitz hinzuwirken.

Mit richtigem Sitz muß sich gute militärische Haltung vereinigen. Sie wird bei richtiger Anleitung das Ergebnis des ungezwungenen Sitzes sein.

Dem Sitz des Reiters dienen als Grundlage die beiden Gesäßknochen und der Spalt. Das Gesäß ruht mit los=gelassenen Muskeln in voller Breite auf dem Pferderücken. Die Oberschenkel, mit ihrer inneren breiten Fläche anliegend, werden so weit nach innen gedreht, daß das Knie flach am Sattel liegt. Sie werden so weit zurückgenommen, als es mit dem Sitz auf den beiden Gesäßknochen vereinbar ist. Hierdurch wird eine tiefe Lage des Knies erzielt, die von be=sonderer Wichtigkeit ist, weil sie ein besseres Umfassen des Pferdes ermöglicht und den Reiter tiefer in den Sattel bringt. Ein Verdrehen der Oberschenkel derart, daß die Kniescheibe nach außen zeigt, führt zum hohlen oder offenen Knie, das einen sicheren Sitz nicht gewährleistet. Anderseits wird durch einen übertrieben einwärts gedrehten Ober=schenkel mit starr angepreßtem Knie die Losgelassenheit des Reiters gefährdet, der Unterschenkel vom Pferdeleibe abge=hoben und damit seine Einwirkung ausgeschaltet.

Der Oberkörper, vornehmlich auf den beiden Gesäßknochen ruhend, erhebt sich senkrecht aus den Hüften, die sich gleich hoch über dem Sattel befinden und nicht einseitig eingeknickt werden dürfen (Bild 10). Die Hüften werden vorgeschoben, das Kreuz wird mäßig angezogen. Ein Durchbiegen des Rückens (hohles Kreuz) macht den Sitz steif. Die Schultern sind natürlich fallen zu lassen und zwanglos so zurückzu=nehmen, daß die Brust sich wölbt. Der Kopf wird, ohne das Kinn nach vorwärts zu strecken, frei und aufrecht getragen, der Blick über den Pferdekopf gerichtet. Die Oberarme hängen aus den lose gehaltenen Schultergelenken herab, ohne angedrückt zu werden. Die Unterarme bilden mit den Oberarmen annähernd einen rechten Winkel; ihr mittlerer Teil lehnt sich mit der inneren Fläche leicht an den Leib. Anklemmen der Ellenbogen hat Hochziehen der Schultern und eine starre Hand zur Folge, ein Abspreizen beeinträch=

tigt Sitz und Führung. Die Hände
werden leicht geschlossen und senkrecht
mit dem mäßig gekrümmten Daumen
nach oben so getragen, daß die äußere
Fläche des Unterarms mit dem Handrücken eine gerade Linie bildet.

Bild 10.

Bei der Führung auf Trense stehen
die Hände annähernd zwei Handbreiten
hoch über dem Widerrist und etwa vier
Fingerbreiten voneinander, den Hals
mit den Zügeln einschließend. Bei der
Führung auf Kandare wird die linke
Hand in gleicher Höhe wie auf Trense
genau vor der Mitte des Leibes
senkrecht über dem Widerrist getragen.
Über die Höhe der Handstellung und über
den Winkel zwischen Ober= und Unterarm lassen sich jedoch bindende Vor=
schriften nicht geben, da sowohl der
Körperbau des Reiters als auch Gebäude
und Grad der Rittigkeit des Pferdes von
Einfluß sind. Bei losgelassenen oder
durchgezogenen Trensenzügeln hängt der
rechte Arm, wenn er die Lanze nicht
führt, natürlich von der Schulter herab;

Falscher Sitz.

die Hand liegt hinter dem rechten Oberschenkel, ist leicht und
zwanglos geöffnet und zeigt mit der inneren Fläche nach
dem Pferdeleib. Die rechte Schulter und Hüfte dürfen nicht
zurückgenommen werden. Bei der Führung mit angefaßter
Trense steht die rechte Hand etwa zwei Fingerbreiten neben
der Kandarenhand.

Die Unterschenkel hängen vom Knie aus je nach der
Länge der Beine des Reiters mehr oder minder schräge nach
rückwärts am Pferdeleibe herab und halten mit der flachen
Wade weiche Fühlung. Eine durch das Schultergelenk ge=
fällte Senkrechte soll etwa die Ferse treffen. Die Haltung
der Füße ergibt sich aus der richtigen Lage der Oberschenkel.
Die Fußspitzen sind dementsprechend bei natürlich hängendem
Unterschenkel in geringem Maße vom Pferde abgewendet.
Krampfhaftes Einwärtsdrehen der Fußspitze ist ebenso fehler=

haft wie ein Verdrehen nach außen. Der Fuß wird mit
dem Ballen derart in den Bügel gesetzt, daß bei frei beweg=
lichem Fußgelenk die Sohle mit ihrer ganzen Breite die
Trittfläche berührt. Die Absätze werden leicht herabgedrückt.

Die Länge der Bügel hängt von der Beinlänge des
Reiters, von der Rippenwölbung und von der Art der Be=
wegungen des Pferdes ab. Jedenfalls müssen die Bügel so
geschnallt sein, daß der Reiter ein tiefes Knie behalten, aber
doch noch mit dem oberen Teil des Unterschenkels in Ver=
bindung mit dem Pferde bleiben kann. Falsch ist es, den
Schluß des Unterschenkels durch zu kurze Bügel erreichen
zu wollen. Diese heben das Knie in fehlerhafter Weise und
schieben das Gesäß zu weit nach hinten (Stuhlsitz). Zu lang
geschnallte Bügel erschweren die Stetigkeit des Sitzes und
die Schenkeleinwirkung. Auch wird der Reiter dadurch leicht
veranlaßt, mehr auf dem Spalt als auf den Gesäßknochen
zu sitzen (Spaltsitz).

In dem beschriebenen richtigen Sitz soll der Reiter weich
in die Bewegungen des Pferdes eingehen. Hauptsache ist
stetes Vorschieben und Mitgehen der Hüften und des Ge=
säßes. Die Geschmeidigkeit des Körpers in den Hüften ist
dafür in erster Linie entscheidend. Der Oberkörper, dessen
gute Haltung vornehmlich die militärische Form zum Aus=
druck bringt, bleibt im Kreuz stet; Losgelassenheit von
Schulter=, Ellenbogen= und Handgelenken bewirkt, daß sich
die Bewegungen des Körpers nicht auf die Hand übertragen.
Nur hierdurch kann die Hand in weicher Fühlung mit dem
Pferdemaul bleiben, ohne starr zu werden oder zu hämmern.
Die Unterschenkel müssen im Knie leicht beweglich sein und
in weicher Fühlung am Pferde bleiben. Dies erleichtert dem
Reiter nicht nur seinen Sitz im Gleichgewicht, sondern be=
fähigt ihn auch, im Verein mit dem Gesäß die Bewegungen
der Hinterbeine richtig zu fühlen und die erforderlichen
Hilfen rechtzeitig zu geben. Die Knie behalten ihre tiefe
Lage und dürfen nicht hochgezogen werden.

Im Trabe läßt sich der Reiter werfen und gleitet weich
wieder nach vorwärts in den ursprünglichen Sitz im Sattel
zurück. Jedes harte Hineinfallen in den Sattel erzeugt
krampfhafte Bewegungen des Pferdes. Knie= und Fußgelenke
gehen in die Auf= und Abwärtsbewegungen des Körpers

febernd ein, die Abſätze bewegen ſich taktmäßig auf und
nieder.

Im Galopp ſchmiegt ſich das Geſäß dem Sattel an und
gleitet, wenn es durch die Bewegung zurückgeſchoben ſein
ſollte, immer wieder gegen den Vorderzwieſel vor; Hüft=,
Knie= und Fußgelenke müſſen weich bleiben. Ein Klappen
oder Fliegen des Geſäßes iſt fehlerhaft.

Die Sicherheit des Sitzes beruht in allen Gangarten vor=
nehmlich auf dem Gleichgewicht, nicht auf dem mechaniſchen
Halt; die Unterſtützung dieſer Sicherheit durch feſten Schluß
mit Oberſchenkeln, Knien und dem oberen Teil der Unter=
ſchenkel iſt nur aus beſonderer Veranlaſſung geboten, ſo
vornehmlich bei Paraden aus ſtärkeren Gangarten, beim
überwinden von Hinderniſſen, beim Waffengebrauch und bei
Unarten des Pferdes.

Der vorſtehend geforderte Sitz hat einen regelmäßigen
Körperbau des Reiters und ein in richtiger Form ſchwung=
haft gehendes Pferd zur Vorausſetzung. Fehlt dieſe, ſo
können kleine Abweichungen vom vorſchriftsmäßigen Sitz
vorübergehend in der Dreſſur nötig werden, um richtige Ein=
wirkungen zu erzielen. Niemals aber dürfen ſolche Ab=
weichungen zu einem im reiterlichen Sinne falſchen Sitz oder
zur Vernachläſſigung der Haltung führen. Auch der in
ſeine Arbeit vertiefte Reiter darf nicht vergeſſen, daß gute
militäriſche Haltung eine notwendige Forderung der Sol=
datenreiterei iſt, und daß ein guter Sitz Gang und Form des
Pferdes weſentlich fördert. Ebenſo muß ſtreng gefordert
werden, daß der Reiter den im Reitunterricht erlernten
Sitz bei allen Gelegenheiten, beſonders wenn er ſich ſelbſt
überlaſſen iſt, beibehält und ſtets eine gute militäriſche Hal=
tung bewahrt.

17. Hilfen.

Die Einwirkungen des Reiters auf das Pferd, durch die
er ihm ſeinen Willen kundgibt und es beherrſcht, nennt man
Hilfen. Ihr Erfolg beruht teils auf mechaniſchem Zwange,
teils auf Gewöhnung. Reiter und Pferd müſſen die Art
der Verſtändigung erſt erlernen. Mit zunehmender übung
und Gewöhnung lernt das Pferd die Hilfen mehr und mehr
beachten, fügt ſich ihrem Zwange und kommt ſo bei richtiger
Behandlung ſchließlich zum willigen Gehorſam.

Der Reiter wirkt auf das Pferd mit Schenkeln, Zügeln und Gewicht ein. Ihrer Natur nach sind die Einwirkungen der Schenkel treibende, die der Hände verhaltende Hilfen. Beide werden wirksam unterstützt durch die Gewichtseinwirkungen des Reiters.

Für die Stärke der Hilfen sind die Empfindlichkeit des Pferdes, der Grad seiner Folgsamkeit und der beabsichtigte Zweck maßgebend. Sie setzen weich ein und steigern sich nach Bedarf. Nach zeitweise kräftigeren Hilfen ist stets wieder Rückkehr zu leichteren Einwirkungen geboten, um das Pferd empfänglich zu erhalten und nicht abzustumpfen. Grobe Hilfen verderben das Pferd.

Richtige, wohlabgemessene Hilfen kann der Reiter nur geben, wenn er seine Muskeln so in der Gewalt hat, daß nicht Teile seines Körpers unbeabsichtigt fehlerhaft mitwirken.

Mit fortschreitender Dressur müssen die Hilfen immer feiner und unauffälliger werden, bis das Pferd schließlich ohne wahrnehmbare Einwirkung des Reiters nur dessen Gedanken zu folgen scheint.

Die Bedeutung der treibenden Hilfen steht hoch über der der verhaltenden. Das Losungswort heißt „Vorwärts".

Schenkelhilfen.

Der Schenkel hat die Aufgabe, auf den gleichseitigen Hinterfuß zu wirken. Die Lage des Unterschenkels bestimmt die Art der Wirkung. Je näher er dem Gurt liegt, desto mehr wird der Hinterfuß zum Vortreten angeregt (vortreibender Schenkel, Bild 11); liegt der Schenkel weiter zurück, so wird er nach dem Grade der Einwirkung entweder den gleichseitigen Hinterfuß am Verlassen des Hufschlags verhindern (verwahrender Schenkel) oder ihn dazu veranlassen (seitwärts treibender Schenkel, Bild 12).

Die Schenkelhilfen bestehen in einem Drücken oder Klopfen der Unterschenkel bei möglichst unveränderter Lage der Oberschenkel. Die Stärke der Schenkelhilfen richtet sich nach dem Grade der Folgsamkeit des Pferdes; plötzliches Anschlagen oder Anstoßen ist zu vermeiden. Nur bei ſtärkeren Einwirkungen darf der Fuß etwas nach außen gedreht werden, der Abſatz bleibt herabgedrückt.

Grundlage und Vorbedingung für gute Schenkelwirkung iſt ein mit den Bewegungen des Pferdes mitgehender Sitz bei elaſtiſch geſpanntem Kreuz. Der Schenkeldruck wird nur dann die beabſichtigte Wirkung haben, wenn das Knie dabei nach abwärts ſtrebt, weil nur auf dieſe Weiſe das Geſäß tief im Sattel bleibt.

Bei einem durchgearbeiteten, in guter Haltung ſchwung= voll an die Zügel tretenden Pferde genügt bei richtigem Sitz

Bild 11.　　　　　　　　Bild 12.

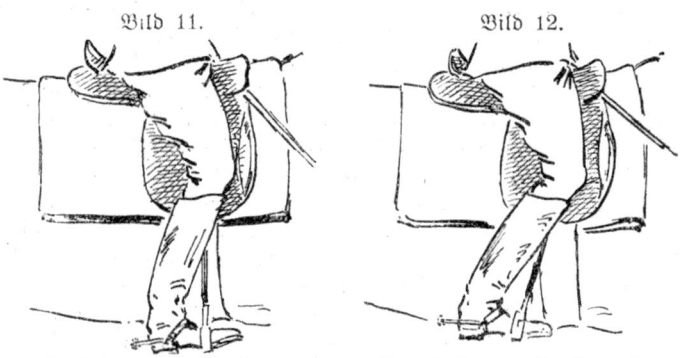

Lage des vortreibenden
Schenkels.

Lage des verwahrenden oder
ſeitwärtstreibenden Schenkels.

das weiche Fühlenlaſſen der Unterſchenkel, um es in Form, Gangart und Tempo zu erhalten. Das Pferd holt ſich die Anregungen von den Unterſchenkeln gewiſſermaßen ſelbſt, weil die in den Augenblicken des Vortretens des Hinterfußes voller werdende Rumpfſeite eine ſtärkere Fühlung mit der Wade nimmt. Der Schenkel muß aber um ſo tätiger und der Schenkeldruck um ſo ſtärker werden, je mehr es gilt, die Hinterfüße anzuregen oder zu beherrſchen.

In der Bewegung wirkt der Schenkel auf den gleich= ſeitigen Hinterfuß nur in dem Augenblick richtig vortreibend ein, wo dieſer ſich nach dem Abfußen über dem Boden be= findet. Auf der Einwirkung mit dem Schenkel in dieſen Augenblicken beruht die den betreffenden Hinterfuß an= regende Tätigkeit. Es iſt daher von großem Wert, daß der

Reiter diese Augenblicke, die er im Trabe an der gleichzeitigen
Vorbewegung der entgegengesetzten Schulter erkennen kann,
herausfühlen und benutzen lernt.

Neben einer solchen kaum sichtbaren, anregenden
Schenkeltätigkeit kann auch vorübergehend ein kräftiges An=
drücken beider Waden am Platze sein, um das Pferd zu ent=
schiedenerem Vorwärtsgehen zu bewegen.

Zügelhilfen.

Die durch Zügel und Gebiß dem Pferde übermittelten
Einwirkungen der Hände heißen Zügelhilfen. Sie entstehen
durch vermehrtes An= und Abspannen der Zügel und äußern
sich in dem hierdurch erzeugten stärkeren oder geringeren
Druck des Gebisses auf die Laden. Die Zügelhilfen sind ein
wesentliches Mittel zur Beherrschung des Pferdes, denn die
verschiedenartige Einwirkung der Hände bestimmt nicht nur
Tempo und Gangart, sondern auch die Richtung, in der das
Pferd geht. In diesem Sinne bezeichnen wir ihre gesamte
Tätigkeit mit F ü h r u n g. Da die Zügelhilfen ihrer Natur
nach vorherrschend verhaltend wirken, so müssen sie stets mit
treibenden Hilfen verbunden sein.

Gute Führung ist nur bei unabhängigem und stetem
Sitz möglich. Die Zügelhilfen wirken um so sicherer und
schneller, je mehr das Pferd die Einwirkungen der Hände auf
die Laden durch Genick, Hals und Rücken bis in die Hinter=
beine hindurchläßt. Nur das völlig durchlässige Pferd ge=
horcht sicher der Hand.

Von einem Pferde, das in williger Genick= und Hals=
biegung den Einwirkungen der Hand nachgibt, dem Reiter
in elastischer Zügelspannung sowohl im Halten wie im
Gange das Gefühl einer unbedingt sicheren und weichen Ver=
bindung zwischen Hand und Pferdemaul verleiht, und das
auch in den kürzesten Tempos entschlossen vorwärts geht,
sagt man, es steht a m Z ü g e l. Ein Pferd, das, eine Stütze
in den Zügeln suchend, sich unter Steifung von Genick und
Hals auf die Hand legt, ist a u f d e m Z ü g e l; ein Pferd,
das unter Verweigerung des entschlossenen Vorwärtsstrebens
das Gebiß nicht annehmen will und die Verbindung zwischen
Hand und Pferdemaul durch Ausweichen des Kopfes nach
rückwärts aufhebt, ist h i n t e r d e m Z ü g e l. Ein Pferd,

das sich dem Nachgeben durch Gegendrücken mit Genick=
und Halsmuskeln nach vorwärts=aufwärts zu entziehen
strebt, geht gegen den Zügel. Nur das am Zügel
stehende Pferd kann jederzeit vom Reiter beherrscht werden.

Die Kunst einer guten Führung beruht auf der
dauernden Erhaltung der Verbindung zwischen Reiterhand
und Pferdemaul, die man Anlehnung nennt. Sie soll
sich aus dem natürlichen Streben des Pferdes ergeben, den
Hals auszudehnen. Je geringerer Einwirkung der Reiter
bedarf, dieses Bestreben auf das gewünschte Maß zu be=
schränken, desto leichter wird die Anlehnung sein. Sie kann
in vielfachen Abstufungen von einer ganz leichten bis zu einer
starken wechseln.

Das richtig am Zügel gehende gerittene Pferd gewährt
dem Reiter bei steter Zügelspannung das Gefühl einer
federnden Anlehnung; es biegt das Genick, kaut auf dem
Gebiß und bleibt dadurch weich an der Hand. Diese An=
lehnung wird um so leichter sein und in versammelten
Gängen um so feiner werden, je mehr das Pferd die Trag=
kraft der Hinterhand gebraucht. Umgekehrt wird das Pferd
die leichte Anlehnung in eine stärkere verwandeln, wenn die
Schubkraft der Hinterhand überwiegt, besonders in den
freieren Gängen. Wenn das Pferd aus Mangel an Selbst=
haltung eine Stütze in den Zügeln sucht oder dem Reiter die
Hand nimmt, so wird die Anlehnung fest und fehlerhaft.
Anderseits kann es aber auch Absicht des Reiters sein, eine
stärkere Anlehnung herbeizuführen, wenn es gilt, die unsicher
gewordene Verbindung zwischen Hand und Pferdemaul durch
stärkeres Herantreiben an die Zügel unbedingt sicher zu
machen. Die Anlehnung dauernd weich zu erhalten oder,
falls sie ungewollt fest geworden ist, sie möglichst bald wieder
weich zu gestalten, muß stetes Bestreben des Reiters sein.

Das Pferd in weicher Anlehnung zu erhalten vermag
nur die Hand, die alles Harte, Starre und Ruckhafte ver=
meidet und aus einem richtigen Sitz heraus weich, leicht und
stet bleibt. Nimmt das Pferd zuviel Anlehnung, so wendet
der Reiter zunächst die durchhaltende Zügelhilfe an.
Sie besteht darin, daß die auf ihrem Platz verbleibenden
Hände fest geschlossen werden und den vermehrten Druck aus=
halten, bis das Pferd sich wieder am Zügel abstößt und leicht

wird. Für diese durchhaltende Zügelhilfe ist das bei vor=
geschobenem Gesäß angespannte Kreuz des Reiters Vor=
bedingung. Nur ein Gegenspannen des ganzen Körpers,
namentlich der Kreuzmuskeln, bewahrt den Reiter davor,
vornüber gezogen zu werden, und gibt ihm genügende Kraft,
selbst starken Druck auszuhalten, ohne daß ihm das Pferd
die Hand nehmen kann. Man sagt deshalb treffend, wenn
das Pferd wieder leicht am Gebiß geworden ist, daß es sich
am Kreuz des Reiters abgestoßen hat.

Von entscheidender Wichtigkeit ist es, daß in dem Augen=
blick, wo das Pferd leicht am Gebiß wird, auch die Hand des
Reiters leicht wird und nicht mit schwerem Druck im Pferde=
maul hängen bleibt.

Das Bestreben, die zu feste Anlehnung wieder weich zu
gestalten, wird bei weniger durchlässigen Pferden den Reiter
zwingen, die durchhaltende Zügelhilfe zur a n n e h m e n d e n
Zügelhilfe zu steigern, die stets von treibenden Einwirkungen
unterstützt sein muß. Die annehmende Zügelhilfe findet auch
überall da Anwendung, wo die Vorwärtsbewegung des
Pferdes gemäßigt oder wo belastend auf die Hinterhand ein=
gewirkt werden soll.

Annehmende Zügelhilfen werden bei völliger Rittigkeit
des Pferdes durch festeres Schließen und Eindrehen der
Hände ausgeführt. Die mittleren Fingergelenke nähern sich
hierbei dem Leibe des Reiters, die kleinen Finger steigen
nach aufwärts. Bei stärkeren Einwirkungen muß sich der
Arm an der verhaltenden Hilfe beteiligen.

Gibt das Pferd dem Anzuge nach, so hört die an=
nehmende Zügelhilfe auf. Hände und Arme gehen wieder in
ihre ursprüngliche Haltung zurück. Für die annehmenden
Zügelhilfen gilt ganz besonders die Warnung, nicht im An=
zuge stecken zu bleiben. Niemals dürfen sie in dauerndes
Ziehen ausarten, sondern müssen in lebhaftem Wechsel mit
nachgebenden Hilfen erneuert werden, wenn der Erfolg nicht
sogleich eintritt. Auch hier ist von entscheidender Bedeutung,
daß die Hand die Augenblicke des Nachgebens richtig erfaßt
und sie gewissermaßen vorausfühlt. Fährt sie in dem Augen=
blick, wo das Pferd leicht am Gebiß wird, festbleibend zurück,
belohnt sie also das Pferd nicht durch Leichtwerden, so weiß
dieses nicht, was der Reiter will

Bei allen annehmenden Zügelhilfen müssen immer die anregenden und vortreibenden Schenkelhilfen mitwirken. Nur auf den gut untergeschobenen Hinterfuß kann die annehmende gleichseitige Zügelhilfe durch Belastung biegend wirken. Für die Einleitung dieser Hilfe ist der Augenblick der beste, wenn der Hinterfuß, kurz ehe er auffußt, sich über dem Boden befindet.

Die nachgebende Zügelhilfe besteht darin, daß die Hand stehenbleibend den kleinen Finger dem Pferdemaul nähert oder, ohne die Fühlung mit ihm aufzugeben, vorübergehend so viel vorgeht, wie es das Bedürfnis erfordert. Sie wird angewandt, um dem Pferde die nötige Freiheit zum Antreten oder zur Beschleunigung der Bewegung zu geben. Soll mit einer nachgebenden Zügelhilfe dem Pferde ein Längermachen des Halses erlaubt werden, so ist ein Vorgehen des ganzen Armes und selbst ein Durchgleitenlassen der Zügel notwendig.

Die volle Wirkung der beschriebenen Zügelhilfen tritt nur bei beiderseitiger Anwendung ein. Einem einseitigen Zügelanzuge wird das Pferd dadurch Folge leisten, daß es nach der betreffenden Seite Kopf und Hals herumbiegt und wendet. Für die richtige Ausführung der Wendung, wie auch zur Begrenzung der Biegung von Kopf und Hals ist eine Gegenwirkung des äußeren Zügels notwendig, die man verwahrende Zügelhilfe nennt. Sie besteht im leichten Gegenhalten der Hand, kann sich aber auch bis zum Annehmen steigern.

Zur Wendung steigt beim Reiten auf Trense durch eine Eindrehung der inneren Hand der kleine Finger gegen die innere Brust des Reiters; durch die hierdurch bewirkte Verkürzung des inneren Zügels wird das Pferd in die Wendung hineingeführt. Die äußere Hand gibt nur so viel nach, daß das Pferd dem Anzuge folgen kann, und bestimmt durch den am Hals anliegenden verwahrenden äußeren Zügel die Größe der Wendung. Die Hand muß bei allen Hilfen auf ihrer Seite bleiben; ein Hinüberdrücken über den Widerrist ist fehlerhaft.

Beim Reiten auf Kandare mit angefaßter Trense wird die Wendung im allgemeinen nach den gleichen Grundsätzen wie auf Trense ausgeführt.

Bei der Führung mit einer Hand wird die zu Beginn jeder Wendung erforderliche Kopfstellung des Pferdes durch Verkürzung des inneren Zügels erreicht. Zur Stellung rechts (Bild 13 a) geschieht dies durch eine Drehung der Hand nach rückwärts; die mittleren Gelenke der Finger nähern sich der Mitte des Leibes, der kleine Finger steigt nach aufwärts. Zur Stellung links (Bild 13 c) wird die Hand derartig gedreht, daß der kleine Finger sich dem Leibe des Reiters nähert und der Daumen nach der linken Pferdeschulter überfällt. Die zur Ausführung der Wendung erforderliche Mitwirkung des äußeren Zügels wird erreicht, indem bei beiden Wendungen die Hand sich zunächst noch stärker eindreht. Dabei steigt unter Beteiligung des Unterarms der kleine Finger zur Rechtswendung in der Richtung gegen die rechte Brust (Bild 13 b), zur Linkswendung gegen die linke Brust (Bild 13 d). Die Kopfstellung des Pferdes muß während der ganzen Wendung unbedingt beibehalten werden. Erst nach vollendeter Wendung kehrt die Hand in ihre ursprüngliche Stellung zurück. Zum guten Gelingen der Wendung, namentlich nach rechts, ist ein richtiges Zügelmaß notwendig; unter Umständen sind deshalb vor der Wendung die Zügel zu ordnen.

Die Notwendigkeit, rasch zu wenden, veranlaßt den Soldaten oft, durch Verschieben der Hand nach seitwärts, also mit dem äußeren Zügel allein zu wenden. Wenn auch die Pferde diese unrichtige Hilfe verstehen und befolgen lernen, so muß doch stets der Erlernung der richtigen Führung eine besondere Sorgfalt zugewandt werden. Versagt ein Pferd auf dieses fehlerhafte Wenden hin, so kann nur die richtige Führung wieder zum Ziele führen.

Dem bei der Arbeit sich häufig einstellenden Durchgleiten der Zügel darf nicht durch krampfhaftes Zusammenpressen der Hände vorgebeugt werden; der Reiter wird oft nachgreifen müssen, um das richtige Zügelmaß wiederherzustellen. Ein zu langes Zügelmaß verführt leicht zu dem Fehler, sich im Sitz zu weit zurückzulehnen oder auch mit eingezogenem Leib das Gesäß zu lüften. In beiden Fällen bleibt der Reiter hinter der Bewegung des Pferdes zurück.

Bei Führung auf Kandare, besonders mit angefaßter Trense, wird häufig die linke Hand nicht vor der Mitte des

Bild 13.

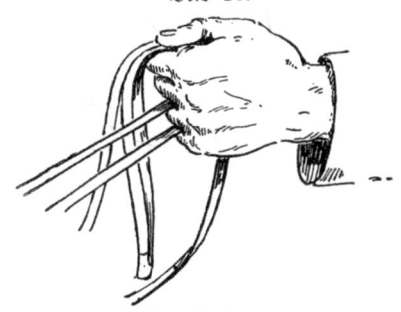

Grundhaltung.

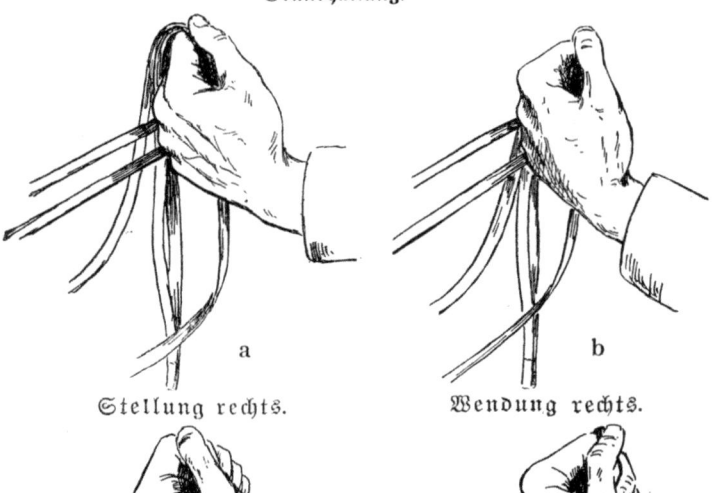

| a | b |
| Stellung rechts. | Wendung rechts. |

Stellung links.   Wendung links.

Leibes, sondern links seitwärts, wie bei der Trensenführung, getragen. Dadurch kommt der rechte Kandarenzügel zunächst zu vermehrtem Anstehen. Eine ungleichmäßige Zügel=einwirkung wird beim Reiten mit angefaßter Trense auch dadurch hervorgerufen, daß der Reiter den rechten Trensen=zügel zu viel benutzt. Der rechte Kandarenzügel wird als=dann lockerer, so daß das Pferd vorherrschend auf dem rechten Trensenzügel und linken Kandarenzügel geht. Bei links seit=wärts gestellter Kandarenhand wirkt auch ein Annehmen oder Nachgreifen mit dieser vorwiegend verkürzend auf den linken Kandarenzügel und lockernd auf den rechten, so daß auch dann linker Kandarenzügel und rechter Trensenzügel vorherrschen. Eine solche ungleiche Zügeleinwirkung be=günstigt ein Steifen gegen den rechten Kandarenzügel, zu dem das Pferd infolge der geringeren Biegsamkeit seines rechten Hinterfußes schon an sich neigt und bildet somit, indem sie die Nase des Pferdes nach links zieht, eine Erschwe=rung für die Wendung nach rechts.

Besondere Fälle können Abweichungen von der sonst vor=geschriebenen Stellung der Hände bedingen. Ein Höher=stellen ist oft dann am Platze, wenn die hebelartige Wirkung der Zügelanzüge auf Rücken und Hinterhand verstärkt werden soll. Ein Tieferstellen kann geboten sein, wenn Hals und Kopf des Pferdes tiefer gestellt werden müssen; hierbei mit der Hand nach unten zu drücken, ist indessen ein grober Fehler, der das Pferd nur zu einem Gegendruck nach oben herausfordert. Ein weiteres Auseinanderstellen der Hände kann angezeigt sein, um ein seitliches Ausweichen der Hinter=füße leichter zu verhindern und Widerstände des Pferdes im Genick besser zu beseitigen.

Um zu prüfen, ob das Pferd sich in freieren Gängen selbst trägt, sowie als beruhigende Hilfe, wendet man das Überstreichen an. Es geschieht, indem die Zügelhand erst weit vorgeht und sodann im Zurückgehen, den Mähnen=kamm berührend, auf diesem langsam entlang streicht.

Zur Erzielung gleichmäßiger Anlehnung an beide Zügel, zur Überwindung besonderer Schwierigkeiten in Hals und Genick kann es sich bei der Kandarenführung empfehlen, vorübergehend mit geteilten Zügeln zu reiten. Zur Beherrschung widersetzlicher Pferde ist es die Regel.

Die fehlerhafte Neigung der meisten Reiter, zu viel mit den Händen und zu wenig mit Schenkel= und Gewichtshilfen einzuwirken, muß dauernd bekämpft werden.

Gewichtshilfen.

Die als Hilfen sich äußernden Gewichtseinwirkungen des Körpers unterstützen die Schenkel= und Zügelhilfen in hohem Grade, indem sie dem Pferde diese verständlicher machen und ihre Befolgung erleichtern.

Gewichtshilfen werden am vollendetsten wirken, wenn die Schwerlinie des Reiters mit der des Pferdes vorher zu= sammenfiel. In der Fähigkeit, während aller Bewegungen den eigenen Schwerpunkt mit dem seine Lage wechselnden Schwerpunkt des Pferdes in Übereinstimmung zu erhalten, liegt die Kunst, mit dem Pferde mitzugehen. Bei richtigem Mitgehen hat der Reiter stets das Gefühl, völlig eins mit den Bewegungen des Pferdes zu sein. Sein Gewicht ist so vom Pferde auch am leichtesten zu tragen. Ein Reiter dagegen, der die Fähigkeit des Mitgehens nicht besitzt, stört durch sein unrichtig verlegtes Gewicht Gang und Haltung des Pferdes.

Bei richtig gehendem Pferde fällt die Schwerlinie von Pferd und Reiter zusammen, wenn dieser bei richtigem Sitz den Oberkörper senkrecht hält*). Jedes bewußte Abweichen aus dieser Richtung bedeutet eine Gewichtshilfe. Indem der Reiter absichtlich den eigenen Schwerpunkt gegen den des Pferdes verlegt, veranlaßt er es, seinen Schwerpunkt eben= falls zu verlegen, und wirkt hierdurch auf dessen Bewe= gungen ein. Mit den Gewichtshilfen muß ein Anspannen des Kreuzes verbunden sein.

Ein Zurücknehmen des Oberkörpers hinter die Senk= rechte belastet vermehrt Rücken und Hinterhand und wirkt gleichzeitig treibend. Ob die belastende oder die treibende Wirkung mehr in den Vordergrund tritt, hängt davon ab, in welcher Weise gleichzeitig die Zügel einwirken.

Ein Vorneigen des Oberkörpers kann in den Fällen statt= finden, die eine besondere Entlastung des Rückens und der

---

*) Hier und bei den folgenden Ausführungen ist das Pferd auf der Horizontalen gedacht.

Hinterhand verlangen. Hierdurch kann zugleich verhaltend auf das Vorwärtsdrängen des Pferdes gewirkt werden, da die Vorhand mehr belastet und der Rücken dem vortreibenden Gewicht des Oberkörpers weniger ausgesetzt wird. Ein Vor=neigen des Oberkörpers wird aber zum Fehler, wenn Hüften und Gesäß nicht mit nach vorn genommen werden, sondern nach hinten hinausgleiten.

Verlegt der Reiter sein Gewicht nach rechts oder links, so erhält das Pferd den Antrieb, nach dieser Richtung von der bisherigen Linie abzuweichen. Diese Hilfe ist beim Wenden eine stets notwendige Unterstützung der Zügel= und Schenkel=hilfen und gelangt beim völlig durchgearbeiteten Pferde so zur Vorherrschaft, daß sie den Hauptantrieb zum Wenden gibt. Diese Gewichtshilfe wird dadurch ausgeführt, daß der be=treffende Gesäßknochen mehr belastet wird. Dabei wird sich die Hüfte etwas senken und das Knie eine tiefere Lage er=halten. Fehlerhaft ist es, in der Hüfte einzuknicken, da hier=durch eine Gewichtsverlegung nach der falschen Seite herbei=geführt wird (Bild 10).

Will der Reiter das Widerstreben eines Pferdes in Hals und Rücken überwinden, so muß er seine Wirbelsäule durch vermehrtes Anspannen des Kreuzes so lange feststellen, bis er seinen Zweck erreicht hat. Ein Krümmen des Rückens kann dabei nötig werden. Die Einwirkungen mit dem Kreuz spie=len beim Reiten eine wesentliche Rolle. Nur ein Reiter, der sein Kreuz nach Bedarf anzuspannen vermag, ist imstande, richtig auf sein Pferd einzuwirken*).

Gebrauch der Sporen.

Die Sporen werden bei Pferden, die die Schenkelwirkung nicht genügend beachten, oder als Aufforderung zu größter Kraftanstrengung oder als Strafe gebraucht.

Soll der Sporn die Schenkelhilfe verstärken, so darf er erst dann mehr oder minder fühlbar angedrückt werden, wenn der Schenkel bereits gewirkt hat. Die Schenkellage darf da=bei nicht verändert werden. Ein Einsetzen des Sporns in die Flanke ist unbedingt zu vermeiden. Dem vortreibenden

---

*) Gesäßhilfen als solche gibt es nicht, denn jede vom Reiter als Gesäßhilfe empfundene Hilfe stellt eine Gewichtsverlegung dar, ist somit eine Gewichtshilfe.

Schenkel wird dadurch mehr Nachdruck verliehen, daß der
Sporn in fühlbarer Weise die Stelle bezeichnet, unter die der
gleichseitige Hinterfuß vortreten soll. Die Wirkung des ver=
wahrenden Schenkels kann durch flaches, weiches Anlegen des
Sporns ebenfalls gesteigert werden. Reiter, die aus Be=
quemlichkeit, statt die Schenkel zu gebrauchen alle Hilfen mit
den Sporen geben, machen ihre Pferde entweder schreckhaft
oder stumpf.

Soll der Sporn das Pferd zur größten Kraftanstrengung
veranlassen oder als Strafe dienen, so erhält das Pferd dicht
hinter dem Gurt, meist mit beiden Sporen, einen oder mehrere
Stiche an derselben Stelle. Widersetzt sich das Pferd einem
Schenkel, so wird der einseitige Sporn gebraucht.

Beim Strafen muß sich der Reiter darüber klar sein, ob
es sich um wirklichen Ungehorsam handelt, oder ob er nicht
etwa zu hohe Anforderungen gestellt oder unrichtige Hilfen
gegeben hat. Niemals sollte der Reiter im Zorn strafen, denn
ein ungerecht und nur aus Ärger gegebener Spornstich stört
das Verständnis zwischen Reiter und Pferd und untergräbt
das Vertrauen des Pferdes zu seinem Reiter. Ist jedoch eine
Strafe nötig, dann muß der Spornstoß deutlich und ent=
schlossen gegeben werden. Halbe Maßregeln verfehlen ihren
einschüchternden Eindruck auf das Pferd.

Beim Gebrauch der Sporen darf der Reiter die Haltung
seines Oberkörpers nicht verändern, besonders auch nicht sein
Pferd durch Reißen mit der Hand im Maul stören. Die
Unterschenkel dürfen sich nicht vom Pferdeleibe entfernen, um
zum Stoß auszuholen.

Alle Verstärkungen der Schenkelhilfen mit den Sporen
erfordern unabhängigen Sitz und feines Reitergefühl.

18. Zusammenwirken und Anwendung der Hilfen.
Lektionen.

a. Allgemeines.

Nur durch das Zusammenwirken der verschiedenen
Schenkel=, Zügel= und Gewichtshilfen wird die von der
Dressur angestrebte Haltung und Gangleistung des Pferdes
und seine Beherrschung im Gebrauch erreicht. Nicht im Auf=
wande starker Kraft, sondern in geschickter Anwendung der

Hilfen liegt der Erfolg. Die Fähigkeit, in jedem Augenblick
zu erkennen, welche Hilfen erforderlich sind, und diese richtig
gegeneinander abgemessen zur Wirkung zu bringen, bildet den
Inhalt dessen, was man Reitergefühl nennt. Ein
feines Reitergefühl kann nur der haben, der im schmiegsamen
Sitz in steter Übereinstimmung mit den Bewegungen des
Pferdes bleibt.

Das Gegeneinanderwirken der treibenden und verhalten=
den Hilfen schiebt das Pferd zusammen und bewirkt seine
Versammlung; die biegenden inneren und die verwahrenden
äußeren Hilfen geben ihm die seitliche Biegung, die für die
Bearbeitung des ganzen Pferdes unerläßlich ist.

Bei dem Gegeneinanderwirken der treibenden und ver=
haltenden Hilfen muß unausgesetzt beachtet werden, daß den
treibenden der Vorrang gebührt. Das richtige Abwägen
beider Arten von Hilfen gegeneinander ist von entscheidender
Wichtigkeit für Gang und Gehorsam. Für die gesamte Be=
arbeitung des Pferdes ist oberster Grundsatz, daß stets, auch
in den kürzesten Gängen, der Schwung nach vorwärts erhal=
ten bleiben muß. Immer muß ein entschiedenes Vortreten
der Hinterbeine gegen das Gebiß stattfinden. Ein Reiter, der
diesen unentbehrlichen Nachschub der Hinterhand durch zu ge=
ringes Treiben nicht genügend entwickelt oder durch zu starkes
Verhalten erstickt, erreicht niemals Versammlung, sondern
stets ein entweder auf der Hand liegendes oder schwunglos
hinter dem Zügel gehendes Pferd.

Neben diesem ersten Grundsatz, das Pferd auch in höch=
ster Versammlung stets mit sichtbarem Schwunge vorwärts zu
reiten, ist der andere, nicht minder wichtige zu beachten, die
Vorhand des Pferdes so auf dessen Hinterhand einzurichten,
daß die Hinterfüße den Vorderfüßen in der Bewegungsrich=
tung genau folgen. Nur dann können die Hinterfüße durch
Rücken, Hals und Genick in die Hand des Reiters hinein,
und umgekehrt die Hand durch Genick, Hals und Rücken auf
die Hinterfüße wirken. Tritt ein Hinterfuß seitwärts der
Spur des entsprechenden Vorderfußes, weicht er nach
innen aus oder fällt er nach außen aus, so geht
die Schub= oder Tragkraft dieses Hinterfußes und somit
auch die Durchlässigkeit für die Hilfen ganz oder teilweise
verloren.

b. **Andiezügelstellen. Beizäumen. Aufrichten.**

Andiezügelstellen heißt, das Pferd derartig von hinten
nach vorn zusammenschieben, daß im Halten sowohl wie im
Gange zwischen Reiterhand und Pferdemaul eine unbedingt
sichere, wenn auch leichte Verbindung hergestellt ist. Nur diese
ermöglicht es dem Reiter, in jedem Augenblick auf das Pferd
einzuwirken. Sie muß immer federnd bleiben und darf, selbst
wenn sie stärker wird, doch nie starr werden.

Die beim Andiezügelstellen vom Pferde zu fordernde
Haltung wird sich je nach seinem Dressurgrade sowie nach
Gangart und Tempo verschieden gestalten (Bild 14, 15, 16).

Im Halten drückt der Reiter mit beiden Schenkeln bei
angespanntem Kreuz das Pferd gegen die leicht aushaltende
Hand vor, bis es die Hinterbeine heranstellt und auf dem Gebiß kaut. Gleichzeitig nimmt er, soweit dies der Dressurgrad
des Pferdes gestattet, Kopf und Hals bei beigestellter Nase und
der dem Gebäude angemessenen Aufrichtung durch weiches
Annehmen zurück. Das Pferd darf dabei eher einige kleine

Bild 14.

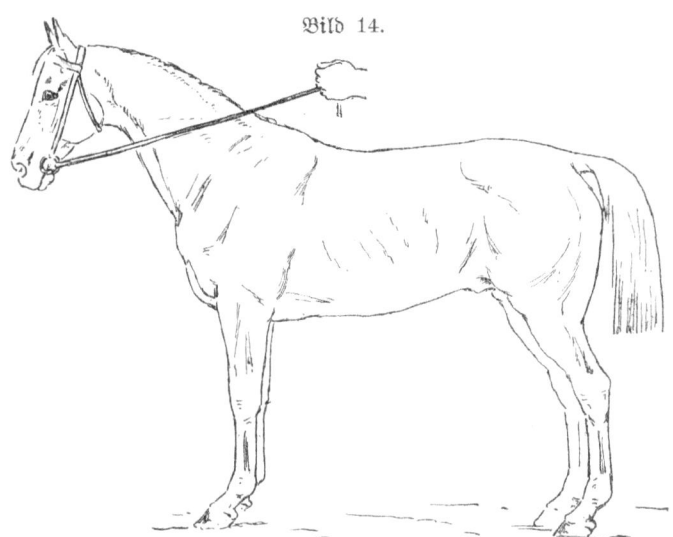

Erstes Andiezügelstellen ohne Versammlung.

Tritte nach vorwärts, als einen einzigen nach rückwärts machen. Die Schenkel liegen verwahrend am Pferdeleibe, be= reit, bei einem Ausweichen der Hinterfüße nach seitwärts oder rückwärts den ausweichenden Fuß durch den mehr klopfenden als drückenden gleichseitigen Schenkel zum Vortreten zu be= stimmen. Stellt das Pferd einen Vorderfuß vor, so nimmt der Reiter den gleichseitigen Zügel so viel an, daß es den betreffenden Fuß auf den richtigen Platz zurücksetzt. Stellt es die Vorderfüße unter den Leib, so veranlaßt es der Reiter, durch drückende Schenkelhilfen am Gurt sie vorzustellen; die etwas höher gestellten Hände verhindern ein Antreten. So= bald das Pferd in der ihm abverlangten Stellung still stehen bleibt und mit geschlossenem Maule zu kauen beginnt, unter= bricht der Reiter das Gegenhalten mit den Händen und läßt sie auf ihrem Platze ruhig stehen.

Zeigt sich das Pferd beim Zurücknehmen von Hals und Kopf nicht durchlässig, so hält der Reiter dieses Widerstreben je nach dem Dressurgrad mit den Händen aus, während die Schenkel die Hinterhand zu weiterem Vortreten unter den Leib veranlassen. Bei jedem Drängen auf die Hand wird das Pferd dem Zügelanzuge williger nachgeben, sobald es den Hinterfuß auf die Schenkelhilfe vorstellt.

Das richtig an die Zügel gestellte Pferd gibt dem Reiter die Empfindung eines weichen, die vier Beine gleichmäßig belastenden Sitzes.

Im Gange wendet der Reiter die vorbeschriebenen Hilfen an, sobald er fühlt, daß das Pferd nicht mehr am Ge= bisse kaut, in der entschiedenen Vorwärtsbewegung nachläßt und nicht mehr die genügende Anlehnung nimmt. Pferde, die sich im Gange verhalten oder die Vorwärtsbewegung ver= weigern, müssen vom Reiter durch lebhaft vortreibende Hilfen bei angespanntem Kreuz wieder an die Zügel gestellt werden.

Will der Reiter ein im Schritt am langen Zügel gehen= des Pferd an die Zügel stellen, so hat er die nötige Versamm= lung so vorsichtig zu gewinnen, daß die Reinheit des Ganges keine Einbuße erleidet.

Da das Andiezügelstellen nach dem Dressurgrad, dem Gebäude des Pferdes und der Geschicklichkeit des Reiters mehr oder minder Zeit erfordert, so muß der Lehrer diese dem Schüler gewähren. Durch eingehende Unterweisung in dieser für jede reiterliche Tätigkeit unbedingt gebotenen Lektion wird auch das Verständnis für das Zusammenwirken der Hilfen und damit das Reitergefühl wesentlich gefördert werden.

Die Gewohnheit unerfahrener Reiter, beim dressierenden Reiten nach dem Aufsitzen, ohne das Pferd an die Hand zu stellen, sofort womöglich in erhöhter Gangart anzureiten, muß streng bekämpft werden. Der Reiter begibt sich hierdurch der richtigen Einwirkung auf das Pferd; dieses verlernt durch solch unreiterliches Verhalten das für seine Verwendung als Soldatenpferd unentbehrliche, ruhige Stehenbleiben nach dem Aufsitzen.

Zum Beizäumen wiederholt der Reiter die beim Andiezügelstellen beschriebenen Hilfen, bis das Pferd die für die Zügelwirkung erforderliche und seinem Gebäude angemessene Hals- und Genickbiegung hergibt (Bild 15). Der Reiter muß dabei immer beherzigen, daß die Hals- und Genickbiegung nicht mit den Zügeln erzwungen werden darf, sondern nur das Ergebnis der an die aushaltende Hand herantreibenden Hilfen sein soll.

Bild 15.

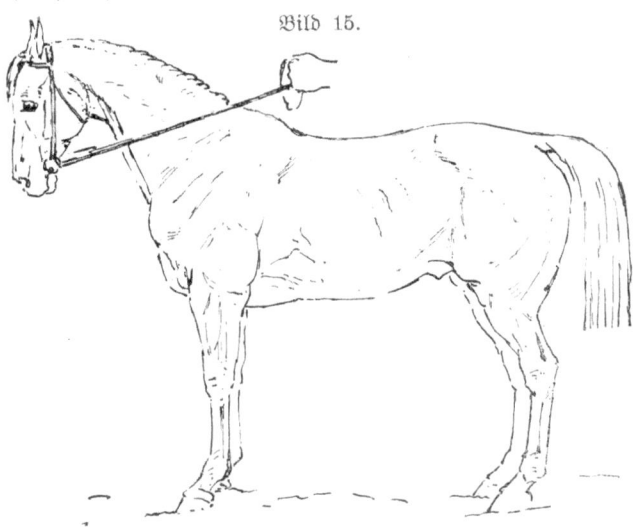

Andiezügelstellen mit Versammlung und Beizäumung.

5*

In dem Augenblick, wo das Pferd im Genick nachgibt, muß die Hand leicht werden. Die bloße Genickbiegung allein genügt indessen nicht. Das Nachgeben ist nur dann wirklich willig und vollkommen, wenn das Pferd sich vom Gebiß abstößt und kaut. Der Reiter darf kein Widerstreben gegen das Mundstück spüren, sondern muß das Gefühl haben, daß das Pferd den Zügelanzügen weich Folge gibt. Ein gutes Abkauen bildet also einen vortrefflichen Prüfstein für die willige Hergabe des Genicks.

Steift sich ein bereits in Dressur gewesenes Pferd im Halse und Genick gegen die Hand des Reiters, so führt geschicktes Fühlenlassen des Sporns oft am schnellsten zum Ziel. Die vorwärtstreibende Wirkung der Hilfen muß bei jeder beizäumenden Tätigkeit bestimmt zum Ausdruck kommen, das Pferd also von hinten nach vorn an die Zügel gebracht werden. Zu schweres Einsitzen ist indessen bei Pferden mit schwachem Rücken und schwacher Hinterhand zu vermeiden. In den meisten Fällen empfiehlt es sich, den Widerstand nicht im Halten überwinden zu wollen, sondern dem Pferde die Nachgiebigkeit zunächst in verkürzten Tritten, dann in einem gemäßigten Trabe abzugewinnen. Bei jedem Widerstreben des Pferdes ist die Vorwärtsbewegung der beste Verbündete des Reiters. Der Reiter muß dabei das Pferd sicher zwischen Schenkel und Zügel halten und das seitliche Ausweichen oder Ausfallen der Hinterfüße verhindern. Zur vollen Beherrschung eines ausweichenden Hinterfußes wird oft vorübergehend ein weiteres Auseinanderstellen der Hände geboten sein.

Stets wird das Pferd der Aufforderung des Reiters, sich im Genick zu biegen, williger nachkommen, wenn ihm eine geringe Kopfstellung nach einer Seite gegeben wird.

Wenn auch eine tiefere Stellung der Hände von Vorteil sein kann, so muß doch die fehlerhafte Neigung vieler Reiter bekämpft werden, durch Herunterdrücken mit den Händen das Pferd zur Genickbiegung veranlassen zu wollen. Arm und Hand werden hierbei starr, und das Pferd antwortet meist nur mit einem vermehrten Stemmen gegen die Zügel. Oft ist auch mit dem Herunterdrücken der Hände ein Lüften des Gesäßes verbunden.

Selbst in der höchsten Versammlung soll der Reiter die Empfindung haben, daß er das Pferd noch ein wenig mehr beizäumen kann. Nur dann wird das Pferd durchlässig und den Hinterbeinen der Weg zum freien Vortritt und damit zur Entwicklung eines schwungvollen, geräumigen Ganges geebnet sein.

Aufrichten heißt diejenige Tätigkeit des Reiters, bei der das Genick des beigezäumten Pferdes höher gestellt wird

Bild 16.

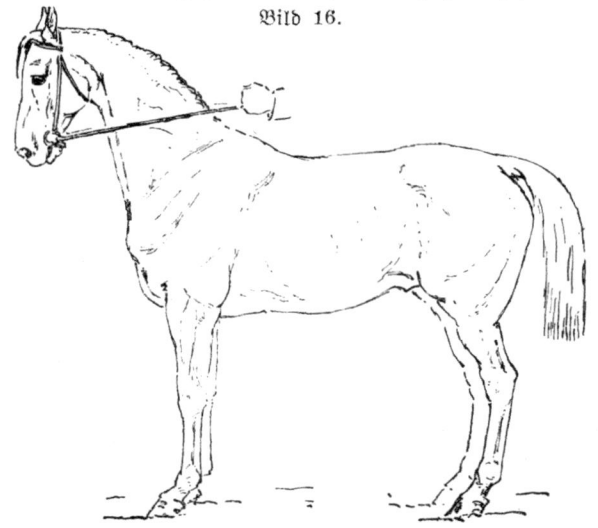

Andiezügelstellen mit Versammlung, Beizäumung und Aufrichtung.

(Bild 16). Es verfolgt den Zweck, das Gewicht von Hals und Kopf mehr der Hinterhand zuzuführen und damit zugleich die Hebelwirkung von Kopf und Hals auf Rücken und Hinterhand zu sichern. Die hierdurch verbesserte Gleichgewichtshaltung des Pferdes ermöglicht freiere und energischere Gänge.

Da man die Aufrichtung durch Biegung der Hinterhand erstreben muß, kann sie nicht durch eine einzelne Einwirkung des Reiters erreicht werden. Sie ist vielmehr hauptsächlich das Ergebnis der gesamten die Hinterhand biegenden Arbeit.

Aufrichtende Einwirkungen der Hand auf Hals und Kopf sind indessen dabei meist nicht zu entbehren. Sie bestehen in einer höheren Führung entweder mit nur passiv aushaltenden oder bei stärkerer Anwendung mit aufwärtssteigenden Händen. Stets muß die aufrichtende Tätigkeit der Hand mit Hilfen verbunden sein, die die Hinterfüße unter den Leib bringen, damit diese, sich in den Gelenken biegend, die ihnen von der Hand zugeschobene Last besser tragen können. Ein Aufrichten bei nach hinten herausgestellten Hinterfüßen führt nur zum Durchbiegen des Rückens.

Beim Aufrichten auf der Stelle müssen die Hinterfüße, damit die Hinterhand richtig belastet werden kann, an eine durch die Hüften gedachte Senkrechte herangestellt und dann die vier Füße auf dem Platze festgehalten werden. Im Gange müssen an den Grad der Aufrichtung geringere Ansprüche gestellt werden als im Halten. Niemals darf durch das Aufrichten die Reinheit der Tritte und die Gleichmäßigkeit des Tempos leiden.

Zäumt sich das Pferd in geringem Grade zu tief, so wird ein Herantreiben an die aushaltenden und höher gestellten Hände meist genügen. Kräftiges Vorwärtstreiben gegen die höher gestellte Hand zwingt das Pferd zum Vornehmen der Nase vor die Senkrechte und zum Längermachen des krausen Halses. Bei Pferden, die in zu tiefer Stellung von Hals und Kopf gleichzeitig den Rücken krampfhaft spannen und entweder mit der Hinterhand zu stark schieben oder sich im Gange verhalten, vermag der Reiter durch das Längermachen des Halses und das Vorrichten der Nase am besten zugleich auch die falsche Spannung der Rückenmuskeln zu beseitigen. Überzäumt sich aber ein Pferd und widersetzt es sich durch Bohren auf die Hand oder entzieht es sich der Einwirkung, indem es hinter den Zügel geht, so muß der Reiter zuerst die Nase des Pferdes mit beiden Händen gleichzeitig oder auch abwechselnd unter tätiger Mitwirkung der Schenkel gerade nach vorwärts herausheben. Hat er auf diese Weise das Genick des Pferdes höher gestellt, so wird er die regelrechte Aufrichtung dadurch erzielen, daß er die wieder tiefer gestellten Hände so lange weich anstehen läßt, bis das Pferd im Genick nachgibt. Die Zügelanzüge gehen bei einem überzäumten Pferde nicht mehr durch den Rücken zu den Hinterbeinen, sondern schräg aufwärts über den Widerrist hinweg.

Durch richtiges Aufrichten wird der Gang des Pferdes erhabener und elastischer. Der Grad der Aufrichtung, in dem das Pferd stet zu machen ist, muß sich immer nach dem Gebäude des Pferdes richten. Regelmäßigkeit und Schwung des Ganges geben den besten Prüfstein für das Maß der Aufrichtung. Der Reiter muß beizäumende und aufrichtende Hilfen fein gegeneinander ausgleichen.

c. Schritt. Trab. Leichttraben.

Der Übergang zum Schritt erfolgt aus dem Halten auf: **Eskadron — Marsch!**, aus der Bewegung auf: **Eskadron — Schritt!**, der Übergang aus dem Halten oder Schritt zum Trabe auf: **Eskadron im abgekürzten Tempo — Trab, Eskadron im Arbeitstempo — Trab!**, **Eskadron — Mitteltrab!***) Zum Verstärken des Tempos wird: **Arbeitstrab!**, **Mitteltrab! Stärker!**, zum Verkürzen: **Kürzer!**, **Im Arbeitstempo!**, **Im abgekürzten Tempo!** kommandiert.

Beim Übergang aus dem Halten zum Schritt schiebt der Reiter das an die Zügel gestellte Pferd mit Kreuz und beiden Schenkeln in die Vorwärtsbewegung hinein. Stand das Pferd in enger Versammlung, so müssen die Zügel so viel nachgeben, daß es frei antreten kann. Die Anlehnung wird hierbei schwächer werden, darf aber nicht verlorengehen. Im Schritt soll das Pferd fleißig und in guter Haltung gehen und sich abkauen. Zu enge Versammlung schädigt die für das Soldatenpferd wichtige Geräumigkeit des Schritts. Zackelnde Pferde müssen durch vortreibende Hilfen an die Zügel gebracht und dann zum Schritt pariert, nicht aber mit der Hand verhalten werden.

Die Hilfen zum Antraben entsprechen denen zum Anreiten im Schritt. Der Reiter muß vermehrt darauf achten, daß Gesäß und Hand weich in die stärkere Bewegung eingehen, damit das Pferd am Zügel bleibt und nicht aus der Genickbiegung herausschlägt. Stoßweises Anreiten, Vorn- oder Hintenüberfallen des Oberkörpers, nicht genügendes

---

*) Das Kommando: Eskadron — Trab! gilt nur für den Exerziertrab.

Vorschieben der Hüften und zu festes Gegenhalten der Hand
sind die am häufigsten vorkommenden Fehler. Starrer Sitz
und harte Hand sowie nicht genügendes Herantreiben an die
Hand bringen oft an Stelle des Antrabens ein Angaloppieren
hinter dem Zügel hervor. Um das Pferd wieder an die Zügel
zu bringen, muß der Reiter mit stark vortreibenden Hilfen
zunächst einen schwungvolleren Galopp fordern und erst dann
zum Trabe parieren.

Ein gut gerittenes Pferd hat der Reiter im Trabe nur
daraufhin zu überwachen, daß es in schwunghaftem Gange
das Tempo hält und in richtiger Halsstellung weich und kau=
end am Zügel steht. Seine Einwirkungen liegen gewisser=
maßen nur im richtigen Sitz. Sobald er fühlt, daß Haltung und
Schwung nachlassen, geht er zu tätigeren Einwirkungen über.

Zum Verstärken des Tempos treiben die Schenkel das
Pferd bestimmter vorwärts. Der Übergang muß fließend, die
Hilfen dürfen nicht stoßend sein. Die Trabtritte müssen ganz
allmählich wachsen, plötzlicher Übergang zum starken Trabe ver=
ursacht Übereilung. Die Hand läßt die freieren Tritte heraus,
ohne die Verbindung mit dem Pferdemaul aufzugeben. Die
Anlehnung wird bestimmter; der Reiter darf aber nicht ver=
mehrten Halt in den Zügeln suchen. Je freier das Tempo,
um so mehr muß er mitgehen, er bleibt sonst hinter der Be=
wegung zurück und hängt in den Zügeln. Das Kauen am
Gebiß muß auch hier erhalten bleiben. Im starken Trabe
muß die Versammlung des Pferdes zwar etwas vermindert,
darf aber nicht ganz aufgegeben werden, da sonst manche
Pferde mit den Hintereisen in die Vordereisen greifen.

Über Verkürzen des Tempos und Übergang zum Schritt
siehe Paraden.

In der Gebrauchshaltung darf der Reiter im
Schritt und Trabe nicht dieselbe Versammlung des Pferdes
fordern, die er ihm in der Bahn zur Bearbeitung abverlangt.
Er muß dem Pferde gestatten, den Bogen des Halses nach
vorwärts etwas flacher zu machen. Aber auch in dieser ge=
ringeren Zusammenstellung sorgt der Reiter für gute Folge
der Hinterhand und stete Anlehnung am Gebiß. In der Ge=
brauchshaltung darf das Pferd nicht lang werden und nicht
auseinanderfallen.

Leichttraben! Werfenlassen! Das Leichttraben vermindert wesentlich die Gewichtseinwirkung des Reiters auf den Rücken und die Gelenke des Pferdes; es erleichtert dem Pferde das Atmen sowie das Abschieben und Untersetzen der Hinterbeine. Auch ermüdet es den Reiter weniger als das Werfenlassen.

Der Reiter läßt sich bei unverändertem Sitz nicht bei jedem Tritt des Pferdes werfen, sondern fängt, auf Knie und Bügel sich stützend, je einen Tritt ab und sinkt erst wieder nach dem folgenden Tritt mit vorgeschobenem Gesäß weich auf den Sattel nieder. Der Oberkörper hebt sich beim Vorschwingen des einen über Kreuz befindlichen Fußpaares, also des rechten Hinterfußes und linken Vorderfußes oder umgekehrt, und senkt sich beim Fußen desselben Beinpaares. Der Reiter kommt somit jedesmal in den Sattel zurück, wenn entweder der rechte oder der linke Hinterfuß auftritt. Man sagt dementsprechend, daß der Reiter auf dem rechten oder linken Hinterfuße trabt. Das Vorschwingen des Hinterfußes, durch den der Reiter gehoben wird, erkennt er an der gleichzeitigen Vorbewegung der entgegengesetzten Schulter. Beim Reiten in der Bahn wird stets auf dem inwendigen Hinterfuß getrabt, weil nur der durch den inneren Schenkel zum weiten Vortritt veranlaßte innere Hinterfuß beim Wenden in den Ecken die Körperlast richtig zu stützen vermag. Beim Changieren muß der Reiter den Hinterfuß dadurch wechseln, daß er sich einmal oder in ungerader Zahl werfen läßt und sich wieder erhebt, wenn der nunmehrige innere Hinterfuß vortritt.

Auch bei längeren Ritten muß der Hinterfuß gewechselt werden, damit nicht eins der beiden über Kreuz befindlichen Fußpaare mehr als das andere in Anspruch genommen wird (siehe auch Dauerritte). Den Reiter, der nicht auf den Fußwechsel achtet, pflegt das Pferd beim Antraben fast immer auf denselben Hinterfuß zu setzen.

Bei leichter Stellung des Pferdes nach innen muß der innere Schenkel den gleichseitigen Hinterfuß im Augenblick des Vorschwingens zum weiten Vortreten anregen, während der äußere Schenkel eine verwahrende Lage einnimmt. Der Reiter darf beim Leichttraben das Pferd nicht auseinanderfallen lassen, sondern muß es dauernd am Zügel halten. Hierzu hat er bei aufrecht bleibendem Oberkörper Hüften und Gesäß bei

jedem Niederſetzen in den Sattel gut nach vorwärts zu ſchie=
ben und mit den Unterſchenkeln bei federndem Kniegelenk
dauernd Verbindung mit dem Pferdekörper zu halten.

Häufig wird der Fehler begangen, daß der Reiter die
Übereinſtimmung mit der Bewegung dadurch gewinnen will,
daß er das Geſäß mehr aus dem Sattel hebt, als der Wurf
des Pferdes es bedingt. Ungeübte Reiter geben auch leicht
die ſtete Haltung der Hände und die Anlehnung der Arme an
die Hüften auf und verdrehen die Schultern, namentlich wenn
ſie die Zügel in eine Hand nehmen. Auch ſteifen ſie ſich leicht
im Knie, ſtrecken die Unterſchenkel nach vorn und verlieren
auf dieſe Weiſe jede Einwirkung auf das Pferd.

Nur durch das Beſtreben, die Hinterfüße zum weiten
Vortritt anzuregen, wird beim Leichttraben der Gang und
die Nachgiebigkeit des Pferdes fördernd beeinflußt. Es ver=
ſchlechtert die Haltung des Pferdes, wenn der Reiter dabei
vornüberfällt, das Geſäß mit loſem Kreuz nach hinten heraus=
ſchiebt, die Zügel hängen läßt und die Schenkel mit ſtarren
Knie= und Fußgelenken abſperrt.

Der Reiter muß im Leichttraben gründlich unterwieſen
und geübt werden; die vortreibende Wirkung des beim Wer=
fenlaſſen in den Sattel fallenden Reitergewichts kann nur
durch rege Tätigkeit der Unterſchenkel und durch gute Hal=
tung des Oberkörpers erſetzt werden.

Ein gleichmäßig bequemes Gefühl beim Traben auf dem
rechten wie dem linken Hinterfuße gibt dem Reiter den Be=
weis für die gleichmäßige Ausbildung beider Seiten des
Pferdes.

d. Paraden.

Die halben Paraden haben den Zweck, das Pferd in
eine kürzere Gangart zu verſetzen, Verſammlung und Haltung
des Pferdes während des Ganges zu verbeſſern, verlorenge=
gangene Haltung wiederzugewinnen, dem Drücken auf das
Mundſtück und dem Eilen im Gange zu begegnen.

Bei den halben Paraden umfaßt der Reiter das Pferd
erneut mit den Schenkeln und nimmt gleichzeitig die Zügel
an, gleichſam als ob er es zum Stehen bringen wollte. Er
muß aber durch tätige Schenkelwirkung bei angeſpanntem
Kreuz die Hinterbeine derart heranhalten, daß trotz der ver=

haltenden Zügelhilfen ihr gutes Untertreten gewahrt bleibt. Nur dadurch wird verhindert, daß das Pferd unter der Einwirkung der Hand den Schub der Hinterfüße aufgibt und auseinanderfällt. Soll lediglich eine Verbesserung der Haltung erzielt werden, so können diese Hilfen, auch schon in vermindertem Grade angewendet, von Erfolg sein. Häufig genügt ein Anziehen des Kreuzes.

Den ganzen Paraden, besonders aus stärkeren Gangarten, wird durch halbe Paraden vorgearbeitet.

Kommando: **Eskadron — Halt!**

Die ganze Parade muß in der Bewegungsrichtung erfolgen, die Haltung des Pferdes darf dabei nicht verlorengehen, Kopf und Hals müssen in der richtigen Stellung verbleiben, die Hinterfüße untertreten und dadurch die Gelenke der hinteren Gliedmaßen sich biegen. Nur auf diese Weise kann ein Teil der Last von der Vorhand auf die Hinterhand übertragen werden. Um die Hinterfüße nicht am Untertreten zu hindern, muß sich der Reiter besonders hüten, die verhaltenden Zügelhilfen in ein Ziehen ausarten zu lassen. Sie sind vielmehr in lebhaftem Wechsel von Annehmen, Nachgeben und Wiederannehmen so oft zu wiederholen, bis das Pferd steht. Jede dieser annehmenden Zügelhilfen wird durch die die Hinterhand heranholenden Schenkel- und Gewichtshilfen begleitet, wodurch das Pferd von hinten nach vorn zusammengeschoben wird. Hierzu muß der Reiter, je nach der Stärke des Tempos, aus dem pariert werden soll, den Oberkörper mit angespanntem Kreuz etwas zurückhalten. Bei Pferden mit weichem Rücken hingegen ist zur Parade ein leichter Sitz mit gut gegenhaltendem Kreuz geboten. Die Hände dürfen beim Zügelanzuge nicht steigen, weil sonst das Pferd die Hinterfüße nicht genügend untersetzen kann. Nur bei Pferden, die bei hohem Rücken nach unten bohren, ist ein Höherstellen der Hände angezeigt. Sobald das Pferd still steht und den Hals lang macht, muß der Reiter zur Belohnung nachgeben und darf nicht in der Zügelwirkung verharren; längeres Andauern dieser stärkeren Versammlung hat unrichtiges Stellen der Füße oder Zurückkriechen zur Folge. Dem letzteren Fehler muß auch durch energisch vortreibende Hilfen bei angespanntem Kreuz begegnet werden.

Je schneller die Gangart ist und je rascher halbe und ganze Paraden wirken sollen, um so ausgiebiger müssen in Anbetracht der stärker durchgreifenden Zügelanzüge die die Hinterhand vorholenden Einwirkungen sein; die Paraden erfolgen sonst auf der Vorhand, wodurch Beinschäden und vorzeitige Abnutzung des Pferdes verursacht werden können.

Aus der guten Übereinstimmung von treibenden und verhaltenden Einwirkungen ergibt sich die fließende Ausführung der Paraden. Zu starke und ungeschickte Einwirkungen der Hand, die die Vorhand zu plötzlich verhalten und ein Herausschlagen des Kopfes zur Folge haben können, nicht genügendes Heranhalten der Hinterfüße, Vornüberfallen des Oberkörpers oder nicht rechtzeitiges Nachgeben der Hand sind die häufigsten Fehler.

Um vom Galopp sicher und fließend zum Trabe übergehen zu können, muß der Reiter sein Pferd während und nach der Parade bestimmt am Zügel haben und erneut geraderichten, es mit beiden Schenkeln in den Trab hineinschieben und bei gespanntem Kreuz mit dem Oberkörper in die Bewegung eingehen. Unruhiger Sitz, Festwerden der Hand sowie jede einseitige oder klopfende Schenkelwirkung veranlassen häufig erneutes Angaloppieren. Um diesem Fehler, der sich namentlich bei lebhaften Pferden zeigt, vorzubeugen, ist das Pferd bei den ersten Trabritten zu loben. Auch kann es sich empfehlen, dem Pferde bei der Parade eine ganz geringe Schulterhereinstellung zu geben und diese bei den ersten Trabritten beizubehalten.

Ist es dem Reiter überlassen, innerhalb welchen Raumes er sein Pferd durchparieren will, so muß er die Bewegung um so mehr auslaufen lassen, je stärker Gangart und Tempo waren. Die im geräumigen Galopp, besonders beim vollen Lauf durch die naturgemäße Richtung auf die Schultern bedingte Mehrbelastung der Vorhand muß ganz allmählich unter Beibehaltung weicher, elastischer Sprünge durch halbe Paraden auf die Hinterhand übertragen werden. Jeder eigenmächtigen Parade des Pferdes, die stets die Vorderbeine überlastet und verprellt, muß der Reiter mit kräftig vortreibenden Hilfen begegnen. Die Neigung laueriger Pferde, sich bei den Einwirkungen zur Parade plötzlich zu verhalten, muß der Reiter mit den gleichen Hilfen bekämpfen.

e. Geraberichten des Pferdes. Bild 17.

Der Schub der Hinterhand wirkt nur dann in gerader Richtung und voll gegen die Vorhand, wenn die Hinterfüße dem Hufschlage der Vorderfüße folgen. Umgekehrt kann auch nur dann der Reiter die Hinterbeine durch die gleichseitige Zügelwirkung belasten und biegen. Vorhand und Hinterhand des Pferdes müssen also stets richtig aufeinander eingerichtet sein.

Der Erfüllung dieser Forderung setzt die den meisten Pferden eigentümliche Neigung zu schiefer Körperhaltung Schwierigkeiten entgegen. Das aus dieser Schiefe folgende Nichtspuren der Vorder- und Hinterfüße wird noch dadurch begünstigt, daß das Pferd in der Vorhand schmaler ist als in der Hinterhand.

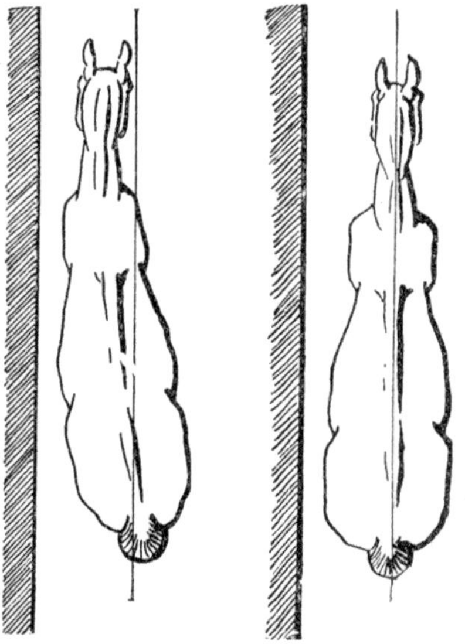

Mit seltenen Ausnahmen ist es der rechte Hinterfuß, den das Pferd schwerer in gerader Richtung vorwärts unter den

Bild 17.

a. Schiefgehendes Pferd.
b. Geradegerichtetes Pferd.

Leib zu setzen vermag. Der ihm unbequemen Biegung dieses Hinterfußes entzieht es sich dadurch, daß es ihn mehr oder minder stark nach rechts seitwärts setzt. Hiermit ist die Neigung zum Ausfallen mit der linken Schulter und zum Ausbuchten der linken Halsseite verbunden. Das Pferd geht in dieser Form gegen den rechten Schenkel und linken Zügel; es nimmt in geringem Grade eine falsche Rechts-Traversstellung an. In weiterer Folge dieser Schiefe ist das Pferd nicht auf beiden Seiten gleich biegsam; fast alle Pferde haben eine mehr weiche und hohle rechte, eine mehr straffe und gewölbte linke Seite.

Die Einwirkungen, deren sich der Reiter bedient, um die Vorhand auf die Hinterhand einzurichten, nennt man Geraderichten. Das so geradegerichtete, auf einem Hufschlag gehende Pferd soll sich stets mit der Längsachse seines Körpers der Hufschlagslinie anpassen, gleichviel ob sie gerade oder gebogen ist.

Bei Schiefe z. B. nach rechts verhindert der Reiter mit dem rechten Schenkel und Zügel ein weiteres Seitwärtstreten des rechten Hinterfußes und gebraucht den linken Schenkel näher am Gurt, um den gleichseitigen Hinterfuß zu vermehrtem Vortreten zu veranlassen. Die linke Schulter des Pferdes wird mit dem tief gehaltenen linken Zügel verwahrt und die Vorhand mit dem rechten Zügel so weit nach innen geführt, bis der rechte Vorderfuß auf den rechten Hinterfuß eingerichtet ist.

An der schiefen Körperhaltung sind vielfach auch fehlerhafte Einwirkungen des Reiters schuld. Gebraucht er den inneren Zügel zu stark, so erschwert er dadurch dem inneren Hinterfuße das Untertreten oder stellt er an dessen Biegung zu hohe Anforderungen, so entzieht sich das Pferd der Zügeleinwirkung häufig dadurch, daß es die Hinterhand nach innen stellt, den Hals am Widerrist verbiegt und mit der äußeren Schulter gegen die Bande ausfällt. Dieser Fehler tritt infolge der Neigung der meisten Reiter, mit der rechten Hand kräftiger einzuwirken und dem Pferde rechts eine stärkere Stellung abzuverlangen, vermehrt auf der rechten Hand hervor.

Schiefe des Pferdes, gleichviel durch welche Umstände sie hervorgerufen ist, hat infolge des ungleichmäßigen Schubes der Hinterbeine stets ungleichmäßige Anlehnung an die Zügel zur Folge. Ein schiefes Pferd ist deshalb nicht im sicheren Gehorsam.

Die geraderichtende Arbeit muß im entschiedenen Vorwärtsreiten geschehen. Starke Biegungen und einseitige Bearbeitung des Genicks in matten Gängen machen das Pferd in der Regel nur noch schiefer.

f. Biegen. Reiten in Stellung. Abbrechen.
Biegen und Abbrechen auf Kandare.

Mit dem Biegen verfolgt der Reiter den Zweck, die Folgsamkeit des Pferdes auf die mehr seitlich wirkenden Zügelanzüge zu erhöhen. Er erreicht durch diese Lektion schließlich Durchlässigkeit, Nachgiebigkeit auf die inneren und Herangehen an die äußeren Hilfen, sowie Verbesserung der Haltung und des Ganges. Richtige Ganaschenbiegung bahnt ferner dem Reiter den Weg durch das Genick zur Biegung des inneren Hinterfußes.

Das Pferd wird hierdurch zum Reiten in Stellung und damit zur Ausführung aller Wendungen und für die Lektionen auf zwei Hufschlägen geschickt gemacht.

Alle Übungen zur Erreichung dieses für eine erfolgreiche Bearbeitung des Pferdes so wichtigen Zieles sind aber von geringem Werte, meist sogar nachteilig, wenn Hals und Kopf zuviel auf der Stelle und nicht das g a n z e Pferd im Gange, vorwiegend im Trabe, gearbeitet wird. Auf der Stelle und im Schritt vermag das Pferd leicht einen seiner Füße zu entlasten und sich dadurch den Anforderungen zu entziehen; im Trabe hingegen muß es vermehrt vorwärts gehen und unterstützt den Reiter von selbst durch die Schubkraft und durch das Bedürfnis, sich im Gleichgewicht zu halten. Auch ist im Trabe die Schenkelwirkung besser; der innere Hinterfuß kann mehr in Anspruch genommen werden. Der Trab ist deshalb das beste Mittel gegen alle Ausflüchte des Pferdes. Frische und Regelmäßigkeit des Trabes sind ein Maßstab dafür, ob richtig gearbeitet wird.

Mit dem Biegen ist nicht eher zu beginnen, als bis das Pferd geradegerichtet ist und eine gleichmäßige Anlehnung an die Zügel gewonnen hat, der Hals am Widerrist feststeht und die dem Dressurgrad entsprechende Beizäumung und Aufrichtung erreicht ist. Beim Biegen auf der Stelle ist auf unbedingtes Festhalten der vier Füße, in der Bewegung auf taktmäßigen Gang Bedacht zu nehmen.

Das Pferd soll auf den einseitigen Zügelanzug hin seinen Kopf willig wenden und sein Genick seitlich biegen, somit den inneren Ganaschenrand unter, in selteneren Fällen über die Ohrspeicheldrüse an die Halsmuskeln anlegen. Der Mähnenkamm soll stets nach der inneren Seite überkippen. Die Muskeln werden auf dieser Seite flach und wölben sich auf der äußeren (Bild 18 a). Das Maß der Teilnahme des Halses an dieser Biegung regelt der äußere Zügel. Die seitliche Beweglichkeit des Halses, ob starr oder mehr lose, wird für den Grad der Halsbiegung bestimmend sein. Der Reiter kann den inneren Hinterfuß zu vermehrter Biegung aber nur dann zwingen, wenn der Hals an der Biegung möglichst

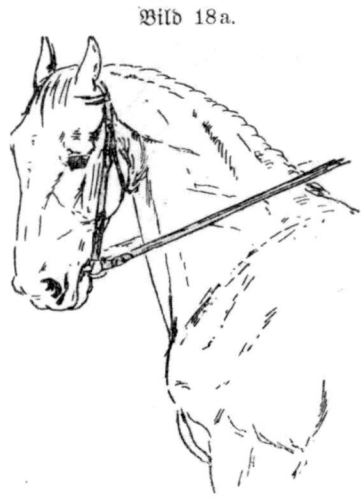

Bild 18a.

wenig teilnimmt. Er darf auch auf der weichen Seite nie mehr Biegung fordern, als er auf der festen zu nehmen vermag.

Ein Biegen auf der Stelle und im Schritt darf nur zur Belehrung des Reiters und des jungen Pferdes stattfinden. Es bietet Gelegenheit, dem Schüler die Richtung und Wirkung der Zügelanzüge zu zeigen, die das Pferd ohne Gewalt zum Nachgeben veranlassen sollen. Ehe deshalb der Lehrer zum Biegen im Schritt und Trab übergeht, müssen die Reiter mit dem Biegen auf der Stelle vertraut gemacht sein.

Die Pferde rechts (links) biegen! Die Pferde geradeaus stellen!

Beim Biegen auf der Stelle läßt der Reiter das geradegestellte Pferd zunächst abkauen; dann berichtigt er allmählich Hals= und Kopfstellung. Das Pferd nimmt die beste Stellung zum Biegen ein, wenn es seinen Hals so vom Widerrist aufwärts vorwärts gebogen trägt, daß das Genick den höchsten Punkt bildet und die Nase etwas vor der Senkrechten steht. Trägt das Pferd die Nase schon vor dem Biegen senkrecht, so besteht die Gefahr, daß es sich beim Nachgeben sowohl auf einen beizäumenden, als auch auf einen seitwärts stellenden Zügelanzug überzäumt und somit den Zügelanzügen durch falsche Biegung zwischen dem dritten und vierten Halswirbel ausweicht. Trägt das Pferd schon vor dem Biegen den Kopf zu tief, so muß der Reiter durch Vordrücken mit den Schenkeln am Gurt und durch gleichzeitige oder abwechselnde Zügel=

hilfen den Pferdekopf in gerader Richtung nach vorwärts herausheben, so daß die Nase vor die Senkrechte kommt. Ist dies dem Reiter gelungen, so wird er durch Tieferstellen der Hände und mehr wagerechte Zügelanzüge auch die für ein erfolgreiches Biegen nötige Beizäumung gewinnen. Jede gewaltsame Einwirkung ist zu vermeiden.

Zum Biegen auf der Stelle setzt sich der Reiter etwas nach innen, um das Verlegen des Gewichts der Vorhand des Pferdes auf den äußeren Vorderfuß zu verhindern. Der innere Schenkel liegt am Gurt, um den gleichseitigen Hinter= fuß auf dem Platze zu halten, der äußere verwahrend hinter dem Gurt.

Der Reiter verkürzt den inneren Zügel, dreht die biegende Hand wie zur Wendung ein und veranlaßt das Pferd, seinen Kopf bei gleichhoch stehenden Ohren nach dieser Seite zu wenden. Mit zunehmender Nachgiebigkeit des Pferdes muß der innere Zügel noch mehr verkürzt werden. Die äußere Hand gibt anfangs nach, spannt aber, nachdem die Biegung erlangt ist, den Zügel, um ein zu starkes Nachgeben auf den inneren Zügel zu verhindern.

Der äußere Zügel hat auch die Aufgabe, die Kopf= und Halsstellung zu vervollkommnen, somit den Hals wieder gerade zu stellen und aufzurichten. Der Grad der Aufrichtung beim Biegen richtet sich nach dem Gebäude des Pferdes, be= sonders nach der Beschaffenheit des Rückens und nach der Rittigkeit.

Wird vom Biegen der einen Seite zu dem der anderen übergegangen, so muß das Pferd allmählich geradeaus gestellt und sein Kopf unter Beibehaltung der hierdurch gewonnenen Tiefstellung mit tief gestellter äußerer Hand herumgenommen werden. Läßt das Pferd seinen Kopf von einer Stellung in die andere nehmen, ohne sich von einem Zügel loszumachen, folgte es somit beiden Zügeln gleichmäßig, dann erst kann der Reiter das Pferd im Halse mehr zusammenschieben und die Aufrichtung vervollkommnen.

Während bei Pferden mit starren, wenig beweglichen Hälsen anfangs eine Teilnahme des ganzen Halses an der Biegung zugestanden werden darf, sollen lose, bewegliche Hälse grundsätzlich nur wenig gebogen werden. Biegt sich ein Pferd bei sonst steifem Halse nur am Widerrist, so muß der äußere Zügel die falsche Biegung verhindern.

Verwirft sich das Pferd im Genick (Bild 18 b und c),

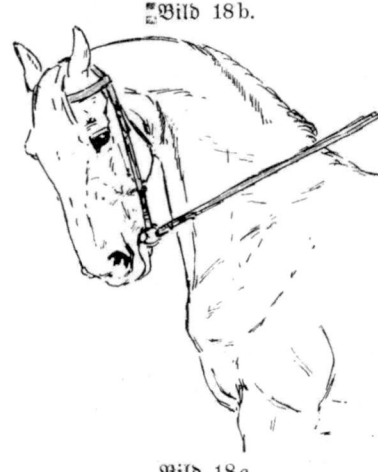

Bild 18 b.

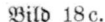

Bild 18 c.

was daran zu erkennen ist, daß das eine Ohr tiefer steht als das andere, so muß der Reiter das tiefere Ohr höher stellen und den ver= kürzten Zügel da an den Hals legen, wo die Muskeln heraustreten. Hat das Pferd nachgegeben, dann geht die Hand wieder in die tiefere Stellung und überträgt die Gebißwirkung von der Maul= spalte auf die Lade. Dabei hält der äußere Zügel in tiefer Stellung spannend gegen.

Weder beim Biegen auf der Stelle noch bei dem im Gange darf der Reiter mit der inneren Hand über den Widerrist drücken, weil er dadurch das Pferd veran= laßt, sich auf die äußere Schulter zu legen. Meist ruft ein zu langer Zügel diese fehlerhafte Verschie= bung der Hand hervor.

Sehr zweckmäßig ist es, daß der Lehrer selbst das Pferd unter dem Reiter an der Hand biegt und erst, wenn es sich willfährig zeigt, die Hilfen des Reiters in Wir= kung treten läßt. Hierdurch wird sich der Reiter am leichtesten das Gefühl für die richtige Nachgiebigkeit des Pferdes aneignen.

Das Biegen im Gange läßt der Lehrer zum besseren
Verständnis zuerst im Schritt ausführen; doch ist es auch
in dieser Gangart zu beschränken, da die Pferde sich leicht
hinter den Zügel verkriechen und den freien Vortritt ver=
lieren. Den besten Erfolg hat das Biegen im
Arbeitstrabe und später im Mitteltrabe.

Die Zügelhilfen zum Biegen im Gange sind dieselben
wie beim Biegen auf der Stelle. Der innere Schenkel muß
den inneren Hinterfuß zum weiten Vortreten unter den
Schwerpunkt anregen und zusammen mit dem verkürzten
inneren Zügel Nachgiebigkeit der inneren Seite fordern. So=
bald das Pferd auf den inneren Zügel nachgibt, tritt der
äußere in Wirkung. Äußerer Schenkel und Zügel verwahren
Hinterhand und Schulter und sorgen vereint dafür, daß die
Biegung um den inneren Schenkel gleichmäßig durch das
ganze Pferd geht.

Biegt das Pferd den Hals hauptsächlich am Widerrist,
so muß die Biegung, bis die richtige Stellung wieder erlangt
ist, verringert werden.

Der Hals soll im allgemeinen keine stärkere seitliche
Biegung erfahren, als sie das Pferd in den Lendenwirbeln zu
leisten vermag. Nur wenn der Reiter die Pferdenase tiefer
stellen will, darf er vorübergehend eine höhere Anforderung
an die Biegung des Halses als an die des Rückgrats stellen.
Das Höchstmaß der im Gange zu fordernden Längsbiegung
ist erreicht, wenn beim Reiten auf gerader Linie der äußere
Hinterfuß in die Richtung zwischen die beiden Vorderfüße
tritt, der innere Hinterfuß auf den gleichseitigen Vorderfuß
spurt oder doch der Spur folgt. Der Grad der Biegung muß
häufig wechseln und das Biegen durch Geradeausstellen unter=
brochen werden; auch darf man nicht zu lange auf derselben
Hand biegen.

Um die Reiter zu einem tätigen Einwirken mit beiden
Schenkeln zu bestimmen, empfiehlt es sich, die Biegung auch
nach der Wand vornehmen zu lassen, weil sie dabei ihre Pferde
mit Schenkel= und Zügelhilfen auf einer bestimmten Linie
halten müssen, während bei den Biegungen nach innen die
Wand die Reiter dazu veranlaßt, äußeren Schenkel und Zügel
weniger zu gebrauchen.

Leidet der Gang, so ist das ein Zeichen dafür, daß nicht richtig gebogen oder die Anforderung zu hoch gestellt worden ist.

Die Pferde rechts (links) stellen! Die Pferde geradeaus stellen!

Das Pferd geht in Stellung, wenn der Reiter imstande ist, es im Gange in dem vorbeschriebenen Höchstmaß von Längsbiegung zu erhalten (Bild 19). Dabei sind Hilfen und Fußsetzung die gleichen wie beim Biegen. Die verwahrende Einwirkung auf den auswendigen Hinterfuß darf nicht zu einem traversartigen Gehen führen.

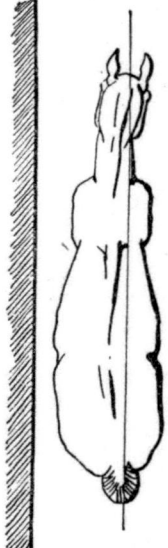

Bild 19.

Zur Versammlung, zum Durchreiten der Ecken, zu den Wendungen, den Hufschlagsfiguren, dem Galopp und zu den Seitengängen ist der beschriebene oder ein geringerer Grad von Stellung erforderlich. Die Biegung der Hufschlagslinie, das Maß der Versammlung und das Tempo sind für den Grad der Stellung maßgebend. Bei geradem Sitz wird der Reiter inneres Auge und Nüstern sehen können. Jeder Reiter muß dabei selbständig auch ohne Kommando sein Pferd rechtzeitig stellen. Das Kommando ist stets erforderlich, wenn das Reiten in Stellung als Lektion geübt werden soll.

Zur Erlangung gleichmäßiger Weichheit auf beiden Seiten muß die Stellung entsprechend oft gewechselt werden. Fortgesetztes Reiten mit ein und derselben Stellung hat häufig ungleiches Treten zur Folge. Der Stellungswechsel muß so fließend geschehen, daß das Pferd, ohne zu stutzen oder zu eilen, aus der einen Stellung in die andere übergeht. Neigt das Pferd zu verhaltenen Tritten, so ist, ehe man in die neue Stellung übergeht, zunächst frisches Vorwärtsreiten in der Geradeausstellung empfehlenswert.

Wird auf Kandare mit losgelassener Trense geritten, so ist darauf zu achten, daß bei entsprechender Verkürzung des

Rechts gestelltes Pferd.

inwendigen Kandarenzügels der äußere die Stellung er=
möglicht. Die beim Wenden und Biegen auf Kandare er=
wähnten Zügelhilfen werden sinngemäß angewendet.

Der häufigste und folgenschwerste Fehler beim Reiten
in Stellung besteht darin, daß die Kopfstellung durch zu festes
Halten oder Ziehen am inneren Zügel gefordert und hier=
durch dem Pferde ein richtiges Vor= und Untertreten des
inneren Hinterfußes unmöglich gemacht wird. Es entzieht
sich notgedrungen der allzu starken Belastung dieses Fußes
durch den inneren Zügel dadurch, daß es die Hinterhand nach
innen stellt. Die Hand darf nur andeutend wirken, die willige
seitliche Genickbiegung muß dem Reiter als Ergebnis seiner
Schenkelwirkung von selbst zufallen. Zu starke Stellung be=
hindert das Pferd auch in der regelrechten Fußsetzung und
stört damit den sicheren, gleichmäßigen Gang. Als Lektion
darf das Reiten in Stellung nur im Schritt und im ab=
gekürzten Trab geübt werden.

Gibt das Pferd die beim Biegen geforderte geringere
Ganaschenbiegung willig her, so kann man sie, um die Stellung
zu verbessern und eine größere Durchlässigkeit sicherzustellen,
ohne Verstärkung der Halsbiegung nach und nach bis zu
dem dem einzelnen Pferde möglichen Maße steigern.

**Die Pferde rechts (links) abbrechen! Die Pferde
geradeaus stellen!**

Die unbedingte Durchlässigkeit des Genicks, wie sie durch
das Abbrechen erstrebt wird, ist für die Bearbeitung des
Pferdes von großer Wichtigkeit und entscheidendem Einflusse
auf den Grad seiner Brauchbarkeit. Solange es dem Reiter
gelingt, zu jeder Kopfstellung, somit auch zu jeder Wendung
eine Ganaschenbiegung zu erzielen, hat er das Pferd in seiner
Gewalt. Es empfiehlt sich, auf diese Lektion zurückzugreifen,
sobald ein Pferd während der Dressur Schwierigkeiten bei
Hergabe der Stellung zeigt. Das Abbrechen muß aber stets
mit Vorsicht und Geduld betrieben werden, weil Übereilung
und zu hohe Anforderungen großen Schaden verursachen
können.

Das Abbrechen darf nur auf der Stelle
vorgenommen werden, da die dabei zu fordernde
vermehrte Stellung des Kopfes zu dem möglichst gerade

gestellten Halse dem Pferde die regelmäßige Fußsetzung erschwert und somit die Reinheit des Ganges gefährdet. Man beginnt damit, wenn die Pferde nicht nur im Gange am Zügel stehen, sondern sich auch im Halten mit den Schenkel- hilfen in einer gewissen Versammlung am Zügel er- halten lassen.

Je breiter und kürzer das Genick, je breiter die Ganaschen- ränder, desto schwerer fällt dem Pferde das Abbrechen, desto geringere Anforderungen müssen gestellt und um so öfter muß diese vermehrte seitliche Genickbiegung geübt werden. Wie beim Biegen beginnt man auch das Abbrechen bei weniger erhabener Stellung von Hals und Kopf und gestattet, daß das Pferd den Hals anfänglich ein wenig mitbiegt. Nach und nach vermindert man die Biegung des Halses, vermehrt dagegen bei richtiger Aufrichtung die des Genicks.

Wie dem Biegen auf der Stelle, so hat auch dem Ab- brechen ein Geraderichten und Andiezügelstellen des Pferdes mit der gebotenen Beizäumung und Aufrichtung voraus- zugehen.

Sitz und Hilfen des Reiters sind die gleichen, wie beim Biegen auf der Stelle, nur wird eine vermehrte Einwirkung eintreten müssen. Sobald das Pferd in der richtigen Stellung nachgibt, bleiben beide Hände ruhig stehen; der Reiter sucht das Pferd kurze Zeit in dieser Stellung zu erhalten.

Verbiegt das Pferd den Hals am Widerrist, während es sich an den Ganaschen nicht biegt, so muß mit dem Abbrechen aufgehört, das Pferd in der Vorwärtsbewegung mehr an die Zügel gebracht und der Hals an den Schultern festgestellt werden.

Um ein Pferd, dessen Hals am Widerrist lose ist, richtig abbrechen zu können, stellt man den Hals an den Schultern fest und nimmt mit dem inneren Zügel den Kopf herum, während der äußere nur wenig nachgibt, so daß der Hals möglichst gerade bleibt.

Allen, zumeist durch harte Einwirkung mit den Händen veranlaßten Fehlern beim Biegen und Abbrechen begegnet der Reiter am erfolgreichsten durch energisches Vorwärts- reiten mit geradeaus gestelltem Pferde.

Beim Biegen und Abbrechen auf Kan- dare, das nur mit angefaßter Trense vor-

zunehmen ist, leitet stets der verkürzte inwendige
Trensenzügel die Biegung ein, während der auswendige Kan=
darenzügel nachgibt. Der inwendige Kandarenzügel, ent=
sprechend verkürzt, sucht die Biegung zu erhalten. Der aus=
wendige Trensenzügel regelt den Grad der Biegung und
richtet den Hals gerade.

Beim Biegen und Abbrechen nach rechts nimmt die
rechte Hand mit der Trense die Biegung. Die linke Hand
verkürzt durch eine Drehung wie zur Wendung nach rechts
den rechten Kandarenzügel und bringt durch einen Anzug
gegen die auswendige Hüfte auch den auswendigen Kandaren=
zügel in Wirkung. Der inwendige Kandarenzügel bleibt in
vorherrschender Wirkung, der Ellenbogen darf am Leibe ein
wenig zurückgehen. Ist die Biegung erreicht, so werden die
Hände nach Umständen etwas erhoben, um eine höhere Hals=
und Kopfstellung herbeizuführen. Gibt das Pferd auf den
Anzug des rechten Kandarenzügels nicht willig nach, so kann
der Reiter diesen entweder durch Unterschieben des linken
Zeigefingers oder mit drei Fingern der rechten Hand verkürzen.
Durch wiederholte leichte Anzüge wird er so die verlangte
Biegung gewinnen. Die auswendige Hand hat dann nur
leicht gegenzuhalten und das Zurückarbeiten des Halses zu
besorgen.

Das Biegen und Abbrechen nach links leitet der linke
Trensenzügel ein, wobei der rechte Kandarenzügel entsprechend
nachgibt; dann macht die linke Hand eine Drehung wie zur
Linkswendung und sucht durch sanfte Anzüge mit stark ein=
gerundetem Gelenk die Biegung mit dem linken Kandarenzügel
zu erhalten, während der rechte Trensenzügel gegenhält. Wird
das Pferd weich, so hören die weiteren Hilfen zur Biegung
auf, die linke Hand wird in der Richtung nach der auswen=
digen Hüfte noch mehr zurückgenommen und dort festgestellt,
damit auch der rechte Kandarenzügel wirksam wird. Wenn
erforderlich, wird die rechte Hand gegen die Schulter an=
genommen, um eine höhere Stellung zu erlangen und den
Hals zurückzuarbeiten. Reicht die Drehung der linken Hand
nicht aus, die beabsichtigte Biegung herbeizuführen, so kann
der linke Kandarenzügel gleichfalls mit drei Fingern der
rechten Hand entsprechend verkürzt werden.

g. Versammeln im Gange.

Ein Pferd im Gange versammeln heißt, es bei ent=
sprechender Aufrichtung zusammenschieben und die Hinter=
beine derart zum Vortritt anregen, daß sie die Körperlast ver=
mehrt aufnehmen und kraftvoll wieder abschnellen. Bei einem
gut versammelten Pferde ist der Schwerpunkt mehr nach
rückwärts verlegt; es richtet sich als Folge der Mehrbelastung
seiner Hinterhand in der Vorhand auf, nimmt also im Halse
eine höhere Stellung an und macht erhabenere Tritte oder
Sprünge. Die Schubkraft wird beschränkt, weil die in den
Gelenken sich biegenden Hinterbeine die Last vermehrt auf=
nehmen. Um eine gute Versammlung zu erzielen, muß der
Reiter das Pferd zunächst geraderichten und stellen. Vor=
bedingung ist vorherige Losgelassenheit des Pferdes. Krampf=
haft gespannte Bewegungen dürfen nicht für Versammlung
gehalten werden. Das Kennzeichen der Versammlung liegt
nicht in der Kürze, sondern in der Erhabenheit und
im Schwunge des Ganges. Sie ist deshalb niemals dadurch
zu erreichen, daß der Gang lediglich durch die Einwirkung
der Hände verkürzt wird. Die Hauptsache bleibt immer
die vermehrte Inanspruchnahme der Hinterhand.

Die treibenden Hilfen regen die Hinterbeine zu lebhaften,
schwungvollen Tritten an. Die Hände lassen nur so viel
Freiheit, daß die Hinterbeine genügend weit unter den Leib
treten können. Um den so vermehrt angeregten Schub der
Hinterhand nicht in einem freieren Tempo sich äußern zu
lassen, muß die Hand den stärkeren Schwung in elastischer
Zügelspannung aushalten. Das Pferd wird alsdann nach
dem Grade seiner Rittigkeit mehr oder weniger leicht diesen
gleichzeitig treibenden und verhaltenden Hilfen dadurch nach=
geben, daß es sich zusammenschiebt, indem es die Hinterfüße
vermehrt biegt, sich am Gebiß abstößt und den Hals höher
aus dem Widerrist herausrichtet. Dieses Zusammenschieben
des Pferdes darf nicht auf Kosten des Vorwärtsschwunges,
also nicht allein von vorn nach hinten geschehen. Nur wenn
der Reiter die Hinterbeine fortgesetzt in energischem, leb=
haftem Vortreten erhält, arbeitet sich das Pferd gewissermaßen
selbst an der ruhig aushaltenden Hand des Reiters.

Soll die versammelnde Arbeit gesteigert werden, so müssen
die bisher aushaltenden Hände zu leicht annehmenden Zügel=

hilfen übergehen, um die mit der Versammlung angestrebte größere Biegung der Hinterbeine zu erreichen. Die Hand soll einen Teil des Gewichts, das die Hinterbeine in sie hinein= schwingen, durch Genick, Hals und Rücken hindurch wieder an die Hinterhand zurückgeben und diese dadurch belasten und biegen. Nur ein in seinen Gelenken gebogener Hinterfuß vermag die Körperlast vermehrt auf sich zu nehmen.

Die beschriebenen Hilfen werden auch überall da an= gewandt, wo der Reiter für bestimmte Augenblicke Gang und Form des Pferdes durch halbe Paraden versammelnd beein= flussen will. Das Kreuz spielt dabei eine besonders wirkungs= volle Rolle. Sache der richtigen Übereinstimmung zwischen treibenden und verhaltenden Einwirkungen ist es, daß die halben Paraden nicht zu einem Stutzen im Gange führen.

Der Reiter darf nicht vergessen, daß eine zu tätigen Ein= wirkungen übergehende Hand eine um so bestimmtere Be= tonung der treibenden Hilfen verlangt.

Durch die Versammlung soll die Reinheit des Ganges keine Einbuße erfahren. Dem Pferde ist selbst in der höchsten Versammlung ein gewisser Spielraum zu geben; auch darf es nicht lange in hoher Versammlung geritten werden.

h. Wendungen im Halten.

Wendungen auf der Stelle können auf der Vorhand oder auf der Hinterhand ausgeführt werden. Den Drehpunkt bildet bei der Wendung auf der Vorhand der innere Vorder= fuß, bei der Wendung auf der Hinterhand der innere Hinter= fuß des Pferdes.

Die Wendung auf der Vorhand ist keine schul= gerechte Lektion, weil sie die Hinterhand entlastet und das Pferd auf die Vorhand bringt. Aus diesen Gründen ist sie nicht oft hintereinander zu üben.

Wendungen auf der Vorhand werden im allgemeinen nur bei der ersten Bearbeitung des jungen Pferdes angewandt. Sie dienen außerdem dazu, ältere, gefühllos gewordene Pferde wieder schenkelgehorsam zu machen. Außerdem lehren sie den jungen Reiter die Tätigkeit des seitwärts treibenden inneren Schenkels, des inneren Zügels und des äußeren ver= wahrenden Schenkels und Zügels. Auch gewinnt der Reiter in der durch den Hals gegen den übrigen Pferdekörper ge=

schaffenen Hebelwirkung ein natürliches, sicher und schnell wirkendes Mittel zur Bekämpfung des Ungehorsams gegen den wendenden Zügel.

Auf der Vorhand rechts (links) um (umkehrt) — Marsch! (Bild 20). **Mit entgegengesetzter Kopfstellung auf der Vorhand rechts (links) um — Marsch!*)**

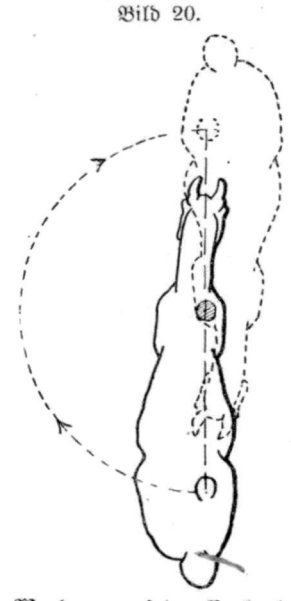

Bild 20.

Wendung auf der Vorhand rechtsumkehrt.

Der Reiter stellt das Pferd zunächst an die Zügel und nimmt leichte Kopfstellung nach der Seite der Wendung. Der innere Schenkel hinter dem Gurt drückt, wenn nötig unter Mitwirkung des inneren Zügels, alsdann die Hinterhand Tritt für Tritt um die Vorhand herum, bis die Wendung vollendet ist. Jeden Tritt der Hinterhand fängt der äußere, verwahrend hinter dem Gurt liegende Schenkel bestimmt auf, so daß jedesmal eine Pause entsteht und ein Herumeilen der Hinterhand vermieden wird. Während und nach der Wendung sorgen Schenkel und Kreuz dafür, daß das Pferd am Zügel bleibt und nicht zurückkriecht. Ein Vortreten, das in der Regel ein Ausfallen der äußeren Schulter im Gefolge hat, muß durch Gegenwirken des auswendigen Zügels verhindert werden. Ein Zurücktreten ist der geringere Fehler.

Nur wenn das rohe Pferd den seitwärts treibenden Schenkel noch nicht kennengelernt hat oder das gerittene Pferd sich seiner Einwirkung widersetzt, darf der innere Zügel durch stärkeres, seitliches Biegen des Halses unterstützend eingreifen.

Zur Wendung auf der Vorhand mit e n t g e g e n= g e s e t z t e r Kopfstellung, z. B. links um! veranlaßt der

---

*) An der Bande kann die Wendung auf der Vorhand wegen des für Hals und Kopf erforderlichen Raumes nicht auf dem Huf= schlag ausgeführt werden.

Reiter durch den hinter dem Gurt liegenden äußeren (linken) Schenkel, unterstützt durch sanfte Anzüge mit dem äußeren (linken) Zügel gegen den linken Hinterfuß das Herumtreten der Hinterhand. Mit dem inneren (rechten) Schenkel fängt er die Hinterhand nach jedem Tritt auf. Damit sich das Pferd nicht auf die äußere (linke) Schulter legt, muß der äußere Zügel gut gegenhalten. Energisches Heranhalten an die Zügel ist hier besonders geboten, damit das Pferd keinesfalls zurücktritt. Diese Wendung wird nur zur Beendigung des Schließens gebraucht.

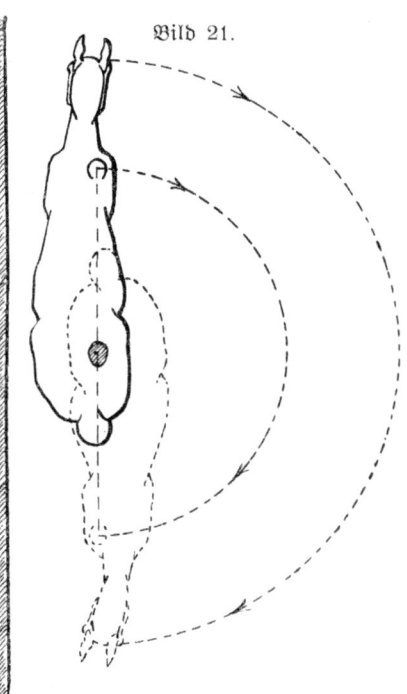

Bild 21.

Wendung auf der Hinterhand rechtsumkehrt.

Zur Wendung auf der Hinterhand (Bild 21) — **Rechts (links) um (umkehrt)** — **Marsch!** — stellt der Reiter das Pferd zunächst an die Zügel und nach der Seite der Wendung. Der inwendige Zügel leitet die Wendung ein und führt die Vorhand Tritt für Tritt um die Hinterhand herum. Der inwendige Hinterfuß muß während der Wendung festgestellt werden. Hierzu ist ein Annehmen des auswendigen Zügels in Richtung auf diesen Hinterfuß erforderlich. Der auswendige Hinterfuß wird durch den auswendigen Schenkel am Ausfallen verhindert. Beide Schenkel, vornehmlich der innere, verhindern ein Zurückkriechen des Pferdes während der Wendung. Ein Vortreten ist der geringere Fehler. Die

Schwere seines Oberkörpers läßt der Reiter mehr auf den inneren Gesäßknochen wirken.

Wird die Kehrtwendung an der Bande gemacht, so muß das Pferd, das während der Wendung etwa um seine Breite von der Bande abgekommen ist, nach Vollendung der Wendung wieder auf den Hufschlag geführt werden.

Nach Ausführung von Wendungen werden die Pferde geradeaus gestellt. Wurde vorher mit Stellung geritten, so wird auf der neuen Hand die dieser entsprechende Stellung von jedem Reiter ohne Kommando angenommen.

i. Wendungen im Gange.

Genaue und enge Wendungen im Gange kann der Reiter nur dann richtig ausführen, wenn er dem Pferde eine dem Bogen der Wendung entsprechende, gleichmäßig verlaufende Längsbiegung zu geben und dadurch die Hinterhand zu zwingen vermag, in der Wendung genau dem Hufschlage der Vorderhand zu folgen. Die engste Wendung, die das Pferd noch auf einem Hufschlage ausführen kann, bildet der Kreisbogen der Volte.

Richtiges Wenden verlangt vom Pferde vermehrtes Stützen der Körperlast durch den inneren Hinterfuß. Nur wenn dieser durch den inneren Schenkel gut zum Untertreten veranlaßt worden ist, wird es dem Pferde möglich, sich unter dem Reiter im Gleichgewicht zu erhalten.

Vor jeder Wendung im Gange versammelt der Reiter das Pferd durch eine halbe Parade und verlegt sein Gewicht ein wenig nach der Seite, wohin er wenden will. Je enger die Wendung und je stärker die Gangart ist, in der gewendet wird, desto höher muß die vor der Wendung durch die halbe Parade erzielte Versammlung des Pferdes sein. In freieren Gängen, in denen sich das Pferd mehr streckt und deshalb weniger biegsam ist, muß der Bogen der Wendung entsprechend größer bemessen werden.

Rechts (links) um — Marsch!

Das Pferd wird nach der Seite der Wendung gestellt. Der innere Zügel führt das Pferd in die Wendung hinein, der innere Schenkel am Gurt treibt den gleichseitigen Hinterfuß vor. Der äußere Zügel regelt durch Gegenhalten die

Kopfstellung, bestimmt das Maß der Wendung und verhin=
dert zusammen mit dem zurückgreifenden äußeren Schenkel
das Ausfallen des äußeren Hinterfußes. Je mehr es dem
Reiter gelingt, während der Wendung den inneren Hinterfuß
zum richtigen Stützen zu zwingen und den äußeren Hinterfuß
zum Vorschreiten in Richtung zwischen die Vorderfüße zu be=
stimmen, somit das Ausfallen des äußeren Hinterfußes zu
verhindern, um so enger und schneller kann er sein Pferd
wenden.

Ist die Vorhand in die beabsichtigte Richtung geführt, so
vermindert der Reiter die Wirkung des inneren Zügels, stellt
den Kopf des Pferdes mit dem äußeren Zügel wieder gerade=
aus und führt und erhält es so auf der neuen Linie.

Da fast alle Pferde Schwierigkeiten im Untersetzen und
Biegen des rechten Hinterfußes haben, ist ihnen die Rechts=
wendung unbequemer. Der Reiter muß daher bei der Rechts=
wendung den inneren Hinterfuß besonders gut heranhalten.
Da ferner bei fast allen Pferden die linke Seite weniger bieg=
sam ist, so wird die Linkswendung vielfach nicht mit hohler,
sondern mit gewölbter innerer Seite ausgeführt. Deshalb ist
in der Linkswendung unter bestimmtem Verwahren des rech=
ten Hinterfußes vermehrt auf die Biegsamkeit und Nach=
giebigkeit der linken Seite hinzuwirken.

Bei allen Wendungen ist richtige Gewichtsverteilung ge=
boten. Nur wenn der Reiter die innere Hüfte bei tiefem
Knie vorschiebt und die äußere Schulter nicht zurückläßt, wird
er in der Lage sein, mit den Zügeln die Vorhand des Pferdes
richtig zu führen und ein Ausfallen der Hinterhand zu ver=
hindern. Auf diese Weise wird der Reiter auch den Fehler
vermeiden, daß er in dem Bestreben, sein Gewicht nach innen
zu verlegen, mit der inneren Hüfte einknickt und das Gesäß
nach außen verschiebt.

Fehlerhaft beim Wenden im Gange ist auf Trense der
übermäßige Gebrauch des inneren Zügels, weil er meist ein
Ausfallen der Hinterhand im Gefolge hat. Auf Kandare ist
der Hauptfehler das Hinüberdrücken der linken Hand nach
innen, da hierdurch der äußere Kandarenzügel verkürzt und
den Pferden das Eingehen in die Wendung erschwert wird.

Nach Vollendung aller Wendungen werden die Pferde
geradeaus gestellt. Wurde vorher mit Stellung geritten, so

wird auf der neuen Hand die dieser entsprechende Stellung von jedem Reiter ohne Kommando angenommen.

Die Wendungen beim Durchreiten der Ecken müssen fließend und ohne jedes Stocken des Ganges ausgeführt werden.

Zum genauen Durchreiten der Ecken (Bild 22) gibt der Reiter drei Schritte vor der Ecke, also vor Beginn der Wen-

Bild 22.

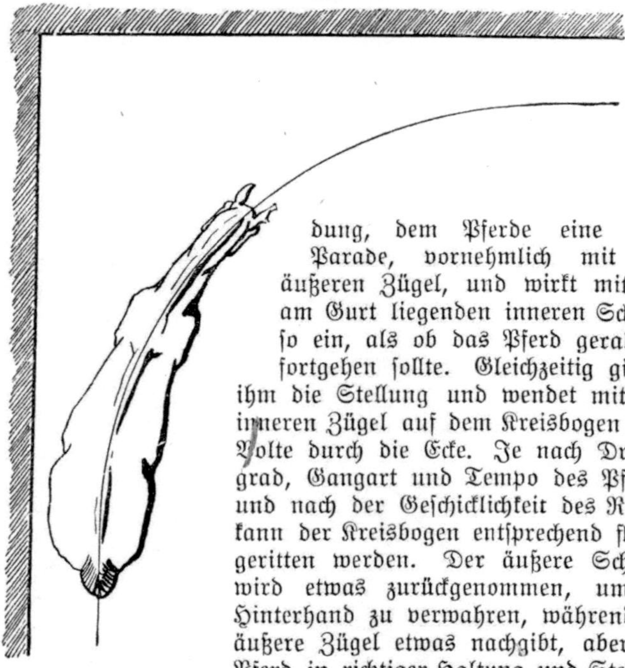

Durchreiten einer Ecke.

dung, dem Pferde eine halbe Parade, vornehmlich mit dem äußeren Zügel, und wirkt mit dem am Gurt liegenden inneren Schenkel so ein, als ob das Pferd geradeaus fortgehen sollte. Gleichzeitig gibt er ihm die Stellung und wendet mit dem inneren Zügel auf dem Kreisbogen einer Volte durch die Ecke. Je nach Dressur- grad, Gangart und Tempo des Pferdes und nach der Geschicklichkeit des Reiters kann der Kreisbogen entsprechend flacher geritten werden. Der äußere Schenkel wird etwas zurückgenommen, um die Hinterhand zu verwahren, während der äußere Zügel etwas nachgibt, aber das Pferd in richtiger Haltung und Stellung erhält und das Ausfallen der Hinterhand verhindert. Mit vermehrtem Eintreten der Weichheit auf den inneren Zügel gibt jedoch der aus- wendige Zügel nicht mehr nach. Beide Schenkel sorgen für gleichmäßige Fortbewegung, so daß weder durch die halbe Parade, noch durch die Wendung selbst das Tempo verändert

wird. Sobald das Pferd drei Schritte nach der Ecke wieder
auf die gerade Linie kommt, läßt der Reiter den inneren
Zügel schwächer wirken, während er mit dem äußeren das
Pferd auf die gerade Linie einrichtet und ein Ausfallen der
äußeren Schulter gegen die Wand verhütet. Der Fehler des
Ausfallens der äußeren Schulter gegen die Wand zeigt sich
ganz besonders auf der rechten Hand; bei der halben Parade
vor der Ecke, ebenso beim Herauswenden ist daher die äußere
Schulter des Pferdes gut vorzurichten. Auf der linken Hand
ist dem Fehler des Ausfallens des rechten Hinterfußes bei
der halben Parade vor der Ecke durch Verwahren entgegenzu=
wirken.

Um sich der engeren Biegung zu entziehen, versuchen die
Pferde den Kreisbogen durch die Ecke abzuflachen oder den
inneren Hinterfuß seitwärts zu setzen. Dem müssen innerer
Schenkel und äußerer Zügel entgegenwirken.

Will der Reiter ein widerstrebendes Pferd zum genauen
Einhalten des geforderten Kreisbogens zwingen, so muß er
die Übung zunächst in versammeltem Schritt vornehmen und
die Hilfen mehr einzeln aneinanderreihen. Viele Reiter be=
gehen hierbei den Fehler, daß sie die Pferde zu tief in die
Ecke hineinreiten und dann die Vorhand mit über den Wider=
rist nach innen gedrückter äußerer Hand, also mit Konter=
stellung wieder herauszuwenden versuchen.

Fehlerhaft ist es auch, ein tiefes Hineinreiten in die Ecke
mit dem nach außen drückenden inneren Zügel erzwingen zu
wollen, da dies ein Ausfallen der äußeren Schulter hervor=
ruft.

Das Durcheilen der Ecken ist meist eine Folge des zu
starken Gebrauchs des inneren Zügels. Halbe Paraden mit
vorherrschendem äußeren Zügel und Verkürzen des Tempos
vor der Ecke sind hier besonders am Platze.

Bei fehlender Bande suchen sich die Pferde häufig der
schärferen Biegung während der Wendung dadurch zu ent=
ziehen, daß sie vor der Ecke nach außen ausbiegen. Hier
müssen die verwahrenden äußeren Hilfen das Pferd auf dem
Hufschlage erhalten.

Bei den Wendungen zum Changieren durch die Bahn
ist bei unbedingter Beibehaltung der Stellung nach innen mit

tätigem inneren Schenkel und durch Vorwirken des äußeren
Zügels darauf zu achten, daß das Pferd nicht, um den Weg
abzukürzen, schon aus der Ecke heraus, sondern erst am Changierungspunkt in die Wendung eingeht. Nach dem Abwenden
ist eine bestimmt vorschiebende Einwirkung geboten, um das
Pferd gerade auf die Changierungslinie einzurichten.

Der Neigung des Pferdes, den Bogen der Wendung entweder nach innen abzuflachen oder ihn bei fehlender Bande
nach außen auszubuchten, muß der Reiter auch bei allen Wendungen durch die Bahn, vom Hufschlage ab und nach dem
Hufschlage zu, mit entsprechenden Hilfen entgegenwirken.
Dasselbe gilt beim Übergang auf den Hufschlag nach dem Abreiten zu Einem.

Durch das Reiten auf dem Zirkel wird der innere Hinterfuß des Pferdes vermehrt zum Stützen der Körperlast gezwungen, mithin auch in höherem Maße als auf gerader
Linie gebogen. Es bereitet somit das Pferd zu den Wendungen, dem Galopp und zu den Seitengängen vor.

Genaues Reiten auf dem Zirkel verlangt fortgesetztes
Wenden des Pferdes, dem eine der Kreislinie des Zirkels ent-
sprechende Längsbiegung zu geben ist. Hierbei ist es besonders
wichtig, den Hals an den Schultern festzustellen. Der innere
Hinterfuß des Pferdes soll bei richtiger Biegung auf dem
Zirkel im Schritt und Trabe in die Spur des gleichseitigen
Vorderfußes treten, der äußere Hinterfuß muß auf dem Huf-
schlage des äußeren Vorderfußes gehen.

Beim Übergang auf den Zirkel gibt der Reiter dem
Pferde eine halbe Parade und verlegt sein Gewicht etwas
nach innen. Der nahe am Gurt befindliche innere Schenkel
treibt den gleichseitigen Hinterfuß vor, der innere Zügel stellt
das Pferd und wendet es am Paradepunkt auf die Zirkellinie.
Der äußere Schenkel hinter dem Gurt verhindert ein Ausfallen der Hinterhand. Der äußere Zügel unterstützt den
äußeren Schenkel und regelt die Stellung.

Biegt sich ein Pferd mit Kopf und Hals auf den stellenden
Zügel zu viel, so daß es nach außen drängt und den Zirkel
erweitert, also mit der Schulter ausfällt, so muß der äußere
Zügel bei tiefgestellter Hand die seitliche Biegung einschränken,
während der äußere Schenkel, mehr am Gurt angelegt, den
gleichseitigen Hinterfuß zu vermehrtem Vortritt anzuregen hat.

Verfagt hingegen ein Pferd die Biegung und tritt auf
die Einwirkung des inneren Schenkels mit dem gleichseitigen
Hinterfuß nicht in Richtung des inneren, sondern des äußeren
Vorderfußes, so daß es mit der Schulter nach innen drängt
und somit auch mit der Hinterhand etwas ausfällt, so muß

Bild 23.

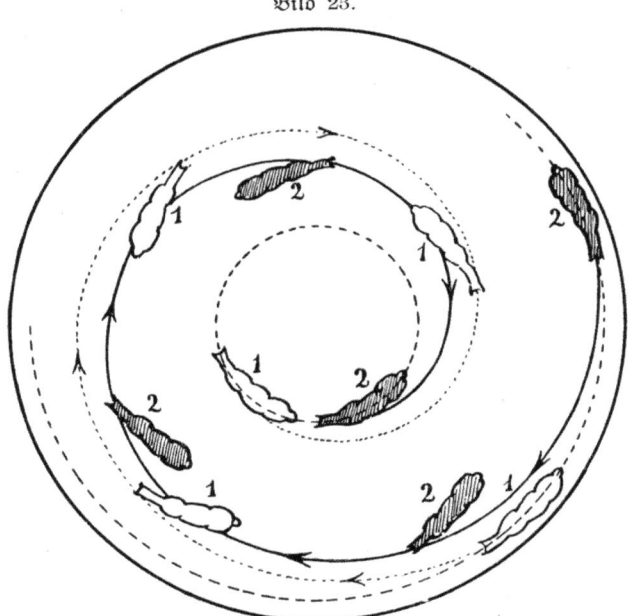

Zirkel verkleinern.

der innere Schenkel durch regere Tätigkeit am Gurt den
inneren Hinterfuß zu vermehrtem Vortritt nach innen veranlassen, während die innere tiefer gehaltene Hand eine
stärkere Kopfstellung zu fordern hat. Der äußere Zügel hat
zusammen mit dem zurückgenommenen äußeren Schenkel das
Ausfallen der Hinterhand zu verhindern.

Als Vorübung zu engeren Wendungen dient die Lektion
„Zirkel verkleinern" (Bild 23). Auch zwingt der
Reiter dadurch das Pferd, in erhöhtem Grade die verengern-

den Hilfen zu beachten. Unter vermehrter Gewichtsverlegung nach innen führt er das Pferd mit dem inneren Zügel, unter= stützt durch den äußeren Schenkel, von außen her seitwärts nach dem Mittelpunkte des Zirkels (traversartige Hilfen). Die Reiter erreichen dabei nicht nacheinander auf einer sich allmählich verengernden Kreislinie den kleineren Zirkel, sondern sie nehmen jeder für sich Vorhand und Hinter= hand gleichzeitig mit nach innen; die Vorhand muß dabei stets der Hinterhand etwas vorausgerichtet bleiben. Mit der dem kleineren Zirkel entsprechenden Verstärkung der Biegung steigert der Reiter auch gleichzeitig die Versammlung des Pferdes. Man darf nie lange auf dem verkleinerten Zirkel bleiben, vielmehr muß ein angemessener Wechsel zwischen dem Verkleinern und Vergrößern des Zirkels stattfinden. Weicht das Pferd mit der Schulter nach außen aus und stellt die Kruppe nach innen, so müssen äußerer Zügel und innerer Schenkel vermehrt angewandt werden.

Gelangt die Abteilung durch Verkleinern des Zirkels auf einen Schritt Abstand, so müssen die Reiter, um das Stutzen der Pferde im Gange zu vermeiden, nach der äußeren Hüfte des Vorderpferdes zu reiten, ohne die Stellung und Biegung der inneren Seite aufzugeben.

Beim „Zirkel vergrößern" (Bild 24) erweitern äußerer Zügel und innerer Schenkel allmählich den Bogen des verengerten Zirkels und bringen das Pferd vermehrt an die äußeren Hilfen heran (schulterhereinartige Hil= fen). Fehlerhaft ist es, wenn der Reiter zum Vergrößern des Zirkels mit dem inneren Zügel über den Widerrist des Pferdes nach außen drückt.

Beim Changieren aus dem Zirkel sind, wenn nicht beim gleichzeitigen Reiten auf zwei Zirkeln die Reiter sich ausweichen müssen, die Bogen vor und nach dem Parade= punkt der offenen Seite genau mit dem äußeren Zügel und inneren Schenkel auszureiten.

Beim Changieren durch den Zirkel ist darauf zu halten, daß der erste Bogen nicht zu groß bemessen wird, damit der Mittelpunkt des Zirkels auch wirklich durchritten werden kann und genügend Raum für den zweiten Bogen vorhanden ist.

In dem sich fortwährend erneuernden Wechsel und Zu=

sammenwirken von biegenden inneren und verwahrenden äußeren Hilfen und Gewichtshilfen liegt für den Reiter das Lehrreiche eines richtigen Reitens auf dem Zirkel.

Mehrfaches Changieren aus dem Zirkel und durch den Zirkel ist ein gutes Mittel, die Pferde zur Losgelassenheit und an die Hilfen zu bringen.

Bild 24.

Zirkel vergrößern.

Die Volten haben den Zweck, das Pferd in engeren Wendungen bei richtiger Biegung zu üben. Das Reiten der Volte stellt mit Rücksicht auf die Enge des Kreises und die diesem entsprechende höchste Längsbiegung des Pferdes gesteigerte Anforderungen an die Einwirkungen des Reiters.

Die Hilfen zur Ausführung der Volte sind dieselben wie bei den Wendungen und beim Reiten auf dem Zirkel. Der Reiter steigert die Versammlung seines Pferdes durch eine

7*

halbe Parade wie zur Wendung und führt es alsdann unter Verlegung seines Körpergewichts nach innen mit dem inneren Zügel auf den Kreisbogen der Volte. Der innere Schenkel am Gurt holt den gleichseitigen Hinterfuß entsprechend vor, während der äußere Zügel und äußere Schenkel die Hinterhand verwahren.

Zur Vervollkommnung der Volten ist es vorteilhaft, an der gleichen Stelle mehrere Volten hintereinander zu reiten.

In dem Bestreben, die Volten nicht zu groß zu reiten, gebrauchen die Reiter häufig den inneren Zügel zu viel und werfen damit die Hinterhand nach außen. Dieses fehlerhafte enge Wenden führt auch dazu, daß die Reiter mit dem Oberkörper in die Wendung vorausgehen und damit ihre Hilfen nicht mehr richtig wirken lassen.

Bei Pferden, die sich steifen und die Kruppe in die Wendung stellen, müssen äußerer Zügel und innerer Schenkel vermehrt gebraucht und die innere Hand tiefer gestellt werden.

Das häufig zu beobachtende Eilen in die Volte hat meist seine Ursache in dem vorherrschenden Gebrauch des inneren Zügels, weil hierdurch die Hinterhand nach außen geworfen wird. Durch die außerhalb des Hufschlages fußenden Hinterbeine wird das Pferd nicht mehr genügend unterstützt. Durch Verringern der Stellung und halbe Paraden mit dem äußeren Zügel wird der Reiter diesen Fehler vermeiden.

In der ersten Hälfte der K e h r t w e n d u n g gelten dieselben Hilfen wie bei der Volte. Hat das Pferd den ersten Halbkreis der Volte vollendet, so führt es der Reiter in schräger Richtung auf den Punkt des Hufschlages, wo die Kehrtwendung zu beenden ist.

Bei den S c h l a n g e n l i n i e n, die dem Reiter ein gutes Mittel bieten, das Pferd zum Gehorsam auf seine wendenden Einwirkungen zu erziehen, müssen vornehmlich die Gewichtshilfen den Antrieb zur Richtungsveränderung geben. Weiches Umsitzen und weicher Wechsel der inneren und äußeren Hilfen müssen, wenn mit Stellungswechsel geritten wird, dafür sorgen, daß die Hufschlagslinie stets bogenförmig verläuft und keine Ecken aufweist, die ein Stutzen im Gange herbeiführen. Dauerndes Geraderichten des Pferdes ist auch hier geboten.

Das Reiten d e r A ch t geschieht in ähnlicher Weise wie
das Changieren durch den Zirkel. Hier ist es der Bogen vor
und nach dem Berührungspunkt der beiden Kreise, bei dem
das Zusammenwirken des äußeren Zügels und inneren Schen=
kels besonders zum Ausdruck kommen muß. Der Stellungs=
wechsel am Berührungspunkt soll sich in geschmeidiger Weise
vollziehen. In dem häufigen Wechsel der Biegung liegt für
Reiter und Pferd eine vortreffliche Belehrung.

Kurz Kehrt — Marsch!

Die Kurzkehrtwendung ist eine Kehrtwendung auf der
Hinterhand während der Bewegung. Sie wird nur aus ver=
sammelten Gängen ausgeführt. Das Pferd soll sich dabei in
der bisherigen Gangart in einigen Tritten oder Galopp=
sprüngen bei leicht erhobener Vorhand auf dem inneren
Hinterfuß herumdrehen. Nach Beendigung der Wendung
wird in der früheren Gangart weitergeritten. Eine vollendete
Ausführung wird nur von wenigen Reitern gefordert werden
können.

Der Reiter gibt erst auf: Marsch! dem Pferde mit dem
äußeren Zügel in der Richtung auf den inneren Hinterfuß
eine entschiedene Parade. Die Parade darf nur ein Auf=
halten im Gange zur Feststellung des inneren Hinterfußes
und damit erhöhte Versammlung, aber nicht ein vollkommenes
Stillstehen hervorrufen. Die Unterbrechung der Vorwärts=
bewegung und das Herumführen des Pferdes in die Wendung
müssen sich deshalb unmittelbar aneinander anschließen. Durch
eine längere Pause nach der Parade würde der Reiter die er=
langte Versammlung wieder aufgeben. Die Vorhand wird
um die Hinterhand herumgeführt, wobei der inwendige
Schenkel den inwendigen Hinterfuß am Zurücktreten ver=
hindern muß.

Da das Pferd die Wendung um den inneren Hinterfuß
ausführt, ist es nach der Wendung etwa um seine eigene
Breite vom bisherigen Hufschlage entfernt und muß des=
halb in der Vorwärtsbewegung wieder auf den Hufschlag ge=
führt werden. Dort angelangt, wechselt der Reiter den Sitz,
stellt das Pferd um und reitet in der bisherigen Gangart
weiter. Soll die Wendung ohne Wechsel ausgeführt werden,
so geschieht dies auf: **Ohne Wechsel kurz Kehrt — Marsch!**

Je stärker das Tempo vor Ausführung der Kurzkehrtwendung ist, desto mehr muß dem Reiter durch Dehnung des An= kündigungskommandos Zeit zur nötigen Versammlung ge= währt werden.

Zur Vorübung begnügt man sich mit einer traversartig gerittenen, allmählich zu verengernden Kehrtwendung. Pferde, die die Hinterhand nicht gern unterschieben, versammelt man auf der Stelle, um die Hinterfüße mehr zu biegen. In dem Augenblick, in dem die Hinterbeine gut untergeschoben sind, hält der Reiter die Hinterfüße fest und führt dann die Wen= dung aus.

In dem Bestreben die Wendung rasch auszuführen, ver= fallen die Reiter vielfach in den Fehler, zu viel mit dem inneren Zügel zu ziehen, und werfen dadurch die Hinterhand des Pferdes aus der Wendung.

Da im Einzelgefecht vom Soldatenpferde auch schnellste Wendungen gefordert werden, so ist auch eine Kurzkehrt= wendung, die möglichst in einem Schwunge ausgeführt wird, zu üben. Nicht alle Pferde werden sie ausführen können. Die Anforderung muß sich nach dem Gebäude und dem Aus= bildungsgrade richten.

k. Galopp. Voller Lauf.

Kommandos:

Zum Entwickeln des Mittelgalopps, des Arbeitsgalopps und des abgekürzten Galopps: **Eskadron Mittelgalopp*) (im Arbeitstempo Galopp, im abgekürzten Tempo Galopp) — Marsch!**

Zum Übergang aus dem abgekürzten Tempo in das Ar= beitstempo und aus beiden in den Mittelgalopp: **Arbeits= galopp! Mittelgalopp!**

Zum Übergang aus dem Mittelgalopp in den Arbeits= galopp und den abgekürzten Galopp: **Im Arbeitstempo! Im abgekürzten Tempo!**

Zum Übergang aus dem Mittelgalopp in einen freieren Sprung: **Zulegen!**, umgekehrt: **Mittelgalopp!**

Der Galopp wird durch eine Reihenfolge von sprung= artigen Bewegungen gebildet, wobei die Füße einer Seite

---

*) Das Kommando: Eskadron Galopp — Marsch! gilt nur für den Exerziergalopp.

weiter vorgreifen als die anderen. Diejenige Seite des Pferdes, deren Füße vorgreifen, ist die innere. Der Reiter muß also in der Bahn, ausgenommen im Kontergalopp, den der Hand entsprechenden Galopp reiten. Ob das Pferd richtig oder falsch galoppiert, ob es also mit den inneren oder äußeren Füßen vorgreift, fühlt der Reiter besonders in den Ecken. Greifen die dem Innern der Bahn zugekehrten Füße vor, so bleibt das Gefühl unter dem Gesäß weich, der Reiter behält seine natürliche Neigung nach innen. Greifen die nach außen gekehrten Füße vor, ohne daß, wie im Kontergalopp, dem Pferde die entsprechende Biegung abverlangt ist, so bekommt der Reiter Stöße unter das Gesäß und sitzt unbequem. In erhöhtem Maße ist dies der Fall, wenn das Pferd über Kreuz galoppiert.

Im vollen Lauf wird die Schnelligkeit des Galopps bis zur Aufbietung aller Kräfte gesteigert. Er wird nur auf geraden Linien auf Exerzierplätzen geübt.

Zum Angaloppieren muß der Reiter das Pferd durch versammelnde Hilfen unter gleichzeitigem Stellen nach innen vorbereiten.

Der äußere Schenkel bleibt hinter dem Gurt verwahrend am Pferdeleib. Der äußere Zügel beschränkt durch eine halbe Parade den Vortritt des äußeren Hinterfußes. Der innere Schenkel am Gurt fordert den gleichseitigen Hinterfuß zu vermehrtem Vortreten auf. Hierdurch wird die bisherige Fußsetzung geändert, das Pferd zum Angaloppieren veranlaßt. Der innere Zügel erhält die Kopfstellung. Das Gewicht des Reiters ruht vermehrt auf dem inneren Gesäßknochen. Es ist streng darauf zu achten, daß das Pferd zum Angaloppieren nicht auf zwei Hufschläge gestellt wird.

Sobald das Pferd sich hebt, hat der Reiter mit leicht nachgebender Hand den Galoppsprung herauszulassen und durch vortreibende Hilfen die Sprungbewegung in Fluß zu bringen. Er muß das Pferd dazu erziehen, daß es auf immer feinere, schließlich fast zeichenartige Hilfen angaloppiert. Je ruhiger und weicher das Angaloppieren vor sich geht, desto ruhiger und weicher bleibt das Pferd auch im weiteren Galopp.

Galoppiert ein Pferd falsch an, so muß es der Reiter durchparieren, gerade richten und erst dann in der richtigen Stellung wieder angaloppieren. Wird der Zweck auf diese Weise ohne Störung des Hinterreiters nicht erreicht, so reitet der Mann vor der Ecke zur kurzen Wand in flachem Bogen in die Bahn, pariert durch und reitet so an, daß er seinen Platz nach der zweiten Ecke wieder erreicht. Häufig wird der Fehler gemacht, daß die Parade nicht vollständig durchgeführt, und daß das Pferd von neuem angaloppiert wird, ehe die richtige Stellung gewonnen war. Auch ein Hineinwerfen in den richtigen Galopp durch Verstellen des Pferdes nach außen oder durch grobe Gewichtshilfen des Reiters ist fehlerhaft. Es ist für das Pferd lehrreich, wenn der Reiter einige Tritte Trab oder Schritt einlegt, bevor er den Galopp wieder entwickelt.

Der Reiter vermag das Pferd nur dann mit Ruhe und Sicherheit in Galopp zu setzen, wenn es sich bei regelrechter Stellung in der nötigen Versammlung befindet. Er muß daher Pferde, die sich durch Verstärken des Trabtempos dem Galopp zu entziehen suchen, oder die stets falsch anspringen, zunächst in bessere Versammlung bringen. Damit das Pferd keine Zeit findet, sich der gewonnenen Haltung wieder zu entziehen, müssen die Schenkelhilfen überraschend und kräftiger gegeben werden, sie dürfen aber nie stoßend sein. Auch kann sich der Reiter vorübergehend solcher Lektionen bedienen, die den Vortritt der inneren Füße erleichtern. Als bestes Mittel eignen sich hierzu das Ausnutzen der Ecke, eine scharfe Wendung, eine Volte, ausnahmsweise sogar eine leichte Traversstellung.

Während des Galopps sind stiller Sitz und richtige Einwirkungen von Bedeutung nicht nur für die Ruhe, Gleichmäßigkeit und Weichheit des Ganges, sondern auch für die Ausdauer des Pferdes im Galoppieren.

Vor allem muß der Reiter mit vorgeschobenem Gesäß schmiegsam den Bewegungen des Pferdes folgen. Dazu ist ein Sitz mit tiefem inneren Knie, tiefer innerer Hacke und vorgerichteter innerer Hüfte erforderlich, so daß das Gewicht des Reiters mehr den inneren Hinterfuß zu belasten vermag. Nur bei solchem Sitz werden die Hilfen richtig wirken. Das

Bestreben nach innen zu sitzen, darf aber nicht zum Einknicken in der inneren Hüfte und damit zu einem Verschieben des Gesäßes nach außen führen.

Das Gesäß darf sich nicht vom Sattel entfernen und muß, wenn es durch die Bewegung zurückgeschoben worden sein sollte, immer wieder gegen den Vorderzwiesel vorgleiten. Knie- und Fußgelenke müssen ihre federnde Weichheit beibehalten. Reiter mit starrem Oberkörper, mit steifen Knie- und Fußgelenken, werden bei jedem Galoppsprung in die Höhe geschleudert und fallen stoßend in den Sattel zurück. Mit solchem klappenden und fliegenden Gesäß ist meist auch eine harte, hämmernde Hand verbunden. Beides stört die Durchlässigkeit und die Rückentätigkeit des Pferdes, die für dessen Ausdauer im Galoppieren von besonderer Bedeutung ist.

Der Oberkörper des Reiters muß in der Senkrechten bleiben. Reiter, die den Oberkörper hintenüberneigen, hängen meist in den Zügeln, gehen mit der Bewegung nicht genügend mit und erschweren dem Pferde das Galoppieren. Das gute Mitnehmen der äußeren Schulter ist zu beachten.

Die für das Angaloppieren vorgeschriebenen Hilfen werden während des Galopps nach Bedarf erneuert. Die Galoppsprünge müssen schwungvoll sein und sind durch halbe Paraden mit dem äußeren Zügel und durch Vortreiben des inneren Hinterfußes gleichmäßig zu gestalten. Die innere Hand bleibt in weicher Fühlung mit dem Pferdemaul und erhält die Kopfstellung.

Die Galoppbewegung wird nur dann weich, ruhig und raumgreifend sein, wenn das Pferd geradegerichtet bleibt und sich in der seinem Gebäude entsprechenden Aufrichtung und Beizäumung selbst trägt.

Stellt das Pferd die Hinterhand nach innen, wodurch es sich der regelrechten Belastung der Hinterhand entzieht, so muß der Reiter die Vorhand auf die Hinterhand einrichten, meist auch ein freieres Tempo reiten. Da vermehrtes Vorgreifen des äußeren Hinterfußes auch weiteres Untersetzen des inneren Hinterfußes zur Folge hat, somit das Geraderichten des Pferdes erleichtert, muß der Reiter mit dem äußeren Schenkel mehr am Gurt vortreiben, als hinter dem Gurt verwahren. Das Hereinstellen der Hinterhand ist fast immer die Folge zu starker Stellung nach innen, wie auch

einer vorherrschend mit den Händen herbeigeführten Ver=
kürzung des Tempos.

Pferde, die im Galopp mit gespanntem Rücken und hoher
Hinterhand auf der Vorhand gehen, sind in einem freieren
Tempo zu galoppieren. Sind solche Pferde überbaut, so
müssen sie erst durch versammelnde Trabarbeit in eine höhere
Halsstellung gebracht und dann im Galopp allmählich auf die
Hinterhand gesetzt werden.

Legt sich ein Pferd stark auf die Hand, so müssen die
Hinterfüße allmählich zu vermehrtem Aufnehmen der Last
herangeholt, das Pferd durch halbe Paraden vom Zügel ge=
löst und zu höherem Tragen von Hals und Kopf veranlaßt
werden.

Galoppiert hingegen ein Pferd zu aufgerichtet oder
schleppend, indem es die Hinterbeine nicht genügend unter=
schiebt und den Rücken durchbiegt, so muß der Reiter durch
tiefere Stellung von Kopf und Hals und durch ein lebhafteres
Tempo das Pferd zu vermehrter Rückentätigkeit anregen.
Gelingt dies nicht, so muß der Galopp unterbrochen und die
Haltung des Pferdes verbessert werden.

Stürmt ein Pferd auf gerader Linie fort, so geht der
Reiter auf den Zirkel und strebt, soweit es die Wendigkeit des
Pferdes gestattet, eine Verkleinerung des Zirkels an. Um
ein Ausfallen der Hinterhand und damit ein Ausgleiten des
Pferdes zu verhindern, ist der vorherrschende Gebrauch des
äußeren Zügels geboten.

Häufiges Abchangieren ist meist die Folge unruhigen
Sitzes oder fehlerhafter Aufrichtung, die dem Pferde den
Rücken durchbiegt und das Untersetzen des inneren Hinter=
fußes verhindert. Durch freieres Tempo und entsprechendes
Tieferstellen von Hals und Kopf, zunächst im Trabe, wird
dieser Fehler abgestellt. Dem Abchangieren infolge von
Temperamentsfehlern ist nur durch ruhigen Sitz vorzu=
beugen.

Beim Wenden im Galopp wird häufig der Fehler
gemacht, daß die Hinterhand durch starkes Ziehen am inneren
Zügel nach außen geworfen und so das Pferd zum Abchan=
gieren gebracht wird. Die für die Wendungen im Gange
geltenden Grundsätze sind beim Galopp besonders zu be=
achten.

Zum Verkürzen des Galopps muß der Reiter
die Sprünge allmählich einfangen, nicht aber das Pferd plötzlich verhalten wollen. Das im Abschnitt über Versammeln
im Gange beschriebene Ineinandergreifen der treibenden und
versammelnden Hilfen findet auch hier statt. Der Galoppsprung wird dadurch verkürzt, daß der durch die Schenkel vermehrt untergeschobenen Hinterhand durch halbe Paraden besonders mit dem äußeren Zügel mehr Last zugeschoben wird.
Die Paraden und das Nachgeben erfolgen im Takt der
Sprünge. Hat das Pferd Selbsthaltung gewonnen, so wirken
die Hände mehr passiv. Die Schenkel sollen die Hinterbeine
zu jedem Galoppsprunge erneut anregen. Zeigt das Pferd
Neigung, in der Erhabenheit des Sprunges nachzulassen, so
wirken die Schenkel kräftiger. Auch im abgekürzten Galopp
soll sich ein kräftiger Abschub der Hinterbeine unter dem Gesäß des Reiters fühlbar machen.

Kommt das Pferd unter dem Einflusse vorherrschend ver-
haltender Hilfen zu einem schwunglosen Galopp hinter dem
Zügel, so muß der Reiter durch kräftiger vortreibende
Schenkelhilfen ein freieres Tempo anstreben.

Das Verstärken des Galopps muß weich und
fließend geschehen; die vortreibenden Hilfen dürfen nicht
plötzlich einsetzen. Je stärker das Tempo, um so besser muß
der Reiter im Sitz mitgehen. Ebenso muß er dauernd
bestrebt sein, das Pferd, trotz bestimmterer Anlehnung an
das Gebiß und geringerer Versammlung, durchlässig zu
erhalten. Von Zeit zu Zeit wiederholte halbe Paraden sind
die Mittel dazu. Das Pferd soll nicht kurze, sich rasch
folgende, sondern lange, möglichst weitgreifende Sprünge
machen.

Um beim vollen Lauf die Herrschaft über das Pferd
zu behalten, muß der Reiter trotz der stärkeren Anlehnung
stets einen gewissen Grad von Durchlässigkeit erhalten. Je
mehr ein Pferd die Hinterhand biegen gelernt hat, desto
durchlässiger wird es auch in dieser schnellsten Gangart sein.
Der Reiter muß das Pferd geradeausstellen und mit beiden
Schenkeln am Gurt vortreiben. Die Hilfen müssen je nach
Temperament und Empfindlichkeit des Pferdes bemessen
werden. Fester Knieschluß und leichtes Vorneigen des Reiters
zum besseren Mitgehen mit der Bewegung sind geboten.

Soll im Galopp **Fußwechſel** vorgenommen werden, ſo pariert der Reiter das Pferd unter Verringerung der Kopfſtellung zunächſt zu einem verſammelten Schritt. Damit es den Galoppſprung mit Beibehalt der bisherigen Fußſetzung beenden kann, muß der innere Schenkel den gleichſeitigen Hinterfuß vermehrt unterſchieben. Dann wechſelt der Reiter ſeinen Sitz ſowie die Stellung des Pferdes und entwickelt den neuen Galopp. Je rittiger das Pferd iſt, um ſo ſchneller kann der neue Galopp der Parade folgen.

Der zum Fußwechſel im Galopp erforderlichen Parade muß grundſätzlich ein Geraderichten des Pferdes vorangehen. Durch dieſe Parade wird die bisherige Fußſetzung aufgehoben; der Reiter bekommt den inwendigen Hinterfuß vermehrt in ſeine Gewalt, ſo daß es ihm leichter wird, ihn als neuen äußeren Hinterfuß feſtzuhalten.

Soll Fußwechſel als beſondere Übung ausgeführt werden, ſo lautet das Kommando: **Changiert!**

1. Rückwärtsrichten. Bild 25.

Eskadron rückwärts richt Euch — Marſch! Halt! (Vor= wärts — Marſch!)

Das Rückwärtsrichten fördert die Verſammlung des Pferdes, biegt die Hinterhand, verbeſſert Haltung und Durch= läſſigkeit, dient aber auch als Strafe. Ferner zeigt es dem Reiter, wie der Zügelanzug durch das Pferd auf den Hinter= fuß wirken ſoll.

Zum Rückwärtsrichten ſpannt der Reiter das Kreuz an, verſammelt das Pferd in guter Haltung und richtet es gerade. Dann veranlaßt er es durch gerade auf die Hinterfüße wirkende Zügelanzüge, einen Fuß nach dem anderen mit möglichſt gleichmäßigen, ruhigen Tritten in gerader Richtung zurückzuſtellen. Die Schenkel liegen währenddeſſen nur ver= wahrend am Pferdeleib, um zu verhindern, daß das Pferd mit der Hinterhand ausfällt oder ausweicht und ſich vom Zügel losmacht. Jedes ſtärkere Einwirken mit den Schenkeln würde das Pferd vortreiben und vermehrte Zügelwirkung erfordern. Während das junge oder undurchläſſige Pferd auf die be= ſchriebenen Hilfen die Rückwärtsbewegung meiſt mit einem Vorderfuße beginnt, wird ſie das in guter Haltung befind= liche, auf den vier Beinen gerade am Zügel ſtehende Pferd

Bild 25.

Rückwärtsrichten.

mit einem Vorderfuße und dem diagonalen Hinterfuß gleich=
zeitig beginnen. Das Pferd ist geradeaus gestellt; Steifen
oder Ausfallen eines Hinterfußes kann jedoch eine Kopf=
stellung nach der betreffenden Seite bedingen. Das Rück=
wärtsrichten ohne Unterbrechung darf, wenn es nicht als
Strafe dienen soll, nur auf höchstens sechs Schritte ausgeführt
werden. Jedes gewalttätige Einwirken gefährdet die Gelenke
der Hinterbeine.

Soll aus dem Rückwärtsrichten gehalten werden, so
hören die annehmenden Zügelhilfen auf, während die bis jetzt
verwahrenden Schenkel nunmehr so viel vortreiben, daß das
Pferd am Zurückstellen der Hinterfüße verhindert und, wenn
nötig, zum Vorsetzen der Vorderfüße veranlaßt wird. Soll
aus dem Rückwärtsrichten, ohne zu halten, vorwärts geritten

werden, so setzen die vortreibenden Hilfen so ein, daß das
Pferd nicht zum Stehen kommt. Bei dem auf das Rückwärts=
richten folgenden Vorwärtsreiten muß der Reiter danach
streben, die durch das Rückwärtsrichten erreichte Versamm=
lung beizubehalten.

Folgt dem Eindrehen der Handgelenke zum Zügelanzuge
nicht die gewünschte Rückwärtsbewegung, so sind die Zügel
entsprechend zu verkürzen. Sucht sich das Pferd der Wirkung
der Zügel durch Seitwärtssetzen des einen oder anderen Fußes
zu entziehen, so muß der Reiter durch vermehrtes Annehmen
des gleichseitigen Zügels gegen den ausweichenden Hinterfuß
die Hinterhand wieder auf die gerade Linie einrichten. Bei
stärkerem Abweichen von der Geraden wird deshalb eine
breitere Führung geboten sein.

Das Verweigern des Zurücktretens ist entweder in fehler=
hafter Hals= und Kopfstellung begründet, die die Einwirkung
der Zügelanzüge auf die Hinterbeine ausschaltet, oder es wird
durch Rückwärtsstemmen der Hinterbeine oder durch beides
veranlaßt. Läßt das Pferd dabei keinen Anzug mehr durch,
so muß weiteren Versuchen zum Rückwärtsrichten ein rich=
tiges Formen des Halses im Gange durch vortreibende Hilfen
vorausgehen.

Widersetzt sich das Pferd dem Zügelanzuge durch Gegen=
stemmen der hinausgestellten Hinterbeine, so wendet der
Reiter so lange versammelnde, vortreibende Hilfen an, bis
das Pferd einen Hinterfuß so untersetzt, daß das Schienbein
mindestens senkrecht steht und der Reiter den Pferdekörper
durch vorherrschenden Anzug des gleichseitigen Zügels über
die Hinterbeine nach rückwärts schieben kann. Gelingt dies
dem Reiter nicht, so kann ihn der Reitlehrer dadurch unter=
stützen, daß er mit der einen Hand die Zügel ergreift und
mit der anderen das Pferd mit einer Gerte so lange dicht
hinter dem Gurt unter den Bauch klopft, bis es das eine oder
andere Hinterbein weiter vorstellt und den Widerstand auf=
gibt. Da jede Belastung des Pferderückens das Heben und
Zurücksetzen der Hinterfüße erschwert, so darf der Reiter bei
Verweigerung des Rückwärtsrichtens nicht zu stark einsitzen,
sondern muß seinen Oberkörper leicht vorneigen und nur das
Kreuz anspannen. Ein Hintenüberlegen des Oberkörpers zur
Verstärkung der Zügelanzüge ist falsch, da es dem Pferde das

Zurücktreten erschwert. Das Rückwärtsrichten darf niemals mit zu hoher Halsstellung vorgenommen werden, weil jede Aufrichtung die Hinterfüße mehr belastet und ihr Heben erschwert.

Ein weiteres Mittel, ein Pferd, das die Hinterbeine hinausstemmt, zum Rückwärtsrichten zu bewegen, ist die Wendung auf der Vorhand. Der Reiter gibt die Zügelhilfen zum Rückwärtsrichten, wenn einer der Hinterfüße unter den Leib vortritt.

Das Rückwärtsrichten ist nur dann gut ausgeführt, wenn das Pferd dabei in voller Durchlässigkeit am Zügel zurücktritt.

Als Strafe wird das Rückwärtsrichten angewendet bei Pferden, die sich stark auf die Hand legen oder sich der Zügelwirkung durch Wegbrechen entziehen.

m. Reiten in Konterstellung im Schritt und im Trabe.

In der Konterstellung ist das Pferd nach der äußeren Seite der Bahn gestellt und muß infolgedessen gegen seine Stellung wenden (Bild 26).

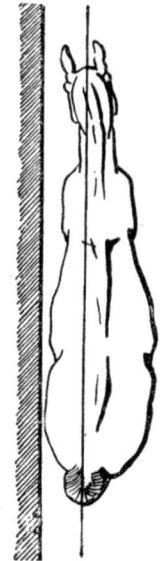

Bild 26.

Der Zweck dieser Lektion ist, die Aufmerksamkeit und Folgsamkeit des Pferdes auf die äußeren Hilfen zu erhöhen und dadurch sowohl das Reiten in Stellung zu befestigen, als auch das Pferd zum Renvers vorzubereiten.

Vorübergehendes Annehmen der Konterstellung setzt den Reiter in den Stand, einem Ausfallen der bisherigen äußeren Schulter zu begegnen. Es bietet dem Reiter mithin auch ein gutes Mittel, seitwärts drängende Pferde am Abweichen von der vom Reiter gewünschten Richtung zu verhindern.

Sitz und Hilfen sind, ausgenommen beim Durchreiten der Ecken und sonstigen Wendungen, dieselben wie beim Reiten in Stellung. Die äußeren Füße bewegen sich in der Wendung auf einem kleineren Kreisbogen als die inneren; der innere mehr belastete Hinterfuß hat also den größeren Weg zurückzulegen. Der Reiter muß daher mit dem führenden äußeren Zügel den Vortritt der äußeren Füße

Konterstellung.

beschränken. Um dadurch die Gleichmäßigkeit des Ganges nicht zu schädigen, ist der mehr belastete innere Hinterfuß durch Verringern der Stellung und durch den tätigen inneren Schenkel zu weiterem Vortritt zu veranlassen.

Die Reiter verfallen meist in den Fehler, zu starke Biegung zu fordern und bringen dadurch die äußere Schulter des Pferdes zum Ausfallen; auch werden die Wendungen häufig zu eng geritten.

n. Reiten auf zwei Hufschlägen.

Während bei den Lektionen auf einem Hufschlage die Hinterfüße der Spur der Vorderfüße folgen, ist das Pferd beim Reiten auf zwei Hufschlägen durch seine zur Bewegungsrichtung schräge Stellung gezwungen, mit seinen Vorder- und Hinterbeinen auf zwei gleichlaufenden Linien zu gehen. Je weiter diese Linien voneinander entfernt sind, desto mehr ist das Pferd genötigt, mit den inneren Füßen vorwärts und seitwärts der äußeren oder umgekehrt zu treten. Die Vorhand muß dabei der Hinterhand so viel vorausgehen, daß die natürliche und gleichmäßige Fußfolge nicht gestört wird. Der Gang wird sonst unsicher und die Beine sind leicht Beschädigungen ausgesetzt.

Auf Kandare sind alle Lektionen auf zwei Hufschlägen nur mit angefaßter Trense zu reiten.

Die Pferde dem rechten (linken) Schenkel weichen lassen! Geradeaus!

Das Schenkelweichen lehrt den Reiter den Gebrauch der einseitigen Schenkel- und Zügelhilfen und bereitet ihn so für das Reiten der Seitengänge vor. Es bahnt auch in dem jungen Pferde das Verständnis und damit den Gehorsam auf die bei den Seitengängen zur Anwendung kommenden Hilfen an.

Als eine die Tätigkeit der Hinterhand fördernde Übung im Sinne der Reitkunst ist das Schenkelweichen nicht zu betrachten. Es ist aber ein zwingendes Mittel zur Erzielung des Gehorsams auf die inneren Hilfen.

Die Kopfstellung wird stets nach dem seitwärts treibenden Schenkel genommen, der dadurch zum inneren wird, auch wenn er dem Äußern der Bahn zugewendet ist. In der Bahn darf der Reiter das Pferd auf den langen Seiten, sowohl dem rechten wie dem linken Schenkel (Bild 27), auf dem Zirkel nur dem der Zirkelmitte zugekehrten Schenkel weichen lassen.

Das Schenkelweichen wird im gehaltenen Schritt oder gemäßigten Arbeitstrabe und nur in kurzen Reprisen geübt. Ecken dürfen im Schenkelweichen nicht durchritten werden.

Bild 27.

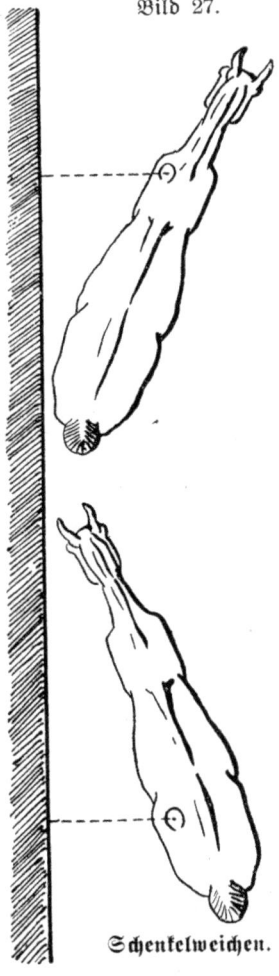

Beim Schenkelweichen bewegt sich das Pferd mit ganz geringer Kopfstellung auf zwei Hufschlägen. Dabei treten die inneren Füße gleichmäßig über und vor die äußeren. Der Reiter sitzt vermehrt nach innen und drückt die Hinterhand mit dem dicht hinter dem Gurt liegenden inneren Schenkel seitwärts. Dieser Druck muß eintreten, wenn sich der innere Hinterfuß von der Erde hebt und wird, wenn nötig, von Tritt zu Tritt wiederholt. Die Vorhand wird durch den äußeren Zügel auf ihrem Hufschlage weitergeführt. Der innere Zügel erhält die Stellung, sorgt für die Weichheit der inneren Seite und unterstützt, wenn nötig, den seitwärts treibenden Schenkel.

Wenn es sich beim Schenkelweichen zunächst auch nur um eine Wirkung des inneren Schenkels und Zügels handelt, so muß der Reiter dennoch jedem Fliehen des Pferdes vor diesem Schenkel und jedem Ausfallen der äußeren Schulter durch Verwahren mit dem äußeren Zügel und Vortreiben mit dem äußeren Schenkel begegnen.

Schenkelweichen.

Reitvorschrift.

8

Soll das Pferd dem dem Inneren der Bahn zugewandten Schenkel weichen, so führt der Reiter die Vorhand wie zur Volte einen kleinen Schritt in das Innere der Bahn oder des Zirkels, wobei die Hinterhand auf dem bisherigen Hufschlage verbleibt, gibt eine halbe Parade und beginnt das Schenkelweichen.

Die Beendigung dieses Schenkelweichens geschieht durch Einrichten der Vorhand auf die Hinterhand, in der Ecke durch Weiterreiten auf einem Hufschlage.

Will der Reiter sein Pferd dem dem Äußeren der Bahn zugekehrten Schenkel weichen lassen, so gibt er ihm, sobald er die erste Ecke einer langen Seite so weit durchritten hat, daß der Pferdekopf die nächste Wand erreicht, eine halbe Parade. Dann nimmt er die entsprechende Stellung und läßt das Pferd dem Schenkel weichen. Zur Beendigung wird das Pferd umgestellt, im flachen Bogen auf den Hufschlag geführt und geradeaus weitergeritten.

Es ist wichtig, daß der Reiter herausfühlen lernt, wann er mit seinem einseitigen Schenkel und Zügel durchgekommen ist. Dann empfiehlt es sich, zur Belohnung für das Pferd die Übung vorübergehend zu unterbrechen.

Der seitwärts treibende Schenkel erzwingt den Gehorsam mit Sicherheit nur dann, wenn er als innerer gebraucht wird, weil hierbei eine Unterstützung durch den inneren Zügel möglich ist. Stemmt sich daher ein Pferd hartnäckig gegen den äußeren Schenkel, so kommt der Reiter am schnellsten zum Ziel, wenn er das Pferd umstellt und es somit vor dem inneren Schenkel weichen läßt.

Da selbst das bestgerittene Pferd bei Ausführung der Seitengänge wenn auch noch so geringer und seltener Erinnerungen bedarf, um dem inneren oder äußeren Schenkel zu weichen, so kann das Schenkelweichen auch als vorbereitende Übung für die Seitengänge betrachtet werden.

Beim Schenkelweichen handelt es sich in erster Linie um den Gehorsam auf die einseitigen Hilfen. Das Gegenwirken der äußeren Hilfen, um das Pferd im Seitwärtsgehen zu biegen und zu sammeln, tritt erst dann ein, wenn das Pferd den inneren Hilfen gehorcht. So kommt man mit dem fortschreitenden Gehorsam auf die einseitigen Hilfen und dem sich daraus ergebenden Gegeneinanderwirken der Hilfen zum Reiten der Seitengänge.

Völliger Gehorsam auf die einseitigen Hilfen und ein ge=
wisser Grad von Versammlung sind Vorbedingung für das
Reiten der Seitengänge. Der Reiter muß imstande sein, durch
Wechselwirkung der inneren und äußeren Hilfen Vor=
und Hinterhand in der Biegung nicht nur auf den ihnen im
Seitengang zugewiesenen Linien, sondern auch so zueinander
gerichtet zu erhalten, daß die Schubkraft der Hinterhand zwar
entsprechend gemäßigt wird, aber doch genügend wirksam
bleibt. Nur so kann der Reiter das gebogen seitwärts gehende
Pferd versammeln.

Die Seitengänge dienen zur gymnastischen Ausbildung
der Hinterhand, zur Vervollkommnung der Längsbiegung
und zur Erhöhung der Nachgiebigkeit auf die Zügel= und
Schenkelhilfen. Sie fördern die Schulterfreiheit und be=
festigen das Gleichgewicht. Ihre durchgreifende Wirkung für
die Bearbeitung der Hinterhand beruht auf der durch die Ab=
stellung des Pferdes bedingten Beschränkung der Schubkraft
der Hinterbeine, die es ermöglicht, deren Biegsamkeit und
Tragkraft vermehrt in Anspruch zu nehmen.

Zur nutzbringenden Ausführung der Seitengänge muß
das Pferd schon vorher richtig gestellt und versammelt werden.
Vor allem soll der Hals an den Schultern festgestellt sein. Je
größer die seitliche Abstellung ist, desto stärker muß die Ver=
sammlung und Längsbiegung sein. Die Hinterbeine werden
nicht durch das Übertreten an sich, sondern erst durch die
stärkere seitliche Biegung des Rückgrates und die erhöhte Ver=
sammlung gebogen und zum Tragen und Abschieben befähigt.
Je schwächer die seitliche Abstellung ist, um so geringer darf
die seitliche Biegung sein.

Da das Pferd bei regelrechter Fußsetzung nicht mehr als
halbseitwärts zu schreiten vermag, so ist es bei allen Seiten=
gängen mit der Vor= oder Hinterhand nur so viel abzustellen,
daß diese b i s z u e i n e m Schritt vom Hufschlag des äußeren
Hinter= oder Vorderfußes entfernt ist.

Der Reiter muß bei allen Seitengängen nach der inneren
Seite sitzen und, um das freie Treten des Pferdes nicht zu
stören, stets mit dessen Bewegung mitgehen.

Die Seitengänge werden im Schritt und abgekürzten
Trabe geritten. Der Schritt dient nur dazu, Reiter und
Pferd mit den Seitengängen bekannt zu machen und ihnen

Verständnis für die Hilfen beizubringen. Der abgekürzte
Trab ist die geeignetste Gangart. Er erhöht die Geschicklich=
keit des Pferdes, das besser am Zügel bleibt und sich der Ein=
wirkung des Reiters nicht so leicht zu entziehen vermag wie
im Schritt. Der Reiter muß auf ebenso taktmäßiges Treten
halten, wie beim Reiten auf einem Hufschlage.

Jedes Reiten von Seitengängen ist
fehlerhaft, wenn die Pferde nicht vorher
im Schritt und abgekürzten Trab auf gerader
Linie genügende Durchlässigkeit, Beizäu=
mung und Selbsthaltung gewonnen haben.
Das Reiten der Seitengänge darf nicht zu lange ausgedehnt
werden. Auch müssen immer wieder freie Gänge eingeschaltet
werden, um die Gehlust der während der Seitengänge
stärker versammelten Pferde von neuem anzuregen.

Der Lehrer wählt seinen Standpunkt so, daß die Ab=
teilung auf ihn zu reitet. Vorteilhaft ist es, die Seitengänge
von der Tete ab beginnen und beenden zu lassen. Der Reit=
lehrer bestimmt dabei die im Seitengang zurückzulegende
Strecke.

Nach den Seitengängen empfiehlt es sich, noch einige Zeit
im abgekürzten Trabe auf einem Hufschlage zu verbleiben, da
es sich hierbei am besten zeigt, ob der Zweck des Seitenganges,
die Versammlung zu erhöhen, erreicht ist. In dem freien
Trabe, der im allgemeinen darauf zu folgen hat, muß dann
die durch die verbesserte Versammlung erzielte Geräumigkeit
und Energie des Ganges zum Ausdruck kommen.

Die Seitengänge sind für die Dressur
nur ein Mittel zum Zweck.

**Kommando: Schulterherein — Marsch! Geradeaus! oder
Tete Schulterherein! Tete geradeaus! (Geradeaus!)**

Im Schulterherein ist das Pferd mit geringer Stellung
nach innen in gut versammelter Haltung und Aufrichtung
mit der Vorhand bis zu einem Schritt vom Hufschlage des
äußeren Hinterfußes nach dem Innern der Bahn hinein ge=
wendet. Es bewegt sich nach der der Kopfstellung entgegen=
gesetzten Seite, mit der Vorhand der Hinterhand voraus=
bleibend, so fort, daß die inneren Füße vor die äußeren treten.

Der Zweck der Lektion Schulterherein ist, Versammlung und Hankenbiegung zu erhöhen.

Hauptsächlich ist es der innere Hinterfuß, der zum weiten Vortritt angeregt, in der Schrägstellung durch die erhöhte Versammlung und Längsbiegung vermehrt Last aufnehmen muß und gebogen wird.

Der Übergang zum Schulter= herein erfolgt entweder gleich= zeitig in der Abteilung oder von der Tete ab. Die Entwicklung von der Tete ab wird am zweck= mäßigsten zwei Pferdelängen hinter der ersten Ecke der langen Wand vorgenommen.

Bild 28.

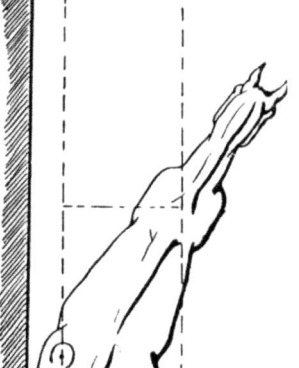

Zum Schulterherein verkürzt der Reiter den inneren Zügel, stellt das Pferd nach innen, gibt eine halbe Parade und wendet es ohne Verstärkung der Hals= biegung wie zur Volte nach innen. Durch eine nochmalige halbe Parade mit dem äußeren Zügel verhindert er ein weiteres Vor= schreiten des Pferdes nach innen und führt es mit diesem Zügel in dem Seitengange fort.

Der innere Zügel sorgt während des Seitenganges für

Schulterherein.

die Kopfstellung, für Beibehaltung der zwei Hufschläge und verhindert mit dem inneren Schenkel zusammen das Herein= werfen der Hinterhand.

Der äußere Zügel regelt im Verein mit dem äußeren Schenkel die Biegung und Aufrichtung und führt das Pferd.

Der innere Schenkel liegt dicht hinter dem Gurt und hat vor allem die Aufgabe, den inneren Hinterfuß zum gehörigen Vortreten anzuhalten; erst in zweiter Linie veranlaßt er zu= sammen mit dem äußeren Zügel die Seitwärtsbewegung des Pferdes. Ist der innere Schenkel zu weit hinter dem Gurt tätig, so übt er dort eine ausschließlich seitwärts treibende Wirkung aus. Der innere Hinterfuß wird nicht so weit vor=

geholt, wie dies für dessen Biegung notwendig ist, und der gymnastische Zweck der Lektion Schulterherein wird dann nicht erreicht.

Der äußere Schenkel, hinter dem Gurt liegend, verwahrt die Hinterhand, hält den äußeren Hinterfuß zum Vortritt an und verhindert dadurch ein Ausfallen dieses Fußes. Je mehr sich das Bedürfnis zum Vorholen des äußeren Hinterfußes fühlbar macht, um so mehr muß der äußere Schenkel vor-treibend gebraucht werden.

Ein richtig Schulterherein gehendes Pferd setzt den Reiter nach innen. Er darf dabei nicht in den Fehler ver-fallen, hinter der Bewegung des Pferdes zurückzubleiben, sondern muß stets gut mitgehen. Macht ein Ausfallen des Pferdes den vermehrten Gebrauch der äußeren Hilfen er-forderlich, so kann vorübergehend eine Gewichtsverlegung nach außen geboten sein.

Die Hilfen im Schulterherein werden so oft erneuert wie es nötig ist, um das Pferd bei richtiger Stellung, gleich-mäßigem Tempo, freiem Vortritt und richtig gebogener Hinterhand in ununterbrochener Bewegung zu erhalten.

Zwei Pferdelängen vor der ersten Ecke der kurzen Wand ist der Seitengang aufzugeben und erst nach der zweiten Ecke wieder zu beginnen. Die Ecken und die kurze Wand werden in guter Versammlung auf einem Hufschlage durchritten.

Der Übergang vom Schulterherein zum Reiten auf einem Hufschlag wird entweder von der Tete ab oder von allen Reitern gleichzeitig ausgeführt. Beim Übergang von der Tete ab wird das Kommando am besten kurz vor der ersten Ecke der kurzen Wand gegeben. Der Reiter führt sein Pferd im Schulterherein bis zwei Pferdelängen vor der Ecke fort und reitet es dann auf einem Hufschlage weiter. Der gleich-zeitige Übergang erfolgt durch Einrichten der Vorhand auf die Hinterhand; das dabei leicht vorkommende Ausfallen der äußeren Schulter des Pferdes ist zu verhindern.

Besonders belehrend für Reiter und Pferd ist der Über-gang aus Schulterherein zur Volte auf einem Hufschlage (**Volte auf einem Hufschlag — Marsch!**). Hierbei wird der Reiter gezwungen, den äußeren Hinterfuß durch den äußeren Schenkel vorzutreiben. Nach Beendigung der Volte kann ent-

weder geradeaus geritten oder erneut zum Schulterherein
übergegangen werden.

Eine weitere nützliche Übung ist die Parade zum Halten
im Schulterherein; hierbei haben die äußeren Hilfen vor=
herrschend zu wirken.

Der beim Schulterherein am häufigsten vorkommende
Fehler ist das Ausfallen der äußeren Schulter, wozu die
Pferde neigen, um sich der richtigen Biegung und Versamm=
lung zu entziehen. Vorherrschender Gebrauch des inneren
Zügels und dadurch herbeigeführte zu starke Halsbiegung be=
günstigen dies. Durch Gegenhalten des äußeren Zügels und
bestimmtes Vortreiben des äußeren Hinterfußes mit dem
äußeren Schenkel muß der Reiter den Fehler abstellen. Ist
mit dem Ausfallen der Schulter gleichzeitig ein Eilen und
ungleiches Treten sowie ein Wegbrechen vor dem inneren
Zügel verbunden, so muß der Reiter das Pferd zuerst auf
einem Hufschlag im öfteren Wechsel von Arbeitstrab und ab=
gekürztem Trab geraderichten und versammeln. Erst wenn
sich das Pferd losgelassen hat und ruhige gleichmäßige Tritte
macht, darf von neuem mit dem Seitengange begonnen werden.

Im Schulterherein rechts kann das Pferd auch ver=
suchen, sich der Einwirkung dadurch zu entziehen, daß es sich
im Genick nach links verwirft. Auf die Erzielung reiner
rechtsseitiger Ganaschenbiegung ist daher besonders zu achten.
Bei dem dem Pferde leichter fallenden Schulterherein links
treten diese Fehler selten auf; dagegen zeigen hier die Pferde
vielfach die Neigung mit dem auswendigen Hinterfuß auszu=
fallen.

Drückt ein Pferd gegen den inneren Schenkel mit der
Hinterhand nach innen, so ist der Schenkel durch vermehrten
Gebrauch des inneren Zügels so lange zu unterstützen, bis die
Hinterfüße auf dem Hufschlage bleiben. Ein Verkürzen des
inneren Zügels wird hierzu meist geboten sein.

Pferde, die trotz vortreibender Hilfen im Schulterherein
hinter dem Zügel bleiben, müssen erst auf einem Hufschlage in
freieren Gängen an die Hand geritten werden.

Schulterherein ist nicht nur die Grundlage, auf der sich
die übrigen Seitengänge aufbauen, sondern fördert, richtig
geritten, auch die Ausbildung von Reiter und Pferd am
meisten.

Im Travers tritt das Pferd dahin, wohin es gestellt ist. Die Stellung ist stärker als im Schulterherein. Der nach dem Innern der Bahn zu liegende Hufschlag der Hinterhand ist bis zu einem Schritt vom Hufschlage des äußeren Vorder= fußes entfernt. Die auswendigen Füße treten vor die in= wendigen.

Travers dient zur Vervollkommnung der durch Schulter= herein erlangten Biegsamkeit der Hinterhand, der Versamm=

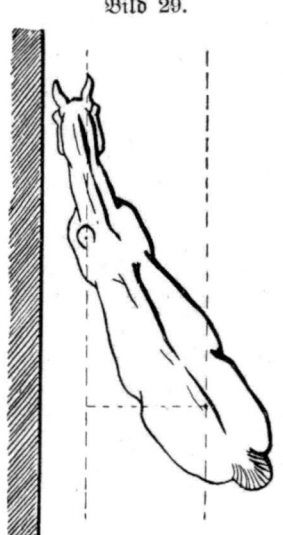

Bild 29.

Travers.

lung und der Ganaschen= und Längs= biegung. Hierdurch wird größere Folgsamkeit gegen Schenkel und Zügel erreicht. Im Travers müssen die Reprisen kürzer sein als im Schulterherein, weil das Treten gegen die vermehrte Stellung die Kräfte des Pferdes mehr in An= spruch nimmt.

Travers wird von der Tete ab aus der Ecke erst auf der Changierungslinie durch die ganze oder halbe Bahn, dann an der langen Wand entwickelt. Auch kann der Reiter durch Anreihen des Travers an eine Volte an jeder beliebigen Stelle des Hufschlags zu diesem Seitengang übergehen.

Tete Travers! **Tete gerade= aus! (Geradeaus!)** oder bei Be= endigung der Volte: **Travers Marsch! Geradeaus!**

Beim Übergang zum Travers wird das Pferd versammelt und die Stellung verbessert. Der Hals des Pferdes muß an den Schultern festgestellt bleiben und darf nur der allgemeinen Längsbiegung ent= sprechend mitgebogen werden.

Will der Reiter aus dem Geradeausreiten zum Travers übergehen, so gibt er dem Pferde vor der Ecke etwas mehr Stellung. Sobald er die Ecke so weit durchschritten hat, daß es mit dem Kopfe beinahe die Wand erreicht, gibt er eine halbe Parade und beginnt Travers.

Vorteilhaft ist es, Travers anschließend an Schulterherein zu entwickeln, da das Pferd dabei schon den erforderlichen Grad von Biegung und Versammlung erlangt hat. Die Ecke wird bei dieser Entwicklung ebenfalls auf einem Hufschlag durchritten.

Im Travers erhält der nach Bedarf verkürzte innere Zügel die Kopfstellung und führt das Pferd in die Bewegungs= richtung. Die innere Hand muß dabei weich und stet sein, damit es dem Pferde nicht erschwert wird, gegen seine Stel= lung zu treten.

Der innere Schenkel am Gurt regt den inneren Hinter= fuß zum Vortritt an und sorgt im Verein mit dem inneren Zügel für Herbeiführung und Erhaltung der richtigen Biegung.

Der äußere Zügel regelt die Biegung, stellt den Hals an den Schultern fest und unterstützt die Wirkung des äußeren Schenkels.

Der äußere Schenkel geht hinter den Gurt und erhält zusammen mit dem inneren Zügel die Seitwärtsbewegung des Pferdes.

Wie im Schulterherein der Gebrauch des äußeren Schenkels besonders wichtig ist, so wird im Travers die Längsbiegung und Versammlung nur durch vorherrschende Einwirkung des inneren Schenkels erreicht. Unbedingter Ge= horsam auf die äußeren Hilfen ist die Vorbedingung dazu. Der gymnastische Wert des Travers für die Dressur liegt nicht im Übertreten des äußeren Hinterfußes, sondern darin, daß der zum weiten Vortritt angeregte innere Hinterfuß durch die sich über ihn wegschiebende Masse des Pferdekörpers be= lastet und gebogen wird.

Das Halten aus dem Travers wird mit beiden Zügeln und Schenkeln ausgeführt; besonders muß der innere Schenkel das Pferd gleichsam im Gange aufhalten und für das gehörige Vortreten des inneren Hinterfußes sorgen.

Zum Durchreiten der Ecke (Bild 30) gibt der Reiter kurz vorher eine halbe Parade und führt das Pferd auf einem je nach dem Dressurgrad mehr oder minder flach zu bemessenden Kreisbogen durch die Ecke im Travers fort. Da die Hinterhand einen kleineren Bogen zu beschreiben hat als die Vorderhand, so wendet der Reiter sein Pferd auf der

Bild 30.

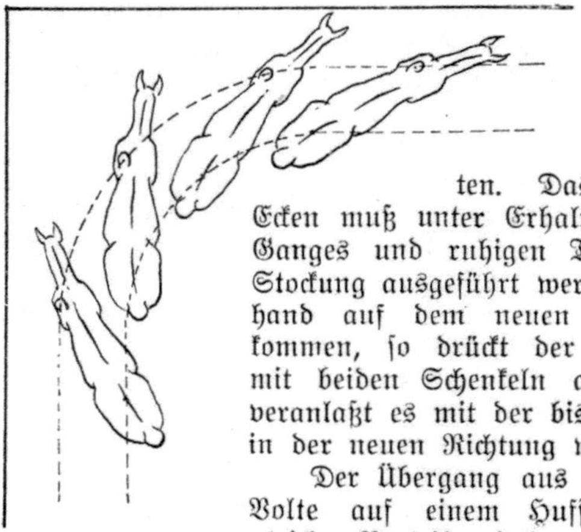

Durchreiten
einer Ecke im
Travers.

Hinterhand mit beweglichem Drehpunkt, ohne also den inneren Hinterfuß bis zum Stehen anzuhalten. Das Durchreiten der Ecken muß unter Erhaltung regelmäßigen Ganges und ruhigen Tempos ohne jede Stockung ausgeführt werden. Ist die Vorhand auf dem neuen Hufschlage angekommen, so drückt der Reiter das Pferd mit beiden Schenkeln an die Zügel und veranlaßt es mit der bisherigen Abstellung in der neuen Richtung weiter zu gehen.

Der Übergang aus dem Travers zur Volte auf einem Hufschlage bietet die gleichen Vorteile wie der aus Schulterherein.

Will man aus dem Travers wieder auf einen Hufschlag übergehen, so drücken beide Schenkel, vorherrschend der innere, das Pferd in der Vorwärtsbewegung in der Richtung der Vorderfüße vor. Haltung und Takt des Ganges dürfen dabei nicht verloren gehen.

Ein Hauptfehler beim Travers ist, den Pferdehals vorherrschend an den Schultern zu biegen und den wenig gebogenen Pferdekörper zu steil zum Hufschlag zu stellen. Die äußeren Füße schreiten dann zu weit über die inneren hinweg und kreuzen sie, wodurch der Gang beeinträchtigt und den Beinen leicht Schaden zugefügt wird. Vermehrter Gebrauch des inneren Schenkels und des äußeren Zügels, der den Hals mehr geraderichtet und die äußeren Füße verhält, wird diesen Fehler verhüten.

Will ein Pferd dem Druck des äußeren Schenkels nicht folgen, so muß der Reiter ihn durch vermehrten Gebrauch des auswendigen Zügels unterstützen. Hartnäckigem Widerstand wird er am leichtesten durch vorübergehendes Umstellen und Schenkelweichen begegnen. Gibt das Pferd hierbei dem Druck des Schenkels nach, so stellt es der Reiter um und versucht von neuem, Travers zu reiten.

Entzieht sich ein Pferd der Biegung des inneren Hinter=
fußes durch zu starkes Hereinstellen der Hinterhand, so muß
der innere Schenkel vermehrt vortreiben, um den inneren
Hinterfuß zu veranlassen, mehr vorwärts als seitwärts zu
treten. Biegen im Gange und Schulterherein werden hier
mit Nutzen anzuwenden sein.

Renvers ist die Konterlektion
des Travers; auch in ihm tritt
das Pferd dahin, wohin es ge=
stellt ist. Der Hufschlag der Vor=
hand liegt im Innern der Bahn
und ist bis zu einem Schritt vom
Hufschlage des inneren Hinterfußes
entfernt.

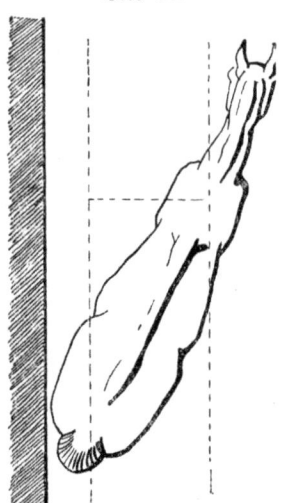

Bild 31.

Renvers.

Der Zweck des Renvers ist,
die Gewandtheit des Pferdes zu
erhöhen und den Reiter geschickter
in Führung und Einwirkung zu
machen.

Zur Vorbereitung dient das
Reiten in Konterstellung.

Sitz und Hilfen sind die glei=
chen wie im Travers. Renvers kann
aus der Konterstellung, die vorher
zu kommandieren ist, entweder
gleichzeitig in der Abteilung oder
von der Tete ab entwickelt werden.

**Renvers — Marsch! Geradeaus! Tete — Renvers! Tete
geradeaus! (Geradeaus!)**

Zur Entwicklung des Renvers aus der Konterstellung
wendet der Reiter die Vorhand ohne Stellungswechsel durch
eine Wendung auf der Hinterhand vom Hufschlage in das
Innere der Bahn, gibt eine halbe Parade und beginnt
Renvers.

Die ganze Parade aus dem Renvers ist dieselbe wie aus
dem Travers. Das Pferd wird hauptsächlich durch den
inneren Schenkel und äußeren Zügel zum Halten gebracht.

Zur Beendigung des Renvers wird die Vorhand auf die
Hinterhand eingerichtet und das Pferd in der bisherigen

Stellung weiter geritten, bis Stellungswechsel kommandiert wird.

Zwei Pferdelängen vor der ersten Ecke der kurzen Wand ist der Seitengang aufzugeben und erst nach der zweiten Ecke wieder zu beginnen. Beide Ecken und die kurze Wand sind auf einem Hufschlag in Konterstellung zu durchreiten.

Im Renvers zeigen sich dieselben Fehler wie beim Travers. Außerdem ist der durch zu starke Halsbiegung hervorgerufene Fehler der Pferde, mit der Hinterhand auszufallen, zu bekämpfen.

Die Übergänge in den Seitengängen haben den Zweck, das Pferd aufmerksamer auf die Hilfen und gewandter zu machen. Häufig können auch die in einem Seitengange vorkommenden Fehler durch einen darauffolgenden anderen Seitengang verbessert werden. Leichter und einfacher und für die Bearbeitung des betreffenden inneren Hinterfußes besonders förderlich sind die Übergänge, bei denen die Längsbiegung des Pferdes unverändert bleibt. Zur Korrektur falscher Biegungen können bei einzelnen Pferden auch Übergänge mit Wechsel der Längsbiegung vorübergehend angewandt werden. Von der Truppe sind nur folgende Übergänge zu fordern:

1. Aus Schulterherein zum Travers von der Tete ab. Seite 111 Abs. 1.

2. Aus Travers zum Schulterherein. Bild 32.

Das Pferd wird auf dem Kreisbogen der Volte auf einem Hufschlage durch beide Schenkel zum Schulterherein in die Bahn vorgedrückt; dann setzen die Schulterhereinhilfen ein. Soll dieser Übergang von der Tete ab ausgeführt werden, so ist er zwei Pferdelängen hinter der zweiten Ecke der kurzen Wand zu beginnen.

3. Aus Travers zum Renvers. Bild 33.

Zum Renvers kurz Kehrt — Marsch!

Die Ausführung erfolgt sinngemäß wie die Kurzkehrtwendung. Nach Beendigung der Kurzkehrtwendung führt

der Reiter das Pferd in schräger Richtung so lange vor=
wärts, bis die Hinterhand den Hufschlag erreicht und

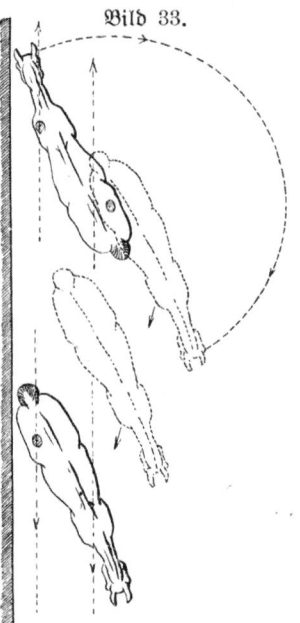

Bild 32.

reitet an der langen Wand in der so ge=
wonnenen Renversstellung, in den Ecken
und an der kurzen Wand in Konterstellung
weiter.

o. Hankenbiegen*).

Alle Lektionen der Dressur bezwecken in
folgerichtigem Aufbau vom Leichteren zum
Schwereren, den nach dem Gebäude des
Pferdes möglichen höchsten Grad von Bieg=
samkeit und Tragkraft der Hinterhand zu
erreichen. Trägt sich das Pferd infolge der
durch Paraden, Seitengänge, Rückwärts=
richten und be=
sonders durch den
abgekürzten Trab
und Galopp er=
zielten Biegung
der Hinterhand
von selbst, so kann
durch die Lektion
Hankenbiegen er=

Übergang
aus Travers zum
Schulterherein.

Bild 33.

höhte Versammlung erreicht werden.
Das Hankenbiegen im Sinne der
Dressur besteht darin, daß sich das
Pferd vornehmlich im Hüft= und
Knie=Gelenk (den Hanken) biegt;
die übrigen Gelenke der Hinter=
hand nehmen an der Biegung teil.
Die Hinterhand nimmt infolge=
dessen einen größeren Teil der Last
auf und gewinnt durch die ver=
mehrte Biegung die Möglichkeit,
die Last mit größerer Kraft ab=
zufedern. Die Gelenke der Hinter=
hand können aber nur dann richtig

*) Siehe auch: Versammelnde Arbeit an der Hand.

durch die Hebelwirkung von Hals und Kopf gebogen werden, wenn das Pferd zur Unterstützung seines Schwerpunktes mit den Hinterfüßen an oder vor eine durch den Hüftknochen gefällte Senkrechte herantritt.

Die Pferde in halben Tritten versammeln! Halt! oder: Gangart!

Der Reiter veranlaßt das geradegerichtete und versammelte Pferd, in halben Tritten vorwärts zu gehen. Durch anregende, wechselseitige Wirkung beider Schenkel müssen die Hinterfüße bis nahe an die Schwerlinie herangeholt werden, während die Hände unter wiederholtem Annehmen und Nachgeben die Last der Vorhand mehr der Hinterhand zuschieben. Je mehr sich das Pferd dabei setzt und je energischer und tatkräftiger es tritt, um so nutzbringender ist die Übung. Der Reiter muß die Belastung und damit die Biegung der Hinterbeine durch leichtes Zurückhalten des Oberkörpers unterstützen. Zügel und Schenkel der Seite, nach der das Pferd auszuweichen versucht, wirken vorherrschend.

Versucht das Pferd, sich dem Hankenbiegen gewaltsam zu entziehen, so war die Hand zu fest oder das Pferd durch die vorhergehenden Lektionen noch nicht richtig vorbereitet oder die Übung war zu lange ausgedehnt.

Durch das Hankenbiegen muß das Pferd leichter in der Hand und schwungvoller im Gange werden.

Die Ansprüche in dieser Lektion sind nur ganz allmählich zu steigern, da sonst Widersetzlichkeit hervorgerufen und den Gelenken der Hinterhand Schaden zugefügt wird.

Ein kunstgerechter Reiter wird schließlich imstande sein, das Hankenbiegen auch auf der Stelle auszuführen (Bild 34). Von der Truppe ist dies nicht zu fordern.

p. Kontergalopp.

Im Kontergalopp ist das Pferd nach der äußeren Seite der Bahn gestellt, galoppiert dieser Stellung entsprechend und muß somit gegen seine Biegung wenden.

Da es dem Pferde im Kontergalopp schwerfällt, seinen Körper in der Wendung zu stützen, so bedarf es hierzu besonderer Übung. Die Lektion verfolgt daher auch den Nebenzweck, das Pferd für solche Wendungen geschickt zu machen und die Gefahren zu mildern, denen die Pferdebeine bei Galoppbewegungen der Truppe ausgesetzt sind.

Der Hauptwert der Übung besteht darin, daß sie die Versammlung und Gewandtheit des Pferdes erhöht und den Reiter in seinem Gefühl, in der Einwirkung und Führung vervollkommnet.

Bild 34.

Hankenbiegen.

Zum Übergang in den Kontergalopp empfiehlt sich eine Kehrtwendung aus der zweiten Ecke der langen Seite, weil dann das Pferd eine längere Linie vor sich hat, ehe es in Konter- stellung wenden muß. Je enger die Kehrtwendung geritten wird, desto leichter ist der Übergang zum Kontergalopp.

Die Ecken sind anfangs möglichst abzurunden; die Reiter müssen dabei gut nach innen, also nach der Seite der vorgreifenden Füße sitzen. Wenn auch bei den ersten Übungen eine leichte Renversstellung zugestanden werden darf, so ist doch bald darauf zu halten, daß die Pferde auf einem

Huffschlag galoppieren. Auch im Kontergalopp muß das Pferd geradegerichtet sein, so daß der innere Hinterfuß der Spur des gleichseitigen Vorderfußes folgt und nicht dicht an der Wand fußt. Der Reiter muß die Vorhand ohne Verstärkung der Halsbiegung so gegen die Wand führen, als ob er durch sie hindurchreiten wollte. Auf diese Weise wird der innere Vorderfuß der Bande genähert, während der innere Hinterfuß von ihr in gleicher Weise entfernt und auf den richtigen Huffchlag gebracht wird.

Sobald sich die Pferde mit einiger Sicherheit ohne Zulegen des Tempos beim Durchreiten der Ecken im Kontergalopp halten, kann dieser auch durch Changieren durch die halbe Bahn ohne Wechsel, durch Angaloppieren in Konterstellung aus dem Schritt und abgekürzten Trabe, durch Fußwechsel und Kurzkehrtwendung aus dem abgekürzten Galopp entwickelt werden.

Ohne Wechsel durch die halbe Bahn changiert! oder zum Fußwechsel aus dem abgekürzten Galopp: **Changiert!** oder: **Ohne Wechsel kurz Kehrt — Marsch!**

Je sicherer und erhabener sich die Pferde im abgekürzten Galopp tragen, desto leichter werden sie sich im Kontergalopp halten. Der Kontergalopp wird nur im abgekürzten Tempo geritten.

Mit vollendeter Dressur kann der Kontergalopp auf dem Zirkel, beim Reiten der Schlangenlinien und der Acht zum Gegenstand der Übung gemacht werden.

q. Schließen. Bild 35.

Das Schließen ist ein Seitwärtstreten des Pferdes, wodurch der Reiter sich mit Beibehaltung seiner Front seitwärts bewegen will. Der Kopf des Pferdes ist dahin gestellt, wohin es treten soll. Die Vorhand geht der Hinterhand voraus.

Das Schließen wird nur in der aufmarschierten Abteilung aus dem Halten und auf wenige Schritte vorgenommen.

Eskadron rechts (links) schließt Euch — Marsch! Halt!

Zum Schließen versammelt der Reiter sein Pferd, stellt es mit geringer Kopfstellung nach rechts (links) und sieht selbst dorthin. Dann setzt er sich ein wenig nach innen,

Bild 35.

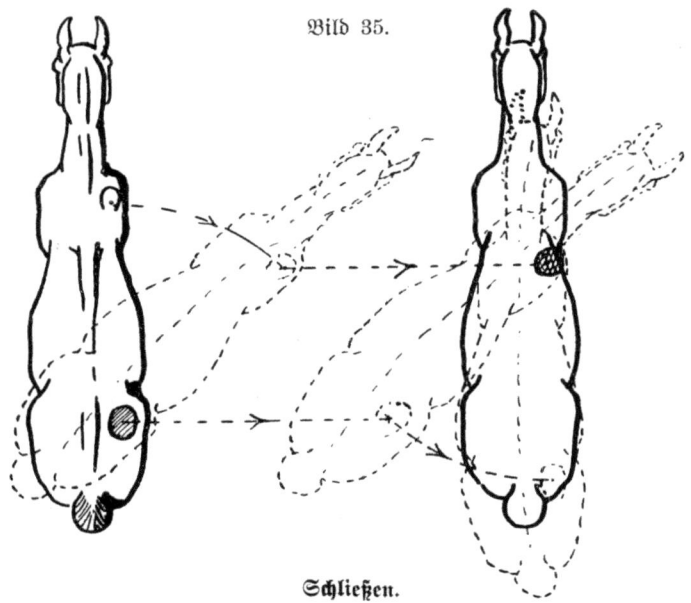

Schließen.

wendet das Pferd auf der Hinterhand halbrechts (halblinks) und veranlaßt es mit dem hinter dem Gurt liegenden äußeren Schenkel, im ruhigen, gleichmäßigen Schritt seitwärts zu schreiten. Der führende innere Zügel erhält die Kopfstellung, während der äußere ein Überschreiten der einzuhaltenden Frontlinie durch entsprechendes Annehmen verhindert und das Weichen vor dem äußeren Schenkel durch halbe Paraden gegen den äußeren Hinterfuß unterstützt. Der innere Schenkel am Gurt verhindert durch seine vortreibenden Hilfen, daß das Pferd zurückkriecht.

Auf: **Halt!** wird das Pferd mit beiden Zügeln und durch vorherrschenden Gebrauch des inneren Schenkels pariert und durch eine Achtelwendung auf der Vorhand mit entgegengesetzter Kopfstellung halblinks (halbrechts) wieder senkrecht zur Frontlinie gestellt. Da der Reiter durch die Achtelwendung beim Schließen etwa einen Schritt hinter die Frontlinie gelangt, so muß er nach dem Halten sein Pferd entsprechend vordrücken.

19. Einzelreiten.

Das Einzelreiten ist sowohl für die Reitausbildung wie für die soldatische Erziehung, die Hand in Hand gehen müssen, von großer Wichtigkeit.

Der Reiter wird durch sachgemäß betriebenes, abwechslungsreiches Einzelreiten zum selbständigen Denken und Handeln erzogen und zur vollen Beherrschung seines Pferdes gebracht. Für die Dressur des Pferdes hat das Einzelreiten den Vorteil, daß der Reiter, ohne an Tempo oder Abstand gebunden zu sein, so arbeiten kann, wie es für die Ausbildung seines Pferdes am besten ist. Auch der Herdentrieb des Pferdes, die Grundursache des Klebens, wird durch Einzelreiten erfolgreich bekämpft. Dem Reitlehrer gibt es die beste Gelegenheit, sich mit dem einzelnen Mann und Pferd eingehend zu beschäftigen, beider Fehler zu erkennen und abzustellen.

Das Einzelreiten ist dauernd zu üben, sobald der Reiter auf sein Pferd einigermaßen einwirken kann. Anfangs werden die Lektionen vom Reitlehrer bestimmt. Später sind die Reiter zu selbständiger Arbeit anzuhalten. Sie sollen beim Einzelreiten lernen, unter voller Bewahrung des richtigen Sitzes durch sachgemäße Einwirkung ihr Pferd in die beste Haltung zu bringen. Die Reiter müssen die selbstgewählten Hufschlagsfiguren und das Tempo genau innehalten und dürfen nicht nur das reiten, was die Pferde anbieten.

Die Anforderungen richten sich nach dem erreichten Ausbildungsgrad und sind stufenweise zu steigern. Mit den leichtesten Übungen ist zu beginnen. Jede neue Lektion ist den Reitern einzeln zu lehren. Anfangs wird nur auf derselben Hand, später auch gegeneinander geritten. Besser ist es, wenige Lektionen richtig, als viele in mangelhafter Ausführung zu reiten.

Beim Einzelreiten arbeiten entweder alle Reiter gleichzeitig ihre Pferde (Durcheinanderreiten), oder es werden nur einzelne Reiter dazu bestimmt. In nachstehendem sind die gebräuchlichsten Arten aufgeführt.

1. Die ganze Abteilung wird aufgelöst und jeder Mann reitet für sich. Der Lehrer gibt die Hand an, auf der geritten werden soll, unter Umständen auch für die ganze

Abteilung oder einzelne Reiter Gangart, Tempo und Lektion.
In der Bahn wird hierbei in der Regel nur auf einer Hand
geritten oder auf einem Zirkel auf der rechten, auf dem
andern auf der linken Hand. Dieses Durcheinanderreiten ist
die leichteste und nützlichste Art der Einzelarbeit. Es bietet
gegenüber den anderen Arten den Vorteil der besten Zeit=
ausnutzung. Abgesehen vom ersten Reitunterricht der Re=
kruten und dem Anreiten der Remonten sollte grundsätzlich
im Anfang der Reitstunde diese Art des Einzelreitens aus=
giebig angewendet werden, um dem Reiter Gelegenheit zu
geben, in den seinem Pferde nützlichen Lektionen zu arbeiten.

2. Die Abteilung befindet sich auf dem Hufschlage,
während einzelne Leute innerhalb der Bahn reiten.

3. Die Abteilung steht geschlossen in der einen Bahn=
hälfte oder reitet auf einem Zirkel. Die gegenüberliegende
Bahnhälfte und der Hufschlag der ganzen Bahn werden zum
Einzelreiten benutzt. Diese Art des Einzelreitens stellt in=
folge der vielen auszuführenden Wendungen und der
Neigung der Pferde, nach der Abteilung zu drängen, höhere
Anforderungen an Reiter und Pferd als die anderen Arten
und sollte erst dann betrieben werden, wenn die Reiter ihre
Pferde einigermaßen in der Gewalt haben. Sie bietet den
besten Anhalt zur Beurteilung, wie weit die Ausbildung
gediehen ist. Ein weiterer Vorteil dieser Art des Einzel=
reitens liegt darin, daß die Reiter gezwungen werden, ihre
Hilfen genau abzumessen, daß die Pferde wendig gemacht
und im Gehorsam befestigt werden. Auch kann der Lehrer
die einzelnen Reiter hier am besten überwachen. Die schnell
aufeinanderfolgenden Wendungen verleiten indessen die
Reiter leicht zum vorherrschenden Gebrauch der Hände, auch
verlieren die Pferde durch die gebotene Kürze des Ganges
leicht den Schwung. Treten diese Fehler auf, so empfiehlt
es sich, auf dem Hufschlage der ganzen Bahn freie Gänge
reiten zu lassen. Da der größere Teil der Abteilung untätig
sein muß, so sollte diese Art des Einzelreitens nur dann ge=
wählt werden, wenn für den Reitunterricht ausreichende Zeit
zur Verfügung steht. Zur dauernden Bekämpfung des
Herdentriebes erfolgt das Einrücken zur Abteilung grund=
sätzlich im Schritt mit langen Zügeln.

Um zu verhindern, daß die Reiter beim Einzelreiten

9*

und Durcheinanderreiten sich gegenseitig stören, müssen sie dazu erzogen werden, aufeinander Rücksicht zu nehmen. Dazu gehört: Freihalten des Hufschlages im Schritt, Halten nur in der Mitte eines Zirkels, rechtzeitiges Ausweichen stets rechts und kein Kreuzen nach dem Vorbeireiten.

Außer der Fertigkeit im Einzelreiten bedarf der Reiter einer besonderen Unterweisung, um im Falle einer Wider= setzlichkeit des Pferdes seinen Willen durchsetzen zu können.

Man beginnt mit dazu geeigneten Übungen bereits in der Bahn und zwar zu einem Zeitpunkt, wo der Reiter das Pferd mit Schenkel und Zügel soweit als nötig be= herrscht. Dabei wird es sich auch herausstellen, welche Pferde der Nachdressur bedürfen, weil die Ursache ihres Widerstandes Unrittigkeit ist.

Nachstehende Übungen sind zur Prüfung der Einwirkung des Reiters geeignet:

Reiten gegen die Abteilung,

Reiten neben dem Hufschlag in einer bestimmten Ent= fernung von der Bande,

Reiten durch die Zwischenräume einer geöffneten Abteilung,

Abwenden vom Hufschlag aus der Abteilung und gerades Aufstellen des Pferdes in der Bahn,

Herausreiten aus dem geschlossenen Gliede,

Reiten durch Lücken im Gliede,

Anlegen von bestimmten Hufschlagsfiguren in der Nähe der Abteilung,

Überwinden von schmalen, nicht zu hohen Hindernissen.

Das Herausfordern des Widerstandes des Pferdes durch künstliche und unnatürliche Mittel ist verboten.

Damit diese Übungen ihren Wert behalten, ist die nötige Abwechslung zu schaffen und jedes einspielende Einerlei zu vermeiden. Eine Übermüdung der Pferde durch allzuhäufige Wiederholung darf nicht stattfinden. Aus der Bahn werden die Übungen ins Freie übertragen, wo neben Hochsprüngen auch Gräben, Wälle und Klettergruben überwunden werden müssen. Derartige Hindernisse sollten bei keinem Regiment fehlen. Die beste Gelegenheit, die Einwirkung des Reiters und den Gehorsam der Pferde weiter auszubilden, bietet das Gelände. Hier sind es in erster Linie tief eingeschnittene,

breite Wassergräben, Wasserläufe sowie steile Hänge, die bei
den Pferden leicht Ungehorsam hervorrufen und daher am
häufigsten aufgesucht werden müssen. Zu diesen Übun=
gen muß die nötige Zeit gefunden werden.

20. Reiten mit Lanze.

Um die Lanze sicher und geschickt, besonders im Hand=
gemenge, führen zu können, sind häufige Übungen er=
forderlich.

Beim Reiten mit Lanze ist der vorgeschriebene Sitz bei=
zubehalten, besonders darf die rechte Hüfte und damit
die rechte Schulter nicht zurückgenommen werden. Beide
Schultern müssen in gleicher Höhe bleiben. Der Reiter darf
weder den Oberkörper vorwärts neigen, noch das Gesäß
aus dem Sattel heben. Bei angefaßter Lanze müssen rechtes
Knie und rechtes Fußgelenk die richtige Lage und Los=
gelassenheit beibehalten.

Bei Handhabung der Lanze muß der Reiter vermehrten
Knieschluß nehmen, nach Bedarf die Bügel austreten und
sich, um den Stichen den gehörigen Nachdruck zu geben, ohne
das Gesäß zu lüften und den linken Oberarm abzusperren,
mit dem Oberleib in den Stich hineinlegen. Da die Pferde
beim Lanzengebrauch durch unruhige Führung leicht ver=
dorben werden, so ist die Zügelhand grundsätzlich fest auf
den Mähnenkamm aufzusetzen. Für das schnelle Herum=
werfen des Pferdes nach allen Seiten kommen fast nur Ge=
wichts= und Schenkelhilfen in Betracht.

Das Abreiten zu Einem mit Lanzenübungen geschieht
nach den für das Abbrechen aus der Abteilung gegebenen
Bestimmungen. Die Lanzenübungen selbst werden nach der
Vorschrift für die Waffenübungen ausgeführt. Die Reiter
fällen die Lanze so früh, daß sie die Übung vor dem Lehrer
ausführen können.

Vorbedingung für richtige Ausführung von Stichen ist,
daß die Pferde mit Ruhe an den Stechgegenständen vorbei=
gehen. Wird im Trabe gestochen, so geschieht dies nur im
Exerziertrabe.

Nur in der Hand eines Reiters, der sein
Pferd völlig beherrscht, ist die Lanze dem
Säbel überlegen.

21. Springen.

Sicheres und geschicktes Überwinden von Hindernissen ist die Vorbedingung für gutes Reiten im Gelände. Um allen Anforderungen zu genügen, die hier an die geschlossene Truppe oder an den einzelnen Reiter herantreten, bedürfen Reiter und Pferd gründlicher Vorbereitung und dauernder Schulung.

Vom Reiter werden gefordert: Ein von der Hand unabhängiger Sitz bei leichter Zügelanlehnung, weiches Sichanpassen und Mitgehen mit der Bewegung, Vermeiden jeder Störung des Pferdes im Maul und Rücken.

Das Pferd führt einen Sprung richtig aus, wenn es ohne zu stutzen oder zu stürmen im ruhigen, gleichmäßigen Tempo an das Hindernis herangeht, weder zu früh noch zu spät abspringt, das Hindernis mit möglichst geringer Kraftanstrengung überwindet, und sich darauf im gleichen Tempo wie vor dem Sprunge auf gerader Linie weiter fortbewegt.

Bei Kandarenzäumung darf nur mit angefaßter oder durchgezogener Trense gesprungen werden.

Vor dem Sprunge versichert sich der Reiter durch vortreibende Hilfen der Anlehnung an das Gebiß und reitet mit geradegestelltem Pferde senkrecht auf die Mitte des Hindernisses los. Zieht das Pferd das Hindernis an, so ist ihm so viel Zügelfreiheit zu geben, wie es dem Reiter abverlangt.

Während des ganzen Sprunges muß der Oberkörper gut mit der Bewegung des Pferdes mitgehen (Bild 36, 37 und 38 auf S. 125 u. 126).

Beim Heben zum Sprunge sowie während des Sprunges ist es daher erforderlich, daß der Reiter bei festem Schluß nicht hinter der Bewegung des Pferdes zurückbleibt, sondern mit vorgeschobenem Gesäß in die Auf- und Vorwärtsbewegung des Pferdes geschmeidig eingeht. Dem Halse, den das Pferd im Sprunge streckt, muß am leichten Zügel die nötige Freiheit gelassen werden. Der Reiter muß daher aus dem Ellbogen- und Schultergelenk nachgeben; in einzelnen Fällen kann sogar ein vermehrtes Mitgehen des ganzen Armes und des Oberkörpers geboten sein. Fehlerhaft ist es, dem Pferde den Absprung andeuten zu wollen oder im Augenblick des Sprunges, anstatt die leichte Anlehnung am Zügel zu bewahren, das Pferd ganz aus der Hand zu lassen, da es auf die bisherige Anlehnung vertrauend sich den Sprung einteilt. Geht die Anlehnung plötzlich verloren, so wird das

Bild 36.

Absprung.

Pferd gestört. Besonders fehlerhaft ist auch jedes Rückwärts= wirken und Steigen der Hände.

Der Reiter nimmt vermehrten Knieschluß und drückt mit etwas nach außen gedrehter Fußsohle die Absätze so tief wie möglich nach unten. Knie und Unterschenkel bleiben fest und flach am Pferde liegen, die Füße können bis zum Spann durch den Bügel gesteckt werden. Bei schweren Sprüngen sind kürzer geschnallte Bügel, sowie vermehrtes geschmeidiges Mitgehen des Oberkörpers und der Arme mit der Bewegung des Pferdes nötig. Die Hände sollen, ohne das Pferdemaul

Bild 37.

Schweben.

Bild 38.

Landen.

im geringften zu ftören, bei ganz leicht anftehenden Zügeln der Bewegung des fich ftreckenden Pferdehalfes folgen. Beim Landen dienen die Knie des Reiters als Stoßfänger, indem fie fein ganzes Gewicht federnd auffangen und dadurch die Vorderbeine entlaften. Stolpert ein Pferd beim Landen oder verliert es die Vorderfüße, fo verlegt der Reiter, indem er nötigenfalls die Zügel durchgleiten läßt, fein Gewicht mehr nach rückwärts, damit das Pferd volle Freiheit hat fich wieder aufzurichten. Der lange Zügel ermöglicht dem Pferde ein befferes Untergreifen der Hinterhand zum Aufrichten und zieht den Reiter nicht auf die Schultern des im Fallen be= griffenen Pferdes. Fühlt der Reiter bei einem Weitfprung, daß das Pferd mit der Hinterhand nicht richtig landet, fo muß er zu deren Entlaftung das Gewicht des Oberkörpers mehr nach vorn auf die bereits gelandete Vorhand legen.

Nach dem Sprunge ift das Pferd geradeaus weiter zu reiten, um der Neigung der Pferde, nach dem Hindernis nach einer Seite abzuweichen, entgegenzuwirken.

Pferde, die zu feft gehalten werden, brechen aus, bleiben vor dem Hindernis ftehen oder machen Fehler, die das überwinden des Hinderniffes in Frage ftellen, falls fie nicht aus Selbfterhaltungstrieb dem Reiter mit Gewalt die Hand nehmen und fich fo Luft verfchaffen; ein ftürmifches, kopflofes Springen ift dann meift die Folge. Pferde, denen der Kopf in der Höhe feftgehalten wird, können den Rücken nicht genügend gebrauchen; fie bleiben dann leicht mit der Hinterhand im oder auf dem Hindernis hängen.

Verfagt ein Pferd beim Springen den Gehorfam, fo wird es faft immer darauf ankommen, es zur gleichmäßigen Anlehnung an das Mundftück zu zwingen. Nur dadurch wird der Vortritt in gerader Richtung auf das Hindernis gewährleiftet. Der Reiter hat deshalb vor allem bei möglichft geftrecktem Sitz und gefpanntem Kreuz durch Spannen der Zügel die verlorengegangene Verbindung zwifchen Hand und Pferdemaul wiederherzuftellen. Ift das Pferd auf Kandare gezäumt, fo find die Zügel fofort zu teilen. Auch ift es zweckmäßig, die Trenfe vorwiegend zur Wirkung zu bringen.

Die meiften Pferde, die die Neigung haben, auszu= brechen, werden dies nach links verfuchen, indem fie den rechten Hinterfuß seitwärts stellen. Der Reiter beugt diesem Fehler dadurch vor, daß er das Pferd rechts schulterhereinartig geraderichtet und so gegen das Hindernis reitet.

Bleibt ein Pferd unmittelbar vor einem Hindernis stehen, das nur mit einem gewissen Anlauf überwunden werden kann, so gewinnt der Reiter den nötigen Abstand durch Rückwärtsrichten. Dann reitet er mit etwas zurückgeneigtem Oberkörper und energisch vortreibenden Hilfen erneut an und wiederholt erforderlichenfalls dieses Verfahren bis zum Erfolg. Hat ein Pferd das Herz zum Springen verloren, so ist das Hindernis wenn möglich niedriger zu stellen, oder ein Führpferd zu verwenden. In einzelnen Fällen wird das Pferd das Vertrauen nur durch Einspringen an der Hand (Longe) wiedergewinnen.

Verweigert ein Pferd schon aus einiger Entfernung das Herangehen an ein Hindernis durch Stehenbleiben, so teilt der Reiter sofort die Zügel und sucht das Pferd durch rasch aufeinanderfolgende, kräftig vortreibende Hilfen zum Vortritt der Hinterfüße zu bewegen. Er belastet diese durch Zurückneigen des Oberkörpers mit gespannten Zügeln und nach Bedarf höher gestellten Händen so lange, bis das Pferd die Hinterhand durch Vorwärtsgehen zu entlasten sucht. Gelingt es dem Reiter trotzdem nicht, auf einem Hufschlage vorwärtszukommen, so muß er versuchen, sich durch eine schulterhereinartige Lektion dem Hindernis zu nähern.

Bricht ein Pferd vor dem Hindernis aus, so wird es sobald als möglich pariert und so weit rückwärts gerichtet, bis es den zum Anreiten nötigen Abstand vom Hindernis gewonnen hat. Dann wird es schulterhereinartig vor die Mitte des Hindernisses geführt und erneut angeritten. Solange die Entfernung des Pferdes vom Hindernis durch das Ausbrechen nicht zu groß geworden ist, muß der erneute Anlauf zum Springen grundsätzlich durch Zurücktreten und Schenkelweichen gewonnen werden, weil dann nicht nur die Strafe dem Ungehorsam sofort auf dem Fuße folgt, sondern auch gleichzeitig der Sprung durch die beim Rückwärtsrichten erzielte Biegung der Hinterbeine am besten vorbereitet wird. Eine zweimalige Kehrtwendung zum Gewinnen des erneuten

Anlaufes vermag dagegen dem Ausbrechen nicht so wirksam und dauernd zu begegnen.

Macht ein Pferd vor einem Hindernis kehrt, so muß es der Reiter durch eine Wendung auf der Vorhand nach der entgegengesetzten Seite wieder nach dem Hindernis wenden. Hat das Pferd, wie es meist der Fall sein wird, linksum kehrtgemacht, so muß der Reiter sich mit energischen, durch Spornstich verstärkten Schenkelhilfen des rechten Hinterfußes versichern. Der linke Zügel darf dem Pferde hierbei keine Stütze zum erneuten Kehrtmachen bieten, und muß daher ganz nachgegeben werden. (Rechte Hand hinters Knie, linke Hand vor.) Ist das Pferd auf Kandare gezäumt, sind die Zügel sofort zu teilen. Besondere Verhält-nisse, wie glatter Boden, Mangel an Zeit, können es jedoch rechtfertigen, daß das Pferd in der gleichen Richtung, nach der es das erstemal kehrtmachte, gewendet und dann mit kräftigen Schenkel- und Sporenhilfen, namentlich auf der äußeren Seite, vorwärts getrieben wird. Auf diese Weise wird der Reiter häufig rascher zum Ziele kommen, selbst wenn er das Pferd auch mehrere Male in der Richtung wenden muß, nach der es das erstemal kehrtgemacht hat. In diesem Falle ist jedoch die zweite Kehrtwendung, wenn auch wider den Willen des Pferdes ausgeführt, vom reiterlich erzieherischen Standpunkt aus kein Brechen des Ungehorsams. Der volle Gehorsam wird nur durch die Wendung in der entgegengesetzten Richtung erreicht.

Da das Pferd dem einseitig wendenden inneren Zügel durch Seitwärtsabschieben nach der entgegengesetzten Richtung in der Bewegung viel größeren Widerstand als im Stehen entgegenzusetzen vermag, so muß der Reiter die Wendung stets aus dem Halten ausführen. Das dem Zügelanzuge seitwärts ausweichende Pferd wird in entgegengesetzter Stel-lung zum Halten gebracht und dann durch eine Wendung auf der Vorhand in die gewünschte Richtung gestellt. Bei dieser Maßnahme kann sich das Pferd auch niemals weit vom Hindernis entfernen.

Schickt sich das Pferd an, das Hindernis zu überwinden, so gestattet ihm der Reiter das zur Erhaltung des Gleich-gewichts notwendige Strecken von Hals und Kopf durch so-fortiges Vorgehen der Hand und entsprechende Verlängerung

der Zügel und geht mit seinem Oberkörper in die Sprung=
bewegung ein. Unmittelbar nach dem Sprunge ist das Pferd
für seinen Gehorsam zu beloben.

Hat ein Reiter nach längerem Kampfe seinen Willen
durchgesetzt, dann sollte er sich am selben Tage mit dem ein=
maligen Erfolge begnügen, aber nicht durch Wiederholung
oder gar Steigerung seiner Forderung den nunmehr guten
Willen und die Unterwürfigkeit des Pferdes auf eine zu harte
Probe stellen. Viele Reiter wollen den Erfolg immer mehr
festigen und gehen durch zu häufige Wiederholung ihrer
Forderung des oft mühsam errungenen Sieges wieder ver=
lustig. Ein Pferd, das einen Sprung verweigert hat, darf
nicht früher einrücken, als bis es das Hindernis über=
wunden hat.

Zieht ein temperamentvolles Pferd schon
von weitem das Hindernis an, so ist es nicht mit
Gewalt in eine kürzere Gangart zu zwingen, sondern all=
mählich an ein ruhigeres Überwinden des Hindernisses zu
gewöhnen. Durch vieles Springen über mehrere niedrige,
mit verschiedenen Abständen hintereinander stehende Hinder=
nisse werden heftige Pferde bald zum ruhigeren Springen
veranlaßt.

Faule und lauerige Pferde sind durch kräftig
vortreibende Hilfen zu einem fließenden Sprunge zu ver=
anlassen.

Von Gerte oder Bahnpeitsche ist möglichst beschränkter
Gebrauch zu machen. Beide sind nur bei trägen und kitzlichen
Pferden zu verwenden.

Im Gliede werden nur Hindernisse von mittleren Ab=
messungen springend zu überwinden sein. An den Offizier
sowie an jeden Patrouillen= oder Meldereiter treten jedoch
häufig auch höhere Anforderungen heran. Beim Überwinden
bedeutenderer Hindernisse muß der Reiter, um dem Pferde
den Sprung zu erleichtern, ohne aufzustehen den Oberkörper
weit in die Bewegung hineinneigen; die Hände haben ver=
mehrt nachzugeben. Bei breiten und namentlich bei hohen
Sprüngen kommt alles darauf an, daß der Reiter sein Pferd
nicht mit der Hand stört und es mit seinem Gewicht so wenig
wie möglich behindert. Weitsprünge erfordern rasches Gegen=
reiten, bei Hochsprüngen muß man dem Pferde Zeit zur

nötigen Versammlung lassen, damit es sich in hohem Bogen abschnellen kann.

Für das Soldatenpferd bleibt die Hauptsache, daß es das Hindernis auf eine seine Kräfte möglichst schonende Art überwindet. Daher wird das Soldatenpferd sehr häufig durch Klettern die Hindernisse vorteilhafter überwinden als durch Springen. Siehe „Geländereiten".

22. Verhalten auf ungehorsamen Pferden.

Durch sachgemäße Reitausbildung wird der Gehorsam dem Pferde so zur Gewohnheit werden, daß ernstliche Widersetzlichkeiten zu den Ausnahmen gehören. Um aber beim Widerstreben des Pferdes ein richtiges Verfahren einschlagen zu können, muß der Reiter wissen, wie er sich bei jeder Art von Ungehorsam zu verhalten hat. Treten im Laufe der Reitausbildung bei einzelnen Pferden Widersetzlichkeiten auf, so ist das richtige Korrekturverfahren auch für die übrigen Reiter der Abteilung zum Gegenstand der Belehrung zu machen.

In den meisten Fällen sind fehlerhafte Einwirkungen des Reiters und ungenügende Vorbereitung des Pferdes die Ursache des Ungehorsams. Auch benutzen die Pferde oft äußere Umstände, sich von den Hilfen loszumachen und sich dadurch der ihnen unbequemen Biegung des Genicks oder der Hinterbeine zu entziehen. Der Reiter soll daher nicht nur darauf bedacht sein, seinen Willen durchzusetzen, sondern er muß auch die wirklichen Ursachen des Ungehorsams zu erkennen und abzustellen suchen.

Wenn durch vorherrschende oder fehlerhafte Einwirkungen mit den Zügeln und mangelnde Schenkeltätigkeit Widersetzlichkeiten hervorgerufen worden sind, wird die planmäßige Korrektur in erster Linie darin bestehen müssen, daß man energisch vorwärts reitet und das Pferd dadurch wieder gleichmäßig an die Zügel bringt.

Nötigen die Umstände dazu, den Gehorsam durch Kampf zu erzwingen, so muß der Reiter trotz der dabei unentbehrlichen Energie stets seine Ruhe und Überlegung bewahren.

Etwa notwendige Strafen müssen ohne jede Leidenschaft und Erregung erteilt und schon beim geringsten Entgegenkommen des Pferdes mit Lob vertauscht werden; bilden doch

Lob und Strafe ein wichtiges Verständigungsmittel zwischen Mensch und Tier. Alle Strafen müssen indessen mit einem gewissen Nachdruck erteilt werden. Viele Reiter fehlen hiergegen, indem sie gewissermaßen erst vorsichtig anfragen, wie das Pferd die Strafe aufnehmen wird. Hierdurch geben sie ihm Zeit zur Überlegung, steigern seine Widerstandskraft und ziehen den Kampf oft bis zur eigenen Erschöpfung in die Länge.

Bei der Korrektur ungehorsamer Pferde ist die sonst gebotene Losgelassenheit des Reiters nicht mehr am Platze. Die Zügel lassen sich nur dann in der bei allen Widersetzlichkeiten gebotenen Spannung erhalten, wenn der Reiter selbst in vollständiger Spannung sitzt. Er wird so auch energischer auf das Pferd einwirken und allen Zufälligkeiten besser begegnen können.

Jeder Zügelanzug muß auf den gleichseitigen Hinterfuß wirken. Die äußere Hand darf daher beim Wenden nicht über den Widerrist drücken. Es muß also vorherrschend mit dem inneren Zügel gewendet werden. Um dies ausführen zu können, ist es unbedingt geboten, beim Reiten auf Kandare rechts und links gleichwertige Einwirkungen herzustellen. Man teilt daher sofort die Zügel und schaltet, wenn nötig, die Wirkung der Kandare aus, so daß man nur mit der Trense reitet. Die Hände sind so weit auseinander zu stellen, daß der Zügelanzug jederzeit einem Ausweichen der Hinterbeine begegnen kann.

Die bei der Führung mit angefaßter Trense vorkommenden Fehler sind bei Korrekturen besonders zu vermeiden. Sie sind in vielen Fällen die alleinige Veranlassung zum Ungehorsam. Wie der Reiter dem Verweigern des Vorgehens in einer bestimmten Richtung, dem Stehenbleiben, Wegbrechen oder dem Umkehren des Pferdes zu begegnen hat, ist beim Springen eingehend geschildert.

Scheue Pferde müssen mit Geduld und Nachsicht behandelt werden, da das Scheuen in vielen Fällen auf schlechtem Sehvermögen beruht. Glaubt man auf gütlichem Wege nicht zum Ziele gelangen zu können oder zeigt das Pferd hartnäckige Widersetzlichkeit, so stellt man den Kopf des Pferdes dahin, wohin es ausweichen will. Scheut z. B. ein Pferd vor einem auf seiner

linken Seite befindlichen, stehenden oder ihm entgegenkommen=
den Gegenstand (Bild 39), so wird es nach rechts auszuweichen
oder umzukehren versuchen, sich also mit seinen linken Beinen
nach rechts seitwärts abschieben. Durch starke Kopfstellung nach

rechts, oder im Bedarfsfalle
durch eine schulterhereinartige
Stellung nach rechts wird
die seitwärts schiebende Kraft
der linken Gliedmaßen ge=
brochen. Der Reiter kann
dann das Pferd mit dem
äußeren, also dem linken
Zügel und durch Vorwirken
des rechten Schenkels je nach
Bedarf in stärkerer oder gerin=

Bild 39.

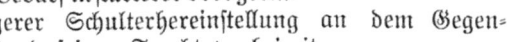

gerer Schulterhereinstellung an dem Gegen=
stand seiner Furcht vorbeireiten.

Ein bockendes Pferd versucht der
Reiter durch vortreibende Schenkelhilfen zum
Vorwärtsgehen zu veranlassen, da dann die
bockenden Bewegungen des Pferdes leichter
auszusitzen sind. Die Hände steigen und
suchen durch kräftig hebende Anzüge Kopf und
Hals des Pferdes in die Höhe zu bringen,
erforderlichenfalls durch ruckweise nach oben
wirkende Zügelhilfen. Das Gesäß bleibt im
Sattel. Bei stark bockenden Pferden jedoch
stellt sich der Reiter mit vollkommen gestreckten
Beinen in die Bügel, wodurch das Gesäß dem
Stoß entgeht; die Hände wirken energisch
nach oben oder fassen in die Mähne. Die

Hauptsache bleibt, vorwärts zu reiten, dann hat der Reiter
gewonnen.

Einzelne Pferde zeigen, namentlich wenn sie beim ersten
Anreiten falsch behandelt werden, nach dem Aufsitzen eine ge=
wisse Empfindlichkeit im Rücken und Neigung zum Bocken
(Sattelzwang). Hier sind alle starken Einwirkungen und Ge=
waltmittel unangebracht, weil sie das Unbehagen und die
Spannung des Pferdes nur vermehren. Der Reiter erleichtere
vielmehr dem Pferde das Angehen durch vorgeneigten Sitz

bei leichter Führung und vermeide anfangs jede Berührung mit dem Schenkel. Auch müssen solche Pferde, wenn möglich, längere Zeit vor dem Aufsitzen gesattelt und die Gurte nur allmählich und nicht zu fest angezogen werden.

Steigen ist eine Unart, zu der häufig stätische, scheue und ängstliche Pferde ihre Zuflucht nehmen, um sich vom Zügel loszumachen und das Vorgehen in einer bestimmten Richtung zu verweigern. Sie findet sich aber auch bei solchen, die hinter dem Zügel sind und die Genick= oder Ganaschenbiegung versagen. Manche Pferde werden durch eine zu harte Hand, rohe Behandlung des Reiters oder durch zu scharfe, Schmerz verursachende Zäumung zum Steigen veranlaßt, weil sie sich diesen Einwirkungen auf keine andere Weise zu entziehen wissen.

Beim Steigen steift das Pferd die Hinterbeine und verwendet hauptsächlich die Streckmuskeln der Hinterhand in Verbindung mit denen des Rückens und des Halses zum Erheben der Vorhand. Will sich das Pferd der Einwirkung durch Steigen entziehen, so muß der Reiter vor allem versuchen, es in Bewegung zu setzen, da das Pferd nur aus dem Stehen zu steigen vermag. Gelingt es nicht mehr, das Pferd vorwärts zu reiten, so wird der Reiter in leichteren Fällen das Steigen dadurch verhindern können, daß er das Pferd nach der nachgiebigen Seite hin stark abbiegt. Nötigenfalls kann er den Pferdekopf bis zu seinem Knie herumnehmen. Hierdurch wird das Zusammenwirken der Streckmuskeln des Halses mit jenen des Rückens und der Hinterbeine unterbrochen und dem Pferde die Fähigkeit zum Steigen genommen.

Hebt das Pferd die Vorhand trotzdem, so neigt der Reiter den Oberkörper so viel vornüber, daß er stets senkrecht zur Erde bleibt. Um ein seitliches Zusammenbrechen der Hinterhand oder ein senkrechtes Überschlagen nach hinten zu vermeiden, dürfen die Hände niemals nach rückwärts wirken, sollen aber womöglich die Anlehnung erhalten. Verliert das Pferd das Gleichgewicht, so läßt der Reiter die Bügel los und sucht sich seitwärts vom Pferde abzuschwingen.

Das Tiefstellen der Hände, wozu viele Reiter unwillkürlich neigen, ist kein Mittel, das Pferd vom Steigen abzuhalten.

Um dem Pferde die Kraft zu hohem Steigen zu nehmen und es ihm abzugewöhnen, muß der Reiter dem Heben der

Vorhand dadurch begegnen, daß er das Zusammenwirken der
obengenannten Muskeln durch Hochhalten von Hals und Kopf
und durch die hierdurch bedingte Senkung des Rückens un=
möglich macht. Reitet man auf Kandare, so ist diese sofort
auszuschalten. Um einerseits das Heben der Vorhand zu ver=
hindern, anderseits das Pferd wieder an die Hand zu bringen,
nimmt der Reiter die beiden Hände so hoch, daß die mit vor=
gestreckten Armen gehaltenen und gespannten Trensenzügel
in der Verlängerung der Maulspalte verlaufen. In dieser
Stellung hält er mit einer gewissen Zähigkeit so lange gegen,
bis das Pferd nicht mehr zu steigen versucht und sich im Genick
seitlich abbiegt. Gibt es den Anzügen nach, so daß die Wir=
kung des Mundstücks auf die Laden übertragen werden kann,
so wird nunmehr durch vortreibende Hilfen der Vortritt der
Hinterbeine gesichert sein.

Gelingt es auch anfangs nicht bei allen Pferden sofort
das Erheben der Vorhand durch Hochhalten von Hals und
Kopf zu verhindern, so vermag der Reiter durch dieses Ver=
fahren dennoch das Steigen bis zu einer Höhe zu beschränken,
die ein Überschlagen des Pferdes nicht mehr befürchten läßt.
Immerhin erfordert dieses bei richtiger Anwendung niemals
versagende Mittel gegen das Steigen einen sehr unabhängigen
Sitz, gutes Reitergefühl und reiterlichen Takt.

Ein d u r c h g e h e n d e s Pferd steift sich im Halse und
macht sich dabei auf dem Gebiß in der Tiefe oder Höhe fest,
oder es rollt den Hals zusammen und entzieht sich auf diese
Weise der Hand des Reiters.

Falsch ist es hierbei, das Pferd durch dauerndes Ziehen
und Festhalten am Zügel sowie Hintenüberneigen des Ober=
körpers zur Verlangsamung des Tempos veranlassen zu
wollen; durch ersteren Fehler veranlaßt man das Pferd noch
mehr, sich fest auf das Gebiß zu legen, durch das Zurückneigen
treibt man das Pferd nur noch mehr vorwärts.

Die richtigen Hilfen sind vielmehr kurze und nachdrück=
liche Anzüge, wobei der Reiter darauf zu achten hat, daß in
den Zwischenzeiten wieder nachgegeben und die Maultätigkeit
des Pferdes wiederhergestellt wird. Die Zügel sind zu teilen.
Ist Platz vorhanden, so muß der Reiter versuchen, das Pferd
auf einen großen Kreis abzuwenden und diesen allmählich zu
verkleinern.

Lehnt sich ein ungehorsames Pferd an eine Mauer, z. B. mit seiner linken Seite (Bild 40), so

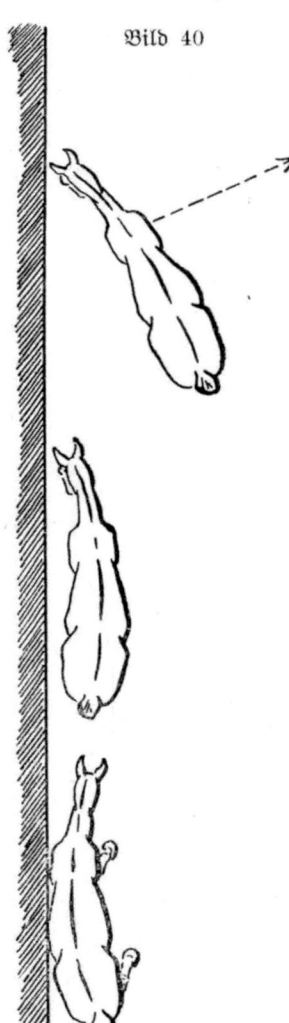

Bild 40

stemmt es sich hauptsächlich mit den rechten Gliedmaßen dagegen und macht sich rechts hohl. Stellt der Reiter den Pferdekopf sofort nach links, also gegen die Mauer, so bricht er die abschiebende Kraft der rechten Gliedmaßen, macht das Pferd links hohl, schützt sein linkes Bein und vermag das Pferd durch Weichen vor dem linken Schenkel von der Mauer wegzuführen.

Verweigert ein Pferd das Herausgehen aus dem geschlossenen Gliede, so schiebt es der Reiter vermehrt an die Zügel, stellt es, wenn es sich gegen sein Nebenpferd stemmt, nach dieser Seite, und versucht es unter vorherrschender Wirkung des innern Schenkels aus dem Gliede vorzureiten. Gelingt dies nicht, so nimmt er es einige Schritte zurück und sucht mit vollster Span= nung im Kreuz und ununter= brochen gespannten Zügeln bei nach Bedarf höher gestellten Händen den Gehorsam durchzusetzen. Um nicht die übrigen Pferde durch Ausschlagen zu gefährden, hat sich der Reiter im Gliede und in der Nähe des Gliedes jeder Einwirkung mit den Sporen zu enthalten. Sind ausnahmsweise Sporenhilfen geboten, so dürfen sie nur am Gurt gegeben werden.

Der hauptsächlichste Fehler, der beim Herausreiten aus dem Gliede begangen wird, besteht

darin, daß sich die Reiter übereilen, das Pferd nur mit den
Schenkeln vorzutreiben, ohne es vorher an die Hand zu stellen,
und daß sie vornüber fallen. Der Lehrer muß daher dem
Schüler Zeit lassen, sein Pferd vor dem Anreiten gut an die
Zügel zu stellen.

Verweigert ein Pferd trotzdem das Herausgehen aus dem
Gliede und klebt es an andern Pferden, und gelingt es dem
Reiter nicht, seinen Willen durchzusetzen, so versucht der
Lehrer das Pferd am Backenstück aus der Abteilung vorzu=
ziehen.

Bei energischem Widerstand ist die Longe zu verwenden.

23. Geländereiten.

Durch den Unterricht in der Reitbahn und auf dem Reit=
platz lernt der Reiter ein tätiges Pferd auf ebenem Boden in
allen Gangarten reiten und künstliche Hindernisse überwinden.
Jede kriegerische Aufgabe führt ihn in das Gelände. Nur wenn
er auch im Gelände sein Pferd beherrscht, erfüllt er seinen
Beruf.

Es ist daher geboten, das Geländereiten
zum Gegenstand gründlicher Einzelaus=
bildung zu machen. Sie muß den Anfänger vom Leich=
teren zum Schwereren führen und die Geschicklichkeit des aus=
gebildeten Reiters steigern. Eifriges Suchen läßt auch bei
weniger günstig gelegenen Garnisonen Gelegenheiten finden,
die zu diesem Zweck ausgenutzt werden können.

Klettern.

Beim Bergaufreiten (Bild 41) neigt der Reiter
seinen Oberkörper je nach der Steilheit des Hanges
mehr oder weniger vornüber und gibt den Hinter=
beinen und dem Rücken, indem er festeren Knieschluß
nimmt, vermehrte Freiheit. Die Zügelhand gibt ent=
sprechend nach und muß ein Rückwärtswirken durchaus ver=
meiden, damit der Hals volle Bewegungsfreiheit erhält. Die
rechte Hand greift in den mittleren Teil
der Mähne. Kleinere steile Hänge werden senkrecht,
längere in schräger Richtung überwunden. Das Tempo muß
im allgemeinen dem Pferde überlassen werden; es richtet sich
nach der Länge und Steilheit des Hanges, dem Kräftezustand

und Temperament des Pferdes und nach der Boden=
beschaffenheit.

Beim Bergabreiten (Bild 42) nimmt der Reiter
mit tief ausgetretenen Absätzen vermehrten Knieschluß und
neigt den Oberkörper je nach dem Grade der Böschung so weit
vor, daß er senkrecht zum Pferderücken bleibt. Hierdurch wird
der Pferderücken entlastet, und die Hinterbeine können weiter

Bild 41.

untertreten. Die Zügel werden, ohne die Fühlung mit dem
Pferdemaul zu verlieren, so viel verlängert, daß das Pferd
die Nase tief nehmen und den Hals strecken kann. Bei steilen
Hängen, die nur einzeln überwunden werden können, sind die
Zügel zu teilen. Bei sehr steilen Hängen können die Hände
auf den Mähnenkamm aufgestützt werden.

Steil bergab wird stets in senkrechter Richtung geritten.
Namentlich beim Einstieg ist eine Schrägrichtung zu ver=
meiden. Die Pferde müssen zum ruhigen Bergabklettern er=
zogen werden.

Das überwinden eingeschnittener breiterer Gräben geschieht von dem schwer belasteten Truppenpferd sicherer durch Klettern als durch Springen. Befindet sich Wasser in der Grabensohle, so wird ihre Bodenbeschaffenheit, ob fest oder sumpfig, für den Reiter bestimmend sein, dem Pferde entweder das Durchschreiten zu gestatten, oder es durch entsprechendes Versammeln und Vortreiben zum Springen

Bild 42.

von Böschung zu Böschung aufzufordern. Im Sprunge muß der Reiter bei der nun eintretenden plötzlichen Vorwärts= bewegung des Pferdes gut mitgehen, volle Zügelfreiheit ge= währen und das Erklettern des jenseitigen Grabenrandes durch Anfassen der Mähne und starkes Vorlegen des Ober= körpers ermöglichen.

Doppelsprünge.

Sind zwei dicht aufeinanderfolgende Hindernisse zu über= winden, so muß der Reiter gegen den ersten Sprung nur so viel treiben, daß dem Pferde noch genügend Raum zum überwinden des folgenden Hindernisses zur Verfügung steht.

Der Reiter muß es dem Pferde überlassen, sich die Sprünge richtig einzuteilen. In erhöhtem Maße sind die gegebenen Weisungen zu beachten, wenn es sich um überwinden von schmalen, tiefen, sich dicht folgenden, häufig auch noch überwachsenen Gräben (Rillen) handelt.

Bild 43.

Auf= und Absprünge.

Beim Tiefsprung (Bild 43) muß der Reiter das Pferd beim Heben der Vorhand durch gutes Mitgehen des Oberkörpers, durch vortreibende Hilfen bei langen Zügeln veranlassen, zuerst auf den Vorderbeinen und nicht zu nahe am Hindernis zu fußen. Ein Zurücklegen des Oberkörpers beim Heben der Vorhand zum Absprunge würde gleichzeitiges Landen auf allen vier Beinen und damit eine Pressung des

Rückens und der Gelenke zur Folge haben. Beim Landen muß der Oberkörper gleichfalls vorgeneigt bleiben.

Beim **Aufsprung auf eine Terrasse** (Bild 44) ist das Pferd durch energisch vortreibende Hilfen zu rechtzeitigem und hohem Sprung zu veranlassen. Das Fußen mit den

Bild 44.

Hinterbeinen auf der Terrasse muß ihm durch vollkommene Zügelfreiheit und starkes Neigen des Oberkörpers nach vorwärts erleichtert werden.

Wälle werden je nach Höhe, Breite und sonstiger Beschaffenheit kletternd oder springend mit Aufsetzen auf der Krone überwunden. Nötigt ein Graben vor dem Walle zum Springen, so ist meist freieres Anreiten angezeigt. Das Aufsetzen auf dem Wall befähigt das Pferd, den zur Überwindung eines etwa dahinter befindlichen Grabens erforderlichen Absprung zu finden.

Energische, aber nicht zu stark treibende Hilfen, Eingehen in die Bewegung bei langen Zügeln sind Hauptbedingungen zum sicheren Überwinden dieses Hindernisses.

Reiten über tiefen oder sumpfigen Boden.

Der Reiter gibt dem Pferde vermehrte Zügelfreiheit und neigt bei festem Knieschluß den Oberkörper vornüber, um der Hinterhand die nötige Erleichterung zu gewähren. Wird dem Pferde durch das Reitergewicht das Überwinden sumpfiger Strecken sehr erschwert oder unmöglich gemacht, so springt der Reiter ab und führt sein Pferd am langen Zügel.

Reiten durch Wasserläufe.

Bei Wasserläufen mit steilen, hohen Ufern sind die Pferde zu ruhigem, mehr tastendem Einstieg zu veranlassen, da sie beim Hineinspringen in das oft unebene Bett eines tieferen Wasserlaufes leicht die Beine verlieren. Bei reißender Strömung werden sie sogar weggerissen, ehe sie auf dem Grunde gefußt haben. Vorheriges Untersuchen des Untergrundes und der Wassertiefe mit der Lanze ist geboten.

Beim Durchreiten stark fließenden Wassers nimmt der Reiter eine etwas schräge Richtung gegen den Strom und behält während des Durchreitens fortwährend den Punkt im Auge, wo er am jenseitigen Ufer anlangen will.

Das Gesäß ruht fest im Sattel, der Oberkörper wird leicht zurückgehalten, Knie und Oberschenkel nehmen vermehrt Schluß. Dem Pferde wird die nötige Zügelfreiheit gegeben.

Verliert das Pferd vorübergehend den Grund, so läßt der Reiter die Bügel los, faßt mit beiden Händen in die Mähne und neigt den Oberkörper auf den Hals, um die Hinterhand zu entlasten. Die Zügel geben dem Pferde völlige Freiheit und der Reiter enthält sich jeglicher Einwirkung. Muß das Pferd schwimmen, so läßt sich der Reiter nach links aus dem Sattel gleiten. Zu hohem Ausstieg bedarf das Pferd vollständiger Zügelfreiheit und tunlichster Entlastung der Hinterbeine vom Reitergewicht durch Vorlegen des Oberkörpers.

Reiten im Dunkeln.

Beim Reiten im Dunkeln muß der Reiter das Pferd mehr sich selbst überlassen und die Neigung bekämpfen, es durch viele

Einwirkungen zu stören. Das Pferd bleibt am Zügel, um gegebenenfalls einen Stützpunkt am Gebiß zu finden, erhält aber so viel Freiheit, daß es den Kopf tief nehmen kann. Es empfiehlt sich, die Mitte des Weges zu halten, um Steinhaufen oder Baumzweige zu vermeiden. Auf Waldwegen wird der Blick zuweilen nach dem hellen Streifen zwischen den Baumkronen gerichtet.

Reiten über glatten Boden und über Eis.

Der Reiter sitzt möglichst still im Sattel. Plötzliche Schenkelhilfen und rasche Wendungen sind zu vermeiden, weil sie die Gefahr des Ausgleitens vermehren. Leichttraben ist unzweckmäßig, das Führen, wenn angängig, dem Reiten vorzuziehen.

Reiten durch Wald.

Beim Reiten durch Wald muß der Reiter weit voraus sehen und sich so den besten Weg suchen. Ein Ausweichen von Baum zu Baum setzt ihn der Gefahr aus, sich zu verletzen oder abgestreift zu werden.

Jagdreiten.

Durch keinen Zweig reiterlicher Ausbildung werden die zum dreisten, flotten Vorwärtsreiten querfeldein erforderlichen seelischen und körperlichen Eigenschaften bei Reiter und Pferd so geweckt und so erfolgreich geschult, wie durch das Jagdreiten. Es gewährt dem Reiter nicht die Zeit zu fürsorglichen Erwägungen in schwierigen Lagen; nur schnelle Entschlüsse ermöglichen es ihm oft, im Jagdfelde zu bleiben. In Übereinstimmung mit dem Willen des Reiters vermag der dem Pferde innewohnende Herdendrang und Selbsterhaltungstrieb im Jagdfelde manchmal außergewöhnliche Leistungen zu zeitigen. So trägt beim Jagdreiten oft ein gutes, braves Pferd den unerfahrenen wie den schwachen und weniger energischen Reiter über Hindernisse und Geländeschwierigkeiten hinweg, die er allein wohl niemals im Sattel überwunden hätte.

Solche Leistungen heben das Selbstvertrauen und wecken den Ehrgeiz, diese mächtige Triebfeder menschlichen Handelns. Auch hierin liegt der hohe erzieherische Wert des Jagdreitens.

Es ist nicht nur eine vortreffliche Schule für den jungen Offizier, sondern auch das beste Mittel für die Führer aller Grade, sich für die hohen und ernsten Aufgaben des Krieges die unbedingt nötige Beweglichkeit und Frische im Sattel zu erhalten.

Ein gut gerittenes, durchlässiges und ruhiges Pferd wird, wie bei jeder praktischen Verwendung, ganz besonders beim Jagdreiten, das sportliche Vergnügen und den erzieherischen Wert dieser Übung wesentlich erhöhen. Durch gründliche Einzelschulung von Reiter und Pferd im Überwinden von Hindernissen im geräumigen Galopp wird das Jagdreiten am besten vorbereitet.

Das Jagdreiten findet entweder hinter Hunden als Wild- oder Schleppjagd statt, oder ein Mitreitender übernimmt die Führung. Das Tempo geben die Hunde oder der Voraus- reitende an. Den nötigen Abstand des Jagdfeldes regelt der Jagdherr oder der rangälteste Reiter. An ihm darf unter keinen Umständen vorbeigeritten werden.

Von richtiger Zäumung und Sattelung wird ein großer Teil des sportlichen Vergnügens, vielleicht auch der persön- lichen Sicherheit abhängen. Der Reiter muß deshalb Zäu- mung und Sattelung genau prüfen, ehe er den Fuß in den Bügel setzt.

Nur ein weicher, geschmeidiger Sitz mit abwärts streben- den Knien bei langen, aber anstehenden Zügeln wird dem Pferde die volle Entfaltung seiner Fähigkeiten gestatten und so ihm und dem Reiter erhöhte Sicherheit gewähren. Der Jagdreiter muß das tiefe Sitzenbleiben im Sattel, be- sonders im schwierigen Gelände, unter allen Umständen an- streben, soll aber stets bereit sein, seinen Schwerpunkt im Be- darfsfalle durch Vor- und Rückwärtsneigen des Oberkörpers zu verlegen.

So fehlerhaft und behindernd für den Sitz und den Ge- brauch der Schenkel bei der Dressur der zu kurze Bügel ist, ebenso nachteilig sind zu lange Bügel beim Jagdreiten, namentlich auf heftigen Pferden. Das im geräumigen Jagd- galopp vorn tiefer werdende Pferd bietet dem Reiter eine schmalere Anlehnungsfläche für seine Schenkel und läßt ihn gegen das meist stark vermehrte Herangehen an das Mundstück in dem langen Bügel für Oberkörper und Kreuz nicht mehr die erforderliche Stütze finden. Der Oberschenkel wird leicht nach vorwärts gezogen und die Unterschenkel steigen gegen die Flanken des Pferdes. Auf solche Weise im Jagdfelde segelnde Reiter beeinträchtigen nicht nur ihre persönliche Sicherheit, sondern belästigen und gefährden durch die verminderte Herr= schaft über ihre Pferde auch die übrigen Jagdteilnehmer.

Das im Jagdfelde sich oft in ungeahnter Weise ent= fesselnde Temperament des Pferdes wird vom Reiter meist mehr ein geschicktes Steuern, als tätiges Einwirken erfordern.

Jeder Reiter wählt, weit nach vorwärts sehend, bei tun= lichster Wahrung gleicher Fahrt selbständig seinen Strich. Ohne zu drängen oder zu kreuzen vermeidet er es, namentlich beim Springen, auf Vordermann zu reiten der sonst, wenn er zu Fall kommt, in erhöhtem Maße gefährdet wird.

Der Jagdreiter soll es sich zur strengsten Pflicht machen, ohne Störung anderer seinen Platz zu halten und die größte Rücksicht auf die Mitreitenden zu nehmen. Dies wird ihm um so besser gelingen, je sicherer er sein Pferd beherrscht.

Heftige Pferde werden leichter auf den Flügeln gehalten temperamentlosere erfahren mehr Aneiferung im Rudel.

Viele Pferde gehen bei Beginn der Jagd vermehrt in die Hand; bei ihnen ist durch geschickte halbe Paraden die Durch= lässigkeit wieder herzustellen. Treibende Hilfen müssen dabei durch vorgeneigten Sitz bei gespanntem Kreuz ausgeschaltet werden. Verliert der Reiter die Herrschaft über sein Pferd, so hat er sich in einem großen Bogen nach außen aus dem Bereich des Jagdfeldes zu begeben.

Mit Rücksicht auf das Jagdfeld sind unsichere Springer entweder auf den äußersten Flügeln oder hinter dem Felde zu reiten.

Versagt ein Pferd inmitten des Jagdfeldes einen Sprung und gelingt es dem Reiter nicht, es sofort zum Gehorsam zu zwingen, so darf er den folgenden Reitern den Weg niemals durch erneutes Anreiten verlegen. Ein längs eines Hinder= nisses wegbrechendes Pferd, das die Mitreitenden in hohem Maße gefährdet, muß so rasch wie möglich zum Stehen ge= bracht und darf erst dann wieder gewendet und gegen das Hindernis angeritten werden, wenn eine Behinderung anderer Reiter nicht mehr zu befürchten ist.

Stürzt das Pferd, so muß der Reiter suchen, seitwärts vom Pferde fortzukommen, ohne jedoch die Zügel loszulassen. Nur so wird er der Jagdgesellschaft Störungen durch das reiterlose Pferd ersparen, sich selbst nicht vorzeitig des Jagd= vergnügens berauben und sich davor bewahren, beim Hängen= bleiben geschleift zu werden.

Ein im Überwinden von Hindernissen aller Art ge= übtes Pferd wird zwar überall als Jagdpferd gut verwendbar sein, die Eigenart des Geländes in manchen Gegenden wird aber dennoch für seine erfolgreiche Verwendung eine besondere Schulung erheischen.

Werden vorstehende Grundsätze von jedem Reiter streng gewahrt, so bietet das Jagdreiten neben einem herrlichen reiterlichen Vergnügen die vortrefflichste Schule für alle Auf= gaben im Sattel vor dem Feind.

24. Dauerritte.

Trotz aller Erfindungen auf dem Gebiete der Technik ist der Reiter im Aufklärungs= und Nachrichtendienst unentbehr= lich. Oft versagen die technischen Mittel und nur der findige, pflichttreue Reiter auf ausdauerndem, gehorsamem Pferde wird seine Meldung ans Ziel bringen. Weiß er durch ge= schicktes Reiten mit den Kräften seines Pferdes hauszuhalten und wendet er ihm eine fürsorgliche, liebevolle Pflege zu, so vermag es außergewöhnliche Leistungen zu vollbringen.

Dauerritte stählen die für den Krieg so wichtigen Eigen= schaften des Soldaten, Willenskraft, Selbstvertrauen und Pflichttreue, und erhöhen das Vertrauen des Reiters zur Ausdauer seines Pferdes. Sie sollen den Reiter lehren, längere Ritte unter schonendem Verbrauch der Kräfte seines Pferdes auszuführen. Er findet dabei Gelegenheit, die un= bedingt nötigen Erfahrungen in persönlicher Wartung und Pflege des Pferdes bei erhöhten Leistungen zu sammeln.

Das Soldatenpferd befindet sich nicht in jeder Jahres= zeit in gleicher Reitkondition; dementsprechend müssen die Anforderungen bemessen werden. Dienstpferde unter acht Jahren sind zu Dauerritten überhaupt nicht zu verwenden. Es ist scharf zu verurteilen, wenn im Frieden den Pferden Anstrengungen zugemutet werden, die sich der Grenze ihrer Leistungsfähigkeit nähern, da die Gefahr vorliegt, daß hier=

durch eine dauernde Schädigung eintritt. Wenn diese Ge=
sichtspunkte beachtet werden, ist eine Vorbereitung der
Truppenpferde für die d i e n ſ t l i c h e n D a u e r r i t t e im
allgemeinen nicht erforderlich. Die vorhergehende Verab=
reichung einer Futterzulage iſt jedoch erwünſcht.

A u ß e r g e w ö h n l i c h e   L e i ſ t u n g e n erfordern
neben der Futterzulage eine ſyſtematiſche Vorbereitung.

Auch der Reiter muß ſeinen Körper durch lange dauernde
Tätigkeit im Sattel und lange Trabepriſen genügend vor=
bereiten. Ein müder Reiter belaſtet das Pferd in erhöhtem
Maße. Der Reiter muß daher eintretende Ermüdung energiſch
bekämpfen; ſeine Willenskraft wird ſich dann auf das Pferd
übertragen. Da eine zeitweiſe Entlaſtung des Rückens die
Leiſtungsfähigkeit des Pferdes bedeutend erhöht, muß der
Reiter auch befähigt ſein, größere Wegſtrecken zu Fuß zurück=
zulegen. Das Führen gewährt nicht nur dem Pferde, ſondern
auch dem Reiter Erholung. Da die Überwindung einer
Steigung gegenüber der Fortbewegung in der Ebene das
Vielfache an Kraft erfordert, ſo iſt es eine beſondere Erleich=
terung für das Pferd, wenn es ſtarke Steigungen ohne Reiter
überwinden kann. Ebenſo empfiehlt es ſich, bei längeren Ab=
ſtiegen das Pferd zu führen. Beim Auf= und Abſitzen muß
jede Beläſtigung des Pferdes vermieden werden.

Nach dem Verlaſſen des Stalles muß der Reiter zunächſt
einige Zeit Schritt reiten. Zum Traben wählt er dasjenige
Tempo, das ſeinem Pferde am meiſten zuſagt. Jedes Ver=
ſtärken oder Verkürzen dieſes Tempos ſowie jeder Verſuch,
dem Pferde eine andere als die gewohnte Haltung abzuver=
langen, würde einen Mehrverbrauch an Kräften verurſachen.
Die Trabepriſen ſind anfangs kurz zu bemeſſen, ſie können je
nach dem Gelände bis zu 12 km geſteigert werden. Die
Sommer=(Reit=)Wege der Kunſtſtraßen ſind nur dann mit
Vorteil zu benutzen, wenn ſie nicht tief und nicht durch Ab=
zugsrillen häufig unterbrochen ſind. Andernfalls iſt ein
Reiten auf der Mitte der Straße trotz deren Härte vorzu=
ziehen, da die Muskeln und Sehnen des Pferdes dann mehr
geſchont werden. Auf ſtark gewölbten Kunſtſtraßen ſind die
abfallenden Seiten zu vermeiden.

Es iſt nicht zweckmäßig, bei Dauerritten während einer
Trabepriſe den Fuß mehrmals zu wechſeln, ſondern es iſt

schonender für das Pferd, wenn der Reiter erst bei der nächsten Reprise auf dem anderen Fuße trabt. Die durch öfteren Fuß= wechsel hervorgerufene Veränderung der Gleichgewichtslage stört besonders das müde Pferd und verbraucht hierdurch un= nötig seine Kräfte. Läßt ein Pferd im Verlaufe einer Dauer= leistung erkennen, daß ihm das Leichttraben auf einem Fuße besonders unbequem und ermüdend ist, so daß es gleichsam zu lahmen scheint, so muß der Reiter nur auf dem dem Pferde bequemen Fuße traben.

Die Einschaltung von Reprisen im natürlichen Galopp (etwa 400 Schritt in der Minute) auf gutem Boden kann durch die veränderte Muskeltätigkeit erfrischend auf das Pferd einwirken. Das vom Pferde selbst angebotene Tempo darf nicht überschritten werden.

Bei allen Schrittreprisen soll der Reiter sein Pferd grundsätzlich führen. Eine große Er= leichterung gewährt es ihm, wenn das Pferd daran gewöhnt ist, frei neben ihm herzulaufen.

Nach der ersten halben Stunde des Rittes ist es geboten, abzusitzen, um dem Pferde Gelegenheit zum Stallen zu geben. Da manche Pferde die Gewohnheit haben, nur auf Streu zu stallen, so müssen sie während des Rittes von Zeit zu Zeit in einen Stall gebracht werden. Zeigt das Pferd im Verlauf des Rittes wiederholt Neigung zum Stallen, so deutet dies auf große Ermüdung; dann ist Vorsicht geboten.

Vor jeder Rast ist das Pferd stets einige Zeit im Schritt zu führen; vor der Nachtstation sollte es mindestens eine halbe Stunde geführt werden.

Der Reiter wird zweckmäßig den größten Teil seines Rittes vor der Hauptrast zurücklegen. Ist ihm die Einteilung des Rittes überlassen, so ist es bei großer Hitze angebracht, die Nachtstunden für den Ritt auszunutzen. Je müder das Pferd gegen Schluß des Rittes wird, desto kürzer müssen die Ruhe= pausen werden. Bei mehrtägigen Dauerritten sind die nächt= lichen Rasten höchstens bis zu vier Stunden auszudehnen, weil sonst die Pferde steif werden und geraume Zeit brauchen, bis sie wieder auf die Beine kommen. Es ist zweckmäßiger, oft aber kurz zu rasten, als seltene aber längere Ruhepausen ein= zulegen.

Spätestens eine Viertelstunde vor der Hauptrast, die nicht

über eine Stunde auszudehnen ist, muß das Pferd unterwegs getränkt werden, so daß man sofort nach dem Einrücken mit dem Füttern beginnen kann. Wieviel Futter während dieser Rast gereicht wird, richtet sich nach der Freßlust des Pferdes. Es empfiehlt sich aber, die Futtermenge nicht auf einmal, sondern in kleinen Portionen zu verabreichen.

Im Stalle ist vor allem für gute Streu und Vermeidung von Zugluft zu sorgen. Bei Futterpausen kann der Sattel sofort abgenommen werden; warm gewordene Stellen reibt man am besten mit einem groben Tuch trocken. Den Hufen ist die Zuführung von Feuchtigkeit entweder durch Einlage einer angefeuchteten Filzsohle oder durch Umschläge von Lehm= oder Kuhdünger, mit Essig gemischt, sehr zuträglich.

Während der Aufnahme des Futters muß dem Pferde unbedingte Ruhe gewährt werden.

Das beste Futter ist auch bei großen Anstrengungen der Hafer, dem man eine Hand voll Kleie beimengen kann.

Ein vorzügliches Mittel zur Erhöhung der Leistungs= fähigkeit, besonders während mehrtägiger, anstrengender Dauerritte, bildet in Wasser aufgelöster Zucker. Das mit Zucker genährte Pferd schwitzt weniger und bedarf deshalb auch geringerer Wasseraufnahme. Man kann den Pferden nach und nach bis zu 3 kg Zucker an einem Tage verabreichen. Vorherige Gewöhnung an das Zuckerwasser ist geboten.

Für die Häufigkeit des Tränkens während des Rittes ist der Grad der Schweißabsonderung bestimmend. Bei großer Hitze soll man mindestens alle zwei Stunden tränken, doch darf das Wasser nicht zu kalt verabreicht werden; gieriges Saufen ist am besten durch Zugabe von Heu in das Wasser zu verhindern.

Die Körpertemperatur des Pferdes, die in normalem Zu= stande 37,5 bis 38,5° C beträgt, steigert sich bei Anstren= gungen. Ist die Steigerung nur gering, so wird die Gesund= heit nicht gefährdet; hat sie aber 40° erreicht, so ist Vorsicht geboten. Tritt nach etwa einer Stunde ein Rückgang der Temperatur nicht ein, so ist anzunehmen, daß krankhafte Störungen im Organismus vorhanden sind, und daß eine Fortsetzung des Rittes das Leben des Pferdes gefährden würde. Eine weitere Steigerung bis 40,5° sowie starker übelriechender oder blutiger Durchfall nötigen zur Aufgabe des Rittes. Bei längeren Ritten ist daher wiederholtes Messen der Temperatur angezeigt. Notwendig ist das Messen, sobald das Pferd große Mattigkeit, Mangel an Freßlust und sonstige krankhafte Erscheinungen zeigt.

Dem Beschlage ist besondere Sorgfalt zuzuwenden. Mit neu aufgeschlagenen Eisen muß das Pferd möglichst schon einige Tage vor Beginn des Rittes gegangen sein. Stahleisen sind dauerhaft, werden aber mit der Zeit sehr glatt und führen ein unsicheres Treten der Pferde herbei. Hufeisen aus Feinkorneisen haben sich besonders gut bewährt. Da ermüdete Pferde die Hintereisen erheblich mehr abnützen als die Vordereisen, ist es ratsam, in den Zehenteil der Hintereisen eine Stahlplatte einschweißen zu lassen.

Die Nahrungsaufnahme des Reiters muß der Arbeit entsprechen. Um die dem Körper durch die Anstrengung entzogene Flüssigkeit zu ersetzen, stillt der Reiter seinen Durst am besten durch Zuckerwasser, Kaffee oder Tee. Alkohol ist grundsätzlich zu vermeiden.

Dauerritte müssen wohl durchdacht, planmäßig festgelegt und durchgeführt werden. Soweit sich die vorstehend gegebenen Regeln auf Ritte beziehen, die über den Rahmen der dienstlichen Dauerritte hinausgehen, finden sie sinngemäß auch auf diese und ähnliche Ritte Anwendung.

Die beste Grundlage für Dauerleistungen ist eine gute Reitausbildung.

III. Teil

Dressur der Remonten.

25. Ziel, Gang und Grundsätze der Dressur.

Um alle Anforderungen, die der Truppendienst an ein kriegsbrauchbares Soldatenpferd stellt, erfüllen zu können, bedarf das rohe Pferd planmäßiger gymnastischer Durch= bildung seines Körpers und sorgsamer Erziehung. Beides zusammen nennen wir Dressur. Sie setzt sich zum Ziele, das Pferd zur höchsten Leistungsfähigkeit und zum unbedingten Gehorsam auszubilden. Dieses Ziel wird nur erreicht, wenn das Pferd in eine Form und Haltung gebracht wird, in der es seine Kräfte voll entfalten und vom Reiter mit Leichtigkeit beherrscht werden kann. In solcher Form und Haltung wird das Pferd auch den Anstrengungen des Dienstes lange ge= wachsen bleiben.

Die Dressur beginnt mit dem Anreiten, wobei die Be= nutzung von Führpferden, im Bedarfsfalle das Longieren, als vorbereitende Hilfsmittel dienen. Den jungen Pferden soll hierdurch, zunächst ohne Reiter, die durch die ungewohnte Sattelung hervorgerufene Spannung genommen werden. Zu= gleich sollen sie unter Anwendung von Ausbindezügeln ver= anlaßt werden, sich loszulassen und mit langem Halse die Anlehnung an das Mundstück in der Tiefe aufzusuchen.

Sodann muß die Remonte das Gewicht des Reiters tragen lernen, dessen Last an die gesamte Muskulatur des Pferdes eine bisher ungewohnte Anforderung stellt. Beson= ders haben die Rücken=, Hals= und Bauchmuskeln zur Fest= stellung der Rückenwirbelbrücke dem Drucke des Reitergewichts entgegenzuwirken. Sie sind beim rohen Pferde dazu von Natur aus häufig nicht kräftig genug. Steifen in Hals und Rücken, Vorwärtsdrängen, Auflegen auf die Zügel, Stolpern und andere Störungen in Haltung und Gang sind damit verbunden. Erst wenn die vorgenannten Muskeln genügend entwickelt und gekräftigt sind, wird das Pferd die ohne Reiter

gewonnene Haltung wiederfinden und sich auch unter dem Ge=
wicht des Reiters mit langem Halse und hängender Nase
zwanglos bewegen.

Losgelassenheit des Pferdes ist die erste
Vorbedingung für den Erfolg der gesamten
Dressur.

Die Beherrschung im Dienstgebrauch ist nur möglich,
wenn das Pferd auf die treibenden Einwirkungen hin willig
vorwärts geht und den verhaltenden sicher gehorcht.

Für die willige, kraftvolle Vorwärtsbewegung des
Pferdes, für die Anregung seiner Gehlust ist die Entwicklung
der Schubkraft der Hinterhand ausschlaggebend. Die
ersten Hilfen, denen das Pferd folgen lernen
muß, sind daher die vortreibenden. Der Gehor=
sam auf diese Hilfen ist die Grundlage für die Entwicklung
des Ganges und die gesamte weitere Bearbeitung des Pferdes.

Die Entwicklung der Schubkraft soll zugleich zu der für
den Gehorsam auf die Zügelhilfen unerläßlichen sicheren Ver=
bindung zwischen Pferdemaul und Reiterhand führen, die
in einer bestimmten Anlehnung an das Mundstück zum Aus=
druck kommt.

Die Anlehnung darf niemals durch Rück=
wärtswirken mit den Zügeln gewonnen
werden; sie muß das Ergebnis der richtig
entwickelten Schubkraft sein.

Bei so erzieltem Herantreten der Hinterbeine an die
Hand werden Nackenband und Rückenmuskeln des Pferdes
elastisch gespannt. Der Reiter fühlt deutlich in beiden Händen
und unter beiden Gesäßknochen, daß Vorhand und Hinterhand
in Verbindung gebracht sind, und daß die Arbeit der Hinter=
hand sich in federnder Tätigkeit der Rückenmuskeln und in
ruhigen, gleichmäßigen Tritten äußert. Der Schub der Hinter=
hand kann nunmehr ungehindert bis in das Maul hinein
wirken und veranlaßt das Pferd, dem Drucke des Mundstücks
nachzugeben, sich im Genick zu biegen und am Gebisse zu
kauen. Damit ist auch für den Zügel die Möglichkeit ge=
schaffen, auf die Hinterhand zu wirken.

Bei dieser Art der Bearbeitung wird das Pferd von
selbst allmählich Anlehnung in der Tiefe und Beizäumung
gewinnen.

Die für die Durchlässigkeit nötige Bei=
zäumung darf niemals durch gewaltsames
Einzwängen von Hals und Kopf erstrebt
werden. Sie muß das Ergebnis des Nach=
schubes der Hinterbeine gegen die aus=
haltende Hand sein. Nur so wird die Feststellung
des Halses am Widerrist erreicht, ohne die eine sichere Ver=
bindung zwischen Vorhand und Hinterhand nicht möglich ist.

Sind Gehlust und Schubkraft ausreichend entwickelt, eine
bestimmte Zügelanlehnung gewonnen und ein genügender
Grad von Durchlässigkeit erreicht, so wendet sich die Dressur
nunmehr der weiteren Aufgabe zu, die Tragkraft der Hinter=
beine vermehrt in Anspruch zu nehmen und damit das Pferd
zu versammeln.

Eine erhöhte Tragkraft der Hinterhand ist nötig, weil
nur sie die erforderliche Aufrichtung gestattet und dem Reiter
ermöglicht, das durchlässige Pferd zu vermehrter Schwerpunkt=
verlegung nach rückwärts, also zur Entlastung der Vorhand
und zur Mehrbelastung der Hinterhand zu veranlassen.

Vermehrt tragen können die Hinterbeine nur dann, wenn
sie bei gutem Vortreten sich unter der ihnen von vorn zu=
geschobenen Last in den Gelenken zu biegen vermögen
(Hankenbiegung). Die vermehrte Biegung hat ein entspre=
chend kräftigeres Strecken zur Folge. In diesem abwechseln=
den Biegen und Strecken der Hinterbeine beruht hauptsächlich
deren gymnastische Übung. Sie wird zunächst derart vor=
genommen, daß man dem Pferde eine anfänglich geringe,
später gesteigerte, gleichmäßig verlaufende Längsbiegung
unter häufigem Wechsel der Seite abverlangt. Der Hinter=
fuß der hohlen inwendigen Seite muß dabei mehr vortreten,
somit die Körperlast vermehrt stützen und sich biegen.

Die biegende Bearbeitung der Hinterbeine steht un=
mittelbar in Zusammenhang und Wechselwirkung mit einer
sich allmählich steigernden Versammlung des Pferdes. Diese
verlangt neben vermehrter Tätigkeit der Hinterhand gleich=
zeitig gesteigerte Durchlässigkeit. Nur wenn von hinten nach
vorn wie von vorn nach hinten eine völlig sichere, durch
keinerlei Widerstände des Pferdes unterbrochene Leitung be=
steht, kommt es zum federnden Gegeneinanderarbeiten von
Hinterhand und Vorhand, das allein eine richtige Versamm=

11*

lung ermöglicht. Alle Lektionen der biegenden und ver=
sammelnden Arbeit stehen demnach untereinander in engster
Verbindung. Das Pferd lernt dabei dem Gegeneinander=
wirken der vortreibenden und verhaltenden sowie der inneren
und äußeren Hilfen gehorchen.

Zunehmender Gehorsam auf die vortreibenden Hilfen
und wachsende Durchlässigkeit gegenüber den Einwirkungen
der Hand werden bereits gestattet haben, die Pferde im Trabe
allmählich zu einem etwas gehalteneren Tempo zu sammeln.
Erforderlich ist ferner, daß die Pferde willig die inneren
Hilfen beachten gelernt haben. Erst der genügende Gehorsam
auf die inneren Hilfen gestattet die erfolgreiche Anwendung
auch der äußeren, deren Mitwirkung zur Regelung und Ver=
vollkommnung der Längsbiegung ebenso wie zur Erzielung
von Versammlung unerläßlich ist. Ein aktives Eingreifen
der versammelnden äußeren Hilfen, bevor das Pferd den
inneren nachgegeben hat, ruft fehlerhafte Spannungen hervor.

Ist das Pferd in der Trabarbeit gut an die Zügel ge=
bracht, bewahrt es auch im gesammelteren Tempo genügende
Selbsthaltung, so wird zum Galopp übergegangen. Der
Galopp fördert die Schub= und Schnellkraft der Hinterfüße
sowie die elastische Tätigkeit der Rückenmuskeln in hohem
Maße; gleichzeitig regt er die Gehlust des Pferdes ver=
mehrt an.

Durch die bisherige Bearbeitung wird das Pferd all=
mählich derart gefördert sein, daß der Reiter den abgekürzten
Trab auszubilden vermag. Richtige Arbeit im abgekürzten
Trabe trägt wesentlich dazu bei, die Frische und Räumigkeit
des Mitteltrabes zu verbessern. Das Pferd wird damit auch
zum starken Trabe befähigt werden.

Zur weiteren Vervollkommnung der Versammlung, Bieg=
samkeit und Durchlässigkeit dienen die Seitengänge. Sie
können nur mit Nutzen geritten werden, wenn durch die
Arbeit auf einem Hufschlage Gang, Haltung und genügende
Versammlung fest begründet sind. Ohne diese Grundlage,
oder falsch geritten, wirken Seitengänge schädlich.

Durch die Arbeit auf zwei Hufschlägen wird die Schub=
kraft der Hinterhand bewußt eingeschränkt, um die Hinter=
füße desto mehr zum Biegen und somit zum Tragen zu ver=
anlassen. Trotzdem muß auch in den Seitengängen genügende

Schubkraft erhalten bleiben, wenn erhöhte Versammlung er=
reicht werden soll.

Die durch die Seitengänge erzielte gesteigerte Versamm=
lung wird nunmehr auch auf die versammelnden Lektionen
auf einem Hufschlage übertragen werden können.

Das Reiten der Seitengänge ist niemals
Selbstzweck. Es dient nur der Verbesserung
der Haltung, des Ganges und der Durch=
lässigkeit.

Das Pferd muß sowohl in versammelten wie in freien
Gängen seine volle Durchlässigkeit bewahren. Erst dann wird
es schwunghafte und geräumige Gänge zeigen.

Der Dressurzweck muß im wesentlichen durch die Arbeit
auf Trense erreicht werden. Auf Kandare wird das erlangte
Maß von Ausbildung nur vervollkommnet und befestigt.

Im Verlaufe der ganzen Dressur handelt es sich niemals
um die Bearbeitung einzelner Teile des Pferdekörpers,
sondern stets um die des ganzen Pferdes. Schwierigkeiten
und Widerstände, die in Steifungen des Halses und Genicks,
des Rückens und der Hinterhand ihren Ausdruck finden, stehen
stets in engster Wechselbeziehung zueinander. Sie können nur
in der Bewegung erfolgreich überwunden werden. Nach=
giebigkeit des Pferdes im Halten kann den Reiter leicht
täuschen. Im Gange dagegen wird der Reiter durch das
Bedürfnis des Pferdes nach Erhaltung des Gleichgewichts
in seiner Einwirkung unterstützt.

Die Arbeit auf der Stelle ist daher auf
das notwendigste Maß zu beschränken. Grund=
sätzlich ist stets das ganze Pferd im Vorwärts=
reiten zu arbeiten.

Der für die gesamte Dressur des Pferdes wichtigen
Forderung, daß stets die Kräfte der Hinterhand voll gegen
die Vorhand wirken müssen, steht bei den meisten Pferden eine
von Natur schiefe Körperhaltung erschwerend gegenüber.
Diese Schiefe kann nur dadurch bekämpft werden, daß Vor=
und Hinterhand dauernd aufeinander eingerichtet werden.

Je mehr es im Laufe der Dressur gelingt,
die Hinterhand zu biegen und dadurch zum
Stützen und Abschieben der Körperlast ge=
schickter zu machen, desto weniger wird das

Pferd eine Stütze in der Hand des Reiters suchen, vielmehr Hals und Kopf, je nach seinem Gebäude mehr oder minder hoch, selbst tragen (Relative Aufrichtung). Der für eine sichere Hebelwirkung auf die Hinterhand erforderliche Grad der Aufrichtung des Halses wird indessen nur bei Pferden mit besonders günstigem Gebäude lediglich dadurch erreicht werden, daß die Hinterhand bei passivem Verhalten der Hände durch Biegung niedriger wird. Wo dagegen Widerstände im Genick und in den Ganaschen zu beseitigen sind, vermag der Reiter die nötige Aufrichtung nur unter aktiver Mitwirkung der Hände in Übereinstimmung mit den übrigen Hilfen zu erzielen.

Die Aufrichtung des Halses darf erst beginnen, nachdem das Pferd sichere Anlehnung in der Tiefe gewonnen hat; sie darf niemals auf Kosten des schwungvollen und geräumigen Ganges stattfinden. Wird ein Pferd mit Hals und Kopf in die Höhe gearbeitet, bevor die Hinterhand Kraft und Geschick erlangt hat, die ihr von vorn zugeschobene Last aufzunehmen, so wird es im Rücken unter dem Sattel tiefer, also zum Tragen des Reitergewichts weniger befähigt werden. Eine solche (absolute) Aufrichtung ist falsch.

Eine für alle Pferde normale Stellung von Hals und Kopf gibt es nicht. Es muß vielmehr die für das Gebäude des Pferdes passendste Stellung gefunden werden. Sie ist erreicht, wenn das Pferd bei voller Durchlässigkeit schwunghaft und dabei ruhig und geräumig tritt. Die untere Linie des Halses darf niemals nach vorwärts ausgebogen sein.

Die beste Stellung ist die, bei der der Hals sich frei aus dem Widerrist erhebt und die Kammlinie in ihrem oberen Teile einen zum Genick sanft gewölbten Bogen bildet, dessen höchster Punkt das Genick ist; der Kopf wird mit seinem vorderen Rande — von Stirn bis Nase — senkrecht getragen. Eine solche Stellung ermöglicht dem Reiter die beste Hebelwirkung auf die Hinterhand. Der beschriebene Grad von Aufrichtung und Beizäumung darf aber vom Pferde nur im Halten und in versammelten Gängen gefordert werden.

In freieren Gängen muß ihm der Reiter ein Längermachen des gebogenen Halses und ein leichtes Vornehmen der Nase gestatten. Ebenso kann im Bedarfsfalle vorübergehend eine vermehrte Beizäumung gefordert werden. Der Reiter muß stets, besonders bei vermehrter Beizäumung, im Pferde das natürliche Streben wach erhalten, den Hals auszudehnen, somit an die Hand heranzugehen.

Bild 45.

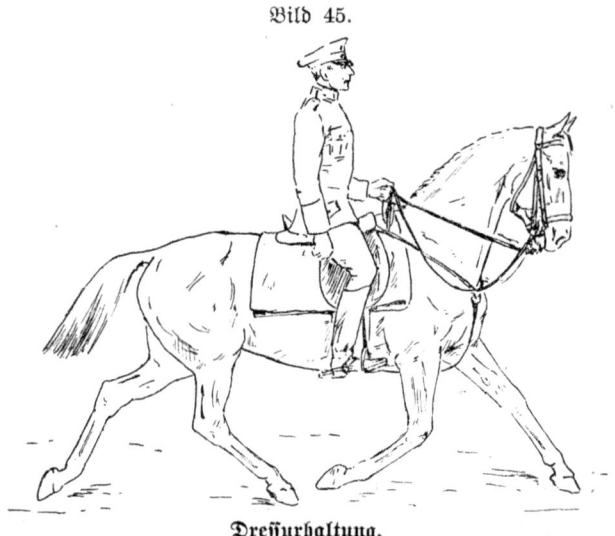

Dressurhaltung.

Im Laufe der Dressur ist die als beste bezeichnete Stellung nach Möglichkeit anzustreben. Mangelhaftes Gebäude des Pferdes, namentlich schwieriger Hals, weicher Rücken und schwache Hinterhand bedingen indessen einen geringeren Aufrichtungsgrad. Durchlässigkeit und Schwung in allen Gangarten bilden allein den Prüfstein für die Richtigkeit der Stellung von Hals und Kopf.

Die in der Bahn erlernte Haltung (Dressurhaltung Bild 45) kann im Dienstgebrauch, wo das Pferd unter schwerem Gewicht hohen Anforderungen an Leistungen und Ausdauer gerecht werden muß, nicht immer verlangt werden.

Sie würde einen, zu großen Kraftaufwand des Pferdes bedingen und im unebenen Gelände die praktische Fußsetzung oft stören. Im Gebrauch ist daher dem Pferde so viel Zügelfreiheit einzuräumen, als es zu seiner sicheren und bequemen Fortbewegung bedarf (Gebrauchshaltung Bild 46). Als beste Gebrauchshaltung ist die anzusehen, in der das Pferd in geringerer Zusammenstellung, aber völliger

Bild 46.

Gebrauchshaltung.

Durchlässigkeit mit längerem und tieferem Hals in weniger erhabenen, aber geräumigen Gängen sich selbst trägt.

Würde bei der Bearbeitung des Pferdes nie mehr als solche Gebrauchshaltung verlangt, so ginge auch diese bei größeren Anforderungen sehr bald verloren. Dagegen wird ein in der Dressurhaltung völlig durchgearbeitetes, durch planmäßige Übungen in allen Körperteilen gekräftigtes Pferd auch bei größeren Anstrengungen mit Leichtigkeit eine gute Gebrauchshaltung bewahren. Ebenso ist es für alle Hilfen des Reiters aufmerksamer und durchlässiger, infolgedessen stets besser in der Hand und in einer Haltung, die dem Reiter bei der Zügelführung mit einer Hand den vollen Gebrauch der Waffe gestattet.

Ein gut gerittenes Pferd gibt dem Reiter das Gefühl
vollkommenen Gleichgewichts und befähigt ihn, den Schwer=
punkt nach seinem Willen nach vorwärts oder nach rückwärts
zu verlegen, also jederzeit zwischen hoher Versammlung und
freien Gängen zu wechseln. Ein so gerittenes Pferd folgt
bei fortgesetzt leichter Anlehnung an das Mundstück willig
und weich jedem Zügelanzuge. Es geht mit schwunghaft
federnden und geräumigen Gängen aus eigenem Antrieb vor=
wärts und verstärkt auf leichte, fast zeichenartige Hilfen
Tempo und Gangart.

**Das Endziel aller Dressur ist die unbedingt sichere Be=
herrschung des Pferdes im Gelände.**

Junge Remonten.

26. Behandlung und Erziehung des jungen Pferdes.

Die Spätreife der Remonten verlangt besonders im ersten
Ausbildungsjahr unbedingtes Maßhalten in den Anforde=
rungen. Ein überschreiten dieses Maßes hat selbst bei großem
Geschick des Lehrers wie der Reiter eine Schädigung des
Materials zur Folge.

Zur Wartung und Pflege der Remonten, besonders für
ängstliche und schreckhafte Pferde, sind ruhige und verständige
Leute zu nehmen. Die Art des Umganges mit dem Pferde
sowie die Stallpflege vermögen auf die Dressur ebenso för=
dernd wie schädigend einzuwirken.

Die Remonten sind in den Depots am Tage meist im
Freien und müssen daher nach ihrem Eintreffen beim Truppen=
teil, wenn sie nicht sofort angeritten werden können, womög=
lich auf Koppeln oder Laufgärten bewegt werden. Stehen
solche nicht zur Verfügung, so sind die Remonten täglich
mindestens eine Stunde im Freien zu bewegen.

Wertvolle Verständigungsmittel zwischen Mensch und
Tier, namentlich bei Beginn der Dressur, bilden Stimme und
Gebärden. Für Lob und Tadel ist das Pferd sehr empfäng=
lich. Auch die Art und Weise, wie der Reitlehrer seine
Kommandos und Korrekturen gibt, vermag beruhigend, aber
auch aufregend auf die Pferde einzuwirken.

Ein wichtiges Hilfsmittel, sich dem jungen Pferde ver=
ständlich zu machen, ist die G e r t e , deren Gebrauch dem

Remontereiter zu lehren ist. Die Gerte soll das Verständnis
für die vortreibenden Schenkelhilfen wecken und muß deshalb
das Pferd unmittelbar hinter dem Reiterschenkel treffen. Diese
Berührung veranlaßt das Pferd, die Hinterfüße vorzusetzen.
Mit dem Gebrauch der Gerte verbindet der Reiter allmählich
und immer fühlbarer ein Klopfen mit dem Unterschenkel, bis
das Pferd diesem allein folgen gelernt hat. Alsdann fallen
die Hilfen mit der Gerte fort. Wollte man gleich zu Anfang
die dem Pferde noch unbekannten Schenkel allein anwenden,
so würden Widersetzlichkeiten die Folge sein.

Beim Gebrauch der Gerte behält der Reiter gewöhnlich
den Zügel in der Hand, mit der er die Gerte führt. Er be=
ginnt beim rohen Pferde die vorbereitenden Hilfen mit dem
Anlegen der Gerte an die innere Schulter und steigert diese
Hilfe bis zu leichten Schlägen. Erzielt der Reiter hierdurch
nicht die gewünschte Wirkung, so läßt er sie hinter seinem
Schenkel an den Leib des Pferdes fallen.

Die Bahnpeitsche wird zur Nachhilfe nur vom
Lehrer gebraucht, indem er das Pferd entweder mit der
äußersten Spitze als leichteste Hilfe streift oder mit dem
vorderen Ende des Schlages, je nach Bedarf, mehr oder
weniger nachdrücklich den Leib oder die Hinterhand berührt.

Mit der Dressur muß auch eine sorgsame Erziehung
des Pferdes von Anfang an Hand in Hand gehen. Das
junge Pferd muß erst mit den Hilfen bekannt gemacht werden,
ehe man Gehorsam verlangt. Die Anforderungen dürfen
anfangs nur mäßig sein. Alle Veranlassungen, die Wider=
setzlichkeiten herbeiführen könnten, sind so lange zu ver=
meiden, bis die Unterordnung des Pferdes unter den Willen
des Reiters gleichsam gewohnheitsmäßig geworden ist. Mit
dem Lob ist nicht zu geizen; unvermeidliche Strafen
sind mit Ruhe und Überlegung anzuwenden.

Jeder Kampf mit einem jungen Pferde, das noch keine
Hilfen kennt, hat meist nachteilige Folgen. Es erleidet da=
durch nicht nur oft Schaden an seinen Beinen, sondern wird
auch leicht im Charakter verdorben. Das Pferd hat ein gutes
Gedächtnis und vergißt schlechte Behandlung nur langsam.

Bei der Erziehung bedürfen der Herdentrieb und der
Drang nach dem Stall besonderer Berücksichtigung. Sie
spielen fast bei allen Widersetzlichkeiten ein Rolle; vielfach

bilden sie sogar die unmittelbare Veranlassung zur Äußerung des Ungehorsams. Anfänglich muß man sich aber die erwähnten Naturanlagen zunutze machen. So bedient man sich beim ersten Anreiten der Arbeit in der Abteilung und benutzt den Herdentrieb, um die Gehluft der Pferde zu wecken. Ebenso wird man sich das Einspringen dadurch wesentlich erleichtern, daß man neue Hindernisse zunächst auf die Abteilung zu springen läßt oder sich dabei eines sicheren Führpferdes bedient.

Später muß man durch vieles Einzelreiten und durch Steigerung der dabei gestellten Anforderungen den Herdentrieb und den Drang nach dem Stall dauernd bekämpfen.

Außer dieser Erziehung, die sich in engem Zusammenhang mit der eigentlichen Dressur vorherrschend in der Bahn oder auf dem offenen Reitplatz abspielt, bedarf das junge Pferd aber noch planmäßiger Gewöhnung und Vorbereitung, um ihm die Furcht vor den vielen Scheu erregenden Eindrücken zu nehmen, denen es bei seiner dienstlichen Verwendung ausgesetzt ist.

Das erste Satteln und Zäumen der Remonten und schon das Verpassen der Sättel erfordert besondere Vorsicht und Sorgfalt, da junge Pferde durch einmaliges unvorsichtiges Satteln auf lange Zeit verdorben werden können. Anfangs ist das Satteln von zwei Leuten vorzunehmen, von denen einer die Aufmerksamkeit des Pferdes abzulenken sucht.

Beim ersten Satteln sind Woilach und Sattel mit hochgezogenen Bügeln ohne Vorderzeug vorsichtig aufzulegen. Der Sattel wird leicht angegurtet und der Gurt nicht zu weit nach hinten gelegt. Festes Gurten ist zu vermeiden.

Die Trense wird aufgelegt, während das Pferd noch an der Krippe steht. Um Pferden, die infolge des ungewohnten Sattelns den Rücken stark spannen, das Herumtreten zu erleichtern, hängt man die Trennbäume aus. Später wird der Sattel etwas nachgegurtet.

Da richtiger Sitz und erfolgreiche Einwirkung des Reiters zum großen Teil von richtiger Lage des Sattels abhängen, muß dem Verpassen der Sättel und dem rechtzeitigen Umsatteln stets besondere Aufmerksamkeit zugewandt werden. Ist bei einzelnen Remonten wegen noch mangelhafter Haltung von Hals und Kopf oder wegen zu starken Bauches eine richtige Sattellage nicht zu erzielen, so kann bis zur Gewinnung besserer Haltung und Form ein Vor- oder Hintergurt verwendet werden. Ebenso fehlerhaft wie der zu weit nach vorn liegende ist der zu weit nach hinten liegende und zu fest gegurtete Sattel.

Die richtige Zusammenstellung von Reiter und Pferd erleichtert die Dressur ungemein.

Gewicht, Körperbau, Temperament und Reitfertigkeit des Reiters erfordern die gleiche Berücksichtigung, wie Gebäude, Charakter und Grad der Entwicklung des Pferdes.

Von besonderer Wichtigkeit für eine erfolgreiche Berittenmachung ist die Beurteilung der Tragfähigkeit des Rückens. Da diese häufig selbst von einem geübten Auge irrig beurteilt wird, vermag der Reitlehrer hierüber nur durch das eigene Gefühl im Sattel ein richtiges Urteil zu gewinnen. Hierbei darf ein gespannter Rücken nicht gleich für stark und ein herabgedrückter Rücken nicht gleich für schwach gehalten werden. Erst wenn das Pferd sich losgelassen hat, vermag der Lehrer die Tragfähigkeit des Rückens richtig zu beurteilen.

Da die erste Verteilung von Reiter und Pferd sich nur nach dem Auge vornehmen läßt, wird anfangs öfter gewechselt werden müssen. Es ist aber besonders bei jungen Pferden sehr wünschenswert, daß möglichst bald eine passende Zusammenstellung von Reiter und Pferd erreicht wird. Ein Wechsel muß eintreten, wenn vorauszusehen ist, daß ein Pferd unter dem betreffenden Reiter verdorben wird. Häufig ist es auch nur geboten, ein Pferd vorübergehend durch einen geschickteren, besseren Reiter arbeiten zu lassen.

Sobald die Fähigkeit des Reiters zur Korrektur eines Fehlers nicht mehr ausreicht, sollte der Lehrer selbst im Sattel eingreifen. Auf diese Weise lernt er sowohl den Dressurgrad der Pferde wie die Reitfertigkeit seiner Schüler genau kennen und vermag hiernach den richtigen Reiter herauszufinden.

27. Das Anreiten.

Die natürliche Haltung und die natürlichen Gänge des Pferdes bilden die Grundlage für die Ausbildung der Remonten.

Um die Remonten zu dem für das Tragen des Reiter=
gewichts notwendigen Tiefstellen von Hals und Kopf zu ver=
anlassen und ihre Aufmerksamkeit von äußeren Vorgängen ab=
zulenken, werden sie ausgebunden und durch einen Mann auf
einem alten Pferde an die Hand genommen (Bild 47).

In das Kinnstück der Trense der Remonte wird ein Führ=
zügel eingeschnallt, den der Führer auf dem alten Pferde in

Bild 47.

Junge Remonte neben Führpferd an der Hand.

die rechte Hand nimmt. Die Trensenzügel werden geknotet
auf den Hals gelegt. Das Ausbinden erfordert größte
Aufmerksamkeit. Das Maß der Ausbindezügel ist so zu
wählen, daß das Pferd volle Freiheit hat, mit langem Halse
den Zügel zu suchen, aber auch die Möglichkeit, ihn zu finden.
Danach muß die Zügellänge immer wieder berichtigt werden.
Wünschenswert sind verschnallbare Ausbindezügel.

Um ein Losreißen zu verhindern, empfiehlt es sich, in
den ersten Tagen die Stallhalfter unter der Trense zu belassen
und in deren mittlerem Verbindungsstück einen Strick oder

Riemen zu befestigen, deſſen anderes Ende an einer dem Führ=
pferde loſe um den Hals gelegten Koppel feſtgebunden wird.

Die hochgezogenen Bügel ſind mit den Steigriemen zu
befeſtigen.

Neben den Führpferden iſt den Remonten hinreichende
Bewegung zu geben, um ihnen den Stallmut zu nehmen.
Sie gewöhnen ſich nach und nach an den Sattel und geben
die Spannung im Rücken auf.

Damit die Remonten nicht durch die Vorderpferde in
ihrer Haltung geſtört werden, müſſen ſie ſchon jetzt veranlaßt
werden, von den Vorderpferden abzubleiben.

Muß das Abtraben neben Führpferden in einer gedeckten
Bahn vorgenommen werden, ſo ſind die Ecken mit den alten
Pferden ſo abzurunden, daß dabei der freie Vortritt der
Remonten nicht leidet. Auch iſt zu beachten, daß die Re=
monten, wenn ſie außen gehen, nicht zu nahe an die Wand
gedrängt werden. Haben ſie gelernt, auf der linken Hand
längs der Wand auf dem Hufſchlage zu gehen, ſo können ſie
auch zeitweiſe an die linke Seite der Führpferde genommen
werden, um auch auf der rechten Hand an der Wand gehen
zu lernen.

Das Trabtempo muß bei dieſer Vorbereitung zum An=
reiten ruhig, aber friſch ſein, ſo daß die natürliche Haltung der
Pferde nicht geſtört wird. Es darf nicht ſo kurz ſein, daß die
Pferde im freien Treten behindert werden, aber auch nicht ſo
ſtark, daß ſich einzelne Pferde im Gange übereilen müſſen,
um mitzukommen. Ab und zu wird gehalten und die Lage
des Sattelzeuges und die Länge der Ausbindezügel nachge=
ſehen.

Haben ſich die Remonten in einigen Tagen an den Sattel
gewöhnt und die Zügel in der Tiefe angenommen, ſo können
ſie, nachdem ſie durch abwechſelnde Schritt= und Trabepriſen
leicht ermüdet ſind, beſtiegen werden. Je mehr die Anlehnung
in der Tiefe ohne Reiter gefeſtigt worden iſt, deſto beſſer wird
ſich das erſte Aufſitzen und Anreiten vollziehen.

Die beſte Vorbereitung zum Anreiten der Remonten wäre
das Longieren. Bei der Truppe läßt ſich dies aber meiſt nicht
durchführen; bei ſchwierigen und zurückgebliebenen Remonten
iſt indeſſen von dieſem Hilfsmittel ausgiebiger Gebrauch zu
machen.

Sollten einzelne Pferde unter dem Reitergewicht die An= lehnung in der Tiefe noch nicht willig annehmen, so können nach Bedarf die Ausbindezügel noch beibehalten werden. Das erste Anreiten der Remonten hat ohne Sporen zu erfolgen.

Zum Aufsitzen läßt der Reitlehrer zweckmäßig die Re= monten nebst Führpferden auf der linken Hand halten; dann läßt er die Reiter auf den Führpferden rechtsum machen, so daß sie senkrecht zum Hufschlage und vor ihrer Remonte stehen. Nachdem der Reiter das Sattelzeug nochmals nachgesehen hat, sitzt er vorsichtig und nicht zu langsam auf. Ein Gehilfe er= greift hierbei mit der rechten Hand, ohne zu ziehen, das Kinn= stück der Trense, mit der linken Hand den rechten Steigriemen unmittelbar über dem Bügel, ohne den Sattel stark herunter= zuziehen, und gibt dem aufgesessenen Reiter den Bügel an den Fuß. Der Gehilfe darf sich nicht als Gegengewicht an den Bügel hängen. Die Haferschwinge ist ausgiebig zu ver= wenden.

Um dem jungen Pferde die Aufnahme des ungewohnten Reitergewichts zu erleichtern, muß der Reiter sich weich und weit nach vorn in den Sattel niederlassen. Nach dem Ein= sitzen soll der Reiter jede unnötige Bewegung namentlich Bügelschnallen vermeiden und das Pferd mit Stimme und Hand loben.

Ist ein Pferd durch ungeschicktes Aufsitzen ängstlich ge= worden, so empfiehlt es sich, den Reiter auf das Pferd heben zu lassen, bis das Vertrauen wieder hergestellt ist. Der Reiter stellt sich hierzu an die linke Schulter des Pferdes, faßt mit der linken Hand in die Mähne, stützt sich mit der rechten Hand auf den Vorderzwiesel und hebt den linken Unterschenkel an. Ein Gehilfe erfaßt mit der rechten Hand von unten den linken Unterschenkel des Reiters nahe dem Knie und hebt den Reiter weich und schnell hinauf.

Da das junge Pferd das Reitergewicht in der Bewegung leichter tragen kann, als im Halten, so müssen alle Reiter möglichst zu gleicher Zeit aufsitzen, damit sofort angeritten werden kann. Der Reiter des Führpferdes übernimmt wieder die Führung, während der Remontereiter sich zunächst jeder Einwirkung zu enthalten hat.

Der Schritt soll natürlich und frei, jedoch nur so geräumig geritten werden, daß alle Pferde ohne Übereilung mitkommen können.

Damit die Remonten beim ersten Anreiten nicht durch langes Schrittreiten unruhig werden, wird bald zu einem Trabe übergegangen, der dem natürlichen Trabe des rohen Pferdes möglichst gleichkommt. Da man genötigt ist, Pferde

Bild 48.

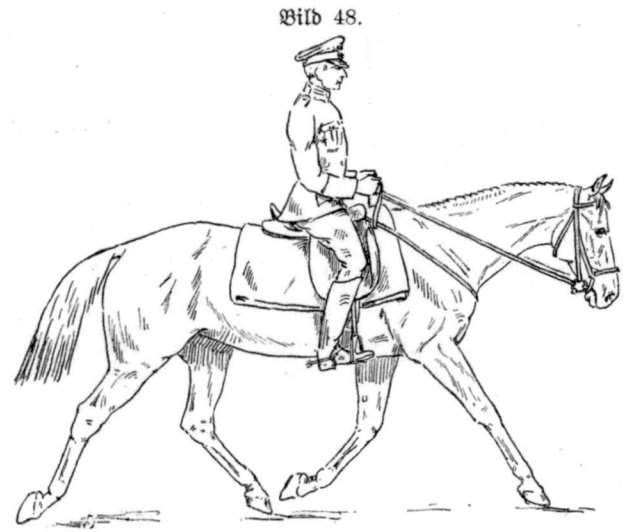

Haltung der jungen Remonte beim ersten Anreiten.

mit verschieden geräumigen Gängen in einer Abteilung auszubilden, so muß ein Trabtempo gewählt werden, worin die langsamen Pferde ohne Übereilung mitkommen können und die lebhafteren in ihrem freien Vortritt möglichst wenig verhalten zu werden brauchen.

Durch dieses Traben soll vor allem die Gehlust des Pferdes geweckt und auch befriedigt werden. Das Pferd soll sich hierbei loslassen, Anlehnung an das Mundstück suchen und in gleichmäßigen, geräumigen Tritten vorwärtsgehen (Bild 48). Der Reiter sitzt dabei ruhig und stet, schiebt das Gesäß weit nach vorwärts, mildert den Wurf in den Sattel durch Auffangen mit den Oberschenkeln und Knien oder durch Leichttraben und ist bestrebt, in die Bewegung des Pferdes einzugehen. Leichtes Vorneigen des Oberkörpers kann geboten sein, besonders bei Pferden mit schwachem Rücken. Der Reiter darf sich in keiner Weise steif machen. Die Zügel werden so lang gefaßt, daß das Pferd keine störende Wirkung des Mund= stücks auf die Laden empfindet.

Der Reiter gibt anfänglich keine Hilfen zum Antraben, denn das junge Pferd wird ohne sie mit dem alten Pferde mittraben.

Haben sich die Pferde im Trabe beruhigt, so wird zum Schritt übergegangen, indem man es den jungen Pferden überläßt, mit den alten in den Schritt zu fallen. Verloren gegangene Abstände werden wiederhergestellt. Die Pferde werden durch Klopfen belobt, dann wird gehalten und ab= gesessen. Zum Absitzen macht der Führer auf dem alten Pferde in gleicher Weise, wie beim Aufsitzen, durch eine Wendung Platz. Durch ein Stückchen Mohrrübe oder die Haferschwinge, durch Klopfen oder Aufheben der Füße werden die Remonten vertraut gemacht, darauf wird die Lage des Sattelzeuges nachgesehen und berichtigt.

Wiederholtes Absitzen ist beim Anreiten der Remonten geboten, besonders bei solchen mit schwachem Rücken, da dieser sich erst nach und nach an das ungewohnte Tragen der Last gewöhnen muß. Heftiger Schweißausbruch und ohne sichtlichen Grund auftretende Widersetzlichkeiten sind meist Anzeichen von Übermüdung und erfordern sofortige Ruhepausen.

Nachdem die Pferde ausgeruht sind, wird wieder auf= gesessen, im Schritt angeritten und auf die andere Hand ge= gangen. Hierbei ist zu beachten, daß die jungen Pferde nicht zu nahe aneinander kommen, damit sie nicht durch die ent= gegenkommenden Pferde scheu gemacht werden.

Es empfiehlt sich, die jungen Pferde in den ersten Tagen des Anreitens nicht zu lange unter dem Reiter gehen zu lassen, sondern sie nach und nach an das Reitergewicht zu gewöhnen. Um ihnen hinreichende Bewegung zu verschaffen, gehen sie vorher entsprechend länger an der Hand ohne Reiter.

Auf das Anreiten der Remonten mit Führpferden kann nicht genug Sorgfalt verwendet werden. Bei richtiger Be= handlung und richtigem Sitz des Reiters werden die Re=

monten bald im natürlichen Gange mit langem Halse und tiefer Nase ruhig vorwärts gehen. Nur in dieser natürlichen Haltung wird der Rücken tragfähig gemacht. Pferde, die mit hohem Halse und hoher Nase gehen, werden im Rücken tiefer und selbst bei mäßiger Arbeit magerer. Mit Gewinnung der vorbeschriebenen Haltung erholen sie sich jedoch zusehends.

Findet eine Remonte nicht bald diese natürliche Haltung, so muß sie einen Reiter erhalten, der es versteht, ihr gewisser= maßen den Weg in die Tiefe zu zeigen. Bleibt diese Maß= nahme ohne Erfolg, so muß versucht werden, die Remonte wieder ohne Reiter mit Ausbindezügeln oder durch Longieren in der natürlichen Haltung mehr zu befestigen.

Hat das Pferd unter dem Reiter die natürliche Haltung gewonnen, so wird es durch die allmählich länger andauernden Trabreprisen vermehrte Zügelanlehnung nach unten suchen, worauf der Reiter vorsichtig die Zügel verkürzt.

Geht das Pferd an die Zügel heran, so bleibt der Reiter mit seinen Händen stet. Legt es sich auf die Zügel, so hält der Reiter mit gespanntem Kreuz gegen. Versucht das Pferd, sich vom Zügel dadurch loszumachen, daß es den Kopf in die Höhe nimmt, so muß der Reiter bestrebt sein, ohne mit der Hand rückwärts zu arbeiten oder herunterzudrücken, die Ver= bindung zwischen Hand und Pferdemaul aufrecht zu erhalten, um so das Pferd zu veranlassen, die Anlehnung wieder in der Tiefe zu suchen.

Das Pferd soll zu dieser Zeit in der Hand des Reiters gewissermaßen eine Stütze suchen, die ihm der Reiter gewähren muß.

Durch die andauernden Trabreprisen wird die Remonte besonders gegen Ende der Unterrichtsstunde gleichsam fauler werden und sich zum Vorwärtsgehen auffordern lassen. Hier= mit ist der Zeitpunkt gekommen, das Pferd an ein leichtes Klopfen der Unterschenkel zu gewöhnen. Der Reiter sitzt weit vorn und muß seine Schenkel so gebrauchen, wie es der Empfindlichkeit des Pferdes entspricht. Er wird dann das Pferd weder erschrecken noch aus der richtigen Haltung bringen.

Nimmt das Pferd bei tiefer Nase die Zügel an und be= achtet das Klopfen der Unterschenkel, das mit einem leichten, nach der Empfindlichkeit des Pferdes abgemessenen Berühren

mit der Gerte verbunden werden kann, so werden im Trabe
die Tritte geräumiger werden. Öfteres Zulegen im Tempo
auf kurze Strecken erweckt in den Pferden die Neigung zum
dreisten Vorwärtsgehen, also die für die Dressur so wichtige
Gehlust.

Sobald die Remonten unter dem Reiter mit den Führ=
pferden willig und vertraut vorwärtsgehen, werden im
Schritt und später im Trabe Wendungen in weitem Bogen
eingelegt. Die Führpferde müssen dazu benutzt werden, die
Remonten mit allen Wegen der Bahn bekannt zu machen und
auch für das Einzelreiten vorzubereiten.

Im Verlaufe der von Tag zu Tag länger dauernden
Übungen unter dem Reiter geht die Führung der Remonten
nach und nach von den Begleitern fast unmerklich auf die
Reiter über. Der Führzügel wird vom Führer allmählich
länger gelassen und zunächst im Schritt, dann im Trabe außer
Wirkung gesetzt, bis er schließlich vom Remontereiter selbst auf=
genommen wird, und der Begleiter nur noch nebenher reitet.

Gehen die Remonten ohne Führzügel ruhig und vertraut
neben den alten Pferden, so läßt der Reitlehrer diese vor die
jungen Pferde reiten, so daß sich schließlich alle Pferde auf dem
Hufschlage befinden. Nach wenigen Tagen werden die Führ=
pferde ganz entbehrlich; man entfernt sie zum ersten Male,
nachdem die Remonten mit ihnen bereits abgetrabt sind. Noch
einige Zeit behält man ein älteres Pferd als Tetenpferd bei.

Zum Auf= und Absitzen werden die Remonten entweder
in der ganzen Bahn verteilt oder auf der Mittellinie mit
Zwischenräumen von drei Schritt oder auf der linken Hand
auf dem Hufschlage mit Abständen von zwei Pferdelängen
aufgestellt. Die Aufstellung auf dem Hufschlage bietet in der
Reitbahn den Vorteil, daß Pferde, die beim Aufsitzen noch
nicht ruhig stehen, der Bande wegen weniger leicht ausweichen
können.

Nachdem die Reiter die Lage des Sattelzeuges nach=
gesehen und berichtigt haben, machen sie vor dem Aufsitzen
die Pferde durch Aufheben der Füße und Klopfen vertraut und
sitzen dann bei mäßig anstehenden Zügeln auf. **Es muß er=
reicht werden, daß die Pferde beim Aufsitzen unbedingt ruhig
stehen bleiben.**

Dreht sich ein Pferd herum, so muß es der Reiter vor dem Aufsitzen erst wieder gerade stellen. Zeigt sich ein Pferd sehr unruhig, so kann es anfangs durch einen anderen Mann gehalten werden. Dieser kann auch durch die vorgehaltene Futterschwinge, durch Kauenlassen des Pferdes an einem Stück Brot, oder indem er sich nur vor das Pferd stellt, dessen Aufmerksamkeit vom Reiter ablenken. Durch Geduld und Ausdauer, Beruhigen und Loben mit Stimme und Hand wird man die Pferde bald dahin bringen, daß sie ruhig stehen bleiben.

Nach einer kurzen, ersten Schrittreprise wird bald zum Trabe übergegangen, weil sich die Pferde in dieser Gangart am schnellsten beruhigen.

Der Reiter sitzt möglichst still und veranlaßt sein Pferd bei anstehenden Zügeln durch leichtes Klopfen mit dem inwendigen Schenkel oder mit der Gerte anzutraben. Mit der Zeit gewöhnen sich die Pferde immer mehr an das Klopfen oder Drücken der Schenkel und lernen den vortreibenden Schenkel beachten. Spannungen des Pferdes im Rücken dürfen niemals durch Aufrichten abgestellt werden; sie sind durch Vorwärtsreiten in freien Gängen bei tiefer Stellung auch durch Leichttraben zu beseitigen.

Es bleibt stets einer der wichtigsten Grundsätze der Dressur, in jedem Pferde die Neigung zum dreisten Vorwärtsgehen zu wecken und zu erhalten. Wie dies schon beim Anreiten neben Führpferden durch kurzes Zulegen im Tempo erstrebt wurde, so muß auch jetzt der Remontereiter danach trachten, den vom Pferde angebotenen natürlichen Gang eher etwas frischer zu reiten, als kürzer werden zu lassen. Gleichzeitig wird hierdurch auch das für das Geraderichten des Pferdes unbedingt nötige Strecken erreicht. Je mehr in dieser Ausbildungsperiode an Vorwärtsreiten gedacht und je weniger mit den Händen formend eingewirkt wird, eine um so bessere Grundlage wird für die spätere Dressur geschaffen. Da aber das zur Förderung der Gehlust des Pferdes nötige Treiben noch nicht ein für alle Pferde gleiches Tempo ermöglicht, darf ein Einhalten der Abstände nicht gefordert werden. Sind die Pferde übermütig und springen sie, so müssen die Reiter ohne Rücksicht auf Abstand und Gangart, aber möglichst auf dem Hufschlage vorwärts reiten.

Jedes übereilte Vorgehen in dieser Ausbildungsperiode muß vermieden werden, da es die Pferde in eine fehlerhafte Haltung bringen und dadurch Gang und Beine schädigen würde.

28. Entwicklung des Ganges. Anlehnung in der Tiefe.

In dem bisher der natürlichen Veranlagung des Pferdes angepaßten Trabtempo fangen bei richtiger Einwirkung die mehr nachschleppenden Hinterfüße an, sich zu kräftigen und vermehrt zu schieben. Durch den allmählich zunehmenden Gehorsam auf die vortreibenden Hilfen wird außerdem die Anlehnung an die Zügel verbessert. Aus der Wechselwirkung von Schenkel und Zügel wird sich allmählich ein gleich= mäßigeres und bestimmtes, dabei ruhiges Tempo, der A r b e i t s t r a b, entwickeln. In der Abteilung soll er so bemessen sein, daß jedes Pferd in gleichmäßigen, geräumigen Tritten vorwärts zu gehen vermag und auch ohne Übereilung mitkommen kann. Der Arbeitstrab bereitet alle anderen Trabarten vor und ist das Tempo, in dem man ein Pferd am andauerndsten arbeiten kann.

Durch vermehrte Einwirkung des Reiters wird das Pferd nun anfangen, sich beizuzäumen. Niemals darf diese Bei= zäumung durch die Hand erzwungen werden, sondern muß das Ergebnis des Nachschubs der Hinterhand sein. Im Ver= lauf der Dressur, namentlich in der ersten Zeit, werden einzelne Pferde mit der Nase hinter die Senkrechte gehen. Der Reiter muß stets bestrebt sein, dies durch vermehrtes Vor= treiben und freieres Tempo zu verhindern und das Pferd zu veranlassen, die Nase wieder vorzunehmen. Macht das Pferd den Hals zu kraus, so besteht die Gefahr, daß sich ein falscher Knick im Halse bildet. Diesem Fehler muß durch Vorwärts= reiten und Streckenlassen des Halses vorgebeugt werden. Ein= mal eingewurzelt, ist er schwer zu beseitigen.

Sobald das Pferd die Zügel= und Schenkelhilfen zu ver= stehen beginnt, werden dem Reiter durch die ungleiche Bean= lagung beider Seiten des Pferdes Schwierigkeiten erwachsen.

Auch die meisten Menschen vermögen auf einer Seite, und zwar gewöhnlich auf der rechten, mit Hand und Schenkel kräftiger zu wirken als auf der anderen. Hierdurch wird der Schub aus den Hinterbeinen ungleich entwickelt, somit der gleichmäßige Gang geschädigt. Diese Fehler werden dadurch abgestellt, daß die Pferde gleichmäßig an beide Zügel gebracht werden.

Schiebt der Reiter bei einem Pferde mit einer entschieden weichen und einer festen Seite den Hals zu sehr zusammen, so greift der Hinterfuß einer Seite häufig weiter vor, als der der anderen. Bei Unachtsamkeit entsteht aus diesem unregel= mäßigen Treten „der Antritt", und das Pferd lernt schief gehen.

Auf die Erlangung und Erhaltung eines guten, reinen Schritts muß die größte Sorgfalt verwendet werden, weshalb vorzeitiges oder starkes Anstehen der Zügel zu vermeiden ist. Der mangelhafte, ungleiche und schleppende Schritt eines Pferdes bessert sich meistens, wenn es richtig traben gelernt hat.

Der Schritt muß zunächst natürlich und frei sein. Wenn das junge Pferd in einer Trabreprise an die Zügel heran= gegangen ist, wird es im Schritt den Hals gern nach unten lang machen. Diesem Bedürfnis, die ermüdeten Halsmuskeln auszuruhen, muß der Reiter durch die nötige Zügelfreiheit entgegenkommen. Schenkel und Gerte veranlassen das Pferd zum freien Treten, ohne daß ein Übereilen im Gange statt= finden darf. Ist der freie Schritt erreicht, so werden die Zügel nach und nach so viel zum Anstehen gebracht, wie es ohne Beeinträchtigung des Ganges möglich ist.

Erst wenn die Pferde im Trabe eine ihrem Gebäude ent= sprechende Haltung gewonnen haben und gut am Zügel stehen, darf man von ihnen fordern, daß sie auch im Schritt, wenn auch zunächst nur für einige Tritte, am Zügel und in Haltung gehen. Sollen die Pferde nach einer gut am Zügel gerittenen Trabreprise einige Schritte in Haltung fortschreiten, so müssen die Reiter mit den Schenkeln am Pferde bleiben und mit leichter getragener Hand die Anlehnung am Mundstück erhalten. Der Schritt muß zuerst fleißig und lebhaft sein und darf erst dann verkürzt werden, wenn es dem Reiter gelungen ist, sein Pferd im freien Schritt am Zügel zu er= halten. Pferden, die kurze Tritte machen, läßt man mehr Zügelfreiheit und treibt sie mit den Schenkeln und der Gerte vermehrt vorwärts, selbst wenn einige Trabtritte die Folge sind. Eilt ein Pferd vorwärts, so muß der Reiter versuchen, es durch halbe Paraden zu verhalten, ohne jedoch im Anzuge stecken zu bleiben.

Eine verbesserte Haltung im Schritt kann erst im späteren Verlaufe der Dressur gefordert werden, wenn die Pferde sowohl im abgekürzten wie im Mittel= und starken Trabe sich selbst tragen und volle Durchlässigkeit bewahren.

In keiner Gangart kommen fehlerhafte Zügeleinwirkun= gen des Reiters und körperliche Schwächen des Pferdes so deutlich durch unregelmäßige Fußfolge zum Ausdruck wie im Schritt. Ein in guter Versammlung mit vollkommen gleich= mäßiger, lebhafter Fußfolge gerittener Schritt läßt auf gute Dressur schließen.

Das von vielen Reitern, namentlich in den Ruhepausen, nur mit den Händen ver= suchte Formen des Halses im Schritt schädigt den Vortritt und die Biegung der Hinter= hand in hohem Maße.

Soll aus dem Arbeitstrabe zum Schritt übergegangen werden, so bleiben die Schenkel in der ersten Zeit passiv, während die Hände wiederholt verhalten. Man läßt die Gangart auslaufen.

Zum Übergang aus dem Schritt zum Halten wird das Pferd durch wiederholtes Annehmen mit den Händen ganz allmählich zum Stehen gebracht. Im Anfang läßt man das junge Pferd nach dem Anhalten stehen, wie es will, gibt die Zügel nach und belobt es. Der vorzeitige Versuch, es durch ihm noch unbekannte Hilfen geradezustellen, würde das Pferd nur beunruhigen und verwirren.

Haben die Pferde auf die Schenkelhilfen, ohne die ge= wonnene Haltung zu verlieren, vorwärtsgehen gelernt, so kommen die Schenkel nach und nach auch bei dem Übergang aus dem Arbeitstrabe zum Schritt und aus diesem zum Halten in Wirksamkeit und veranlassen die Hinterfüße zu weiterem Unterlaufen. Nach dem Halten geben die Hände sogleich nach, damit die Vorderfüße vortreten können und das Pferd nicht veranlaßt wird, die untergeschobenen Hinterfüße wieder zurückzusetzen. Auch verlangt der Reiter nunmehr, daß sich das Pferd gerade hinstellt. Weicht es rückwärts oder seitwärts aus, so wird es nach vorwärts geradegestellt, indem der

Reiter einige Schritte gegen die leichte, getragene Hand vor-
reitet.

Die Übergänge aus dem Arbeitstrabe zum Schritt und
Halten müssen allmählich so erfolgen, daß die gewonnene
Haltung beibehalten wird. Im Schritt muß jedoch immer
wieder so viel Zügelfreiheit gewährt werden, wie dies der
Gang des Pferdes erfordert.

Beim Übergang aus dem Schritt zum Arbeitstrabe muß
das Tempo anfangs eher freier bemessen werden, damit die
Pferde nicht mit den Hinterbeinen schleppen und sich nicht
hinter die Hand spielen können.

Anfänglich ist der Bogen durch die Ecke so flach zu bemessen, daß der freie Vortritt nicht gestört wird. Die innere
Hand bleibt stehen, während die äußere nachgibt. Ein Klopfen
oder später ein Druck des inneren Schenkels erhält die fließende Vorwärtsbewegung. Nach dem Durchreiten der Ecke
wird der äußere Zügel wieder vorsichtig zur Wirkung gebracht
und beide Schenkel, hauptsächlich der innere, treiben das Pferd
in der neuen Richtung vor und an die nunmehr wieder gleichmäßig anstehenden Zügel heran.

Genaueres Durchreiten der Ecken kann erst dann verlangt
werden, wenn das Pferd durch das Reiten von Zirkel und
Volte die genügende Längsbiegung gewonnen hat.

Sobald die Pferde die Anlehnung in der Tiefe bei
leichtem Verhalten mit den Zügeln nicht verlieren und den
vortreibenden Schenkel genügend kennen, muß auf das Halten
der Abstände hingewirkt werden. Der Reiter muß hierzu
bestrebt sein, vor der Ecke von seinem Vordermann abzubleiben und aus der Ecke heraus mit ihm mitzukommen, ohne
den Gang des Pferdes zu stören. Ist der Abstand verloren-
gegangen, so darf er nicht plötzlich und auf Kosten des gleichmäßigen Ganges sowie der schon erlangten guten Haltung
wiedergewonnen werden.

Mit dem Reiten auf dem Zirkel kann mit Nutzen be-
gonnen werden, sobald die Pferde auf gerader Linie die
Anlehnung in der Tiefe gewonnen haben. Es bietet den
Vorteil, daß die Pferde im Wenden geübt werden und sich

in Tempo und Haltung verbessern. Wenn es auch jetzt noch nicht möglich ist, den Pferdekörper genau der Kreislinie anzupassen und ihn entsprechend zu biegen, so wird dennoch durch das Reiten auf dem Zirkel der Vortritt des inneren Hinterfußes gefördert. Auf einem großen Zirkel im Freien kann mit dieser Arbeit schon frühzeitig begonnen werden.

Es empfiehlt sich, in dieser Dressurperiode nicht mehr die ganze Stunde hindurch in der Abteilung zu reiten; dem Reiter muß auch Gelegenheit gegeben werden, das für seine Remonte richtige Tempo selbständig zu wählen. Hierzu bietet das Einzelreiten, anfangs aber nur auf der gleichen Hand, die beste Gelegenheit.

Um den jungen Pferden Ruhepausen zu gewähren, läßt der Lehrer in jeder Unterrichtsstunde einige Male auf dem Hufschlage oder in der Mitte der Bahn absitzen. Die Lage des Sattels ist dabei nötigenfalls zu berichtigen.

Eine gute Übung ist es, einen Reiter in die Bahn hineinwenden, dort halten und sein Pferd gerade hinstellen zu lassen. Hierauf belohnt es der Reiter durch Klopfen und Absitzen. Nach dem Aufsitzen sucht er durch gerades Vorreiten wieder auf seinen Platz in der Abteilung zu kommen. Enge Wendungen sind zu vermeiden, da die jungen Pferde dabei leicht mit der Hinterhand ausfallen.

Um den Remonten jede Ängstlichkeit und Empfindlichkeit beim Auf= und Absitzen, bei plötzlichen und auch derberen Bewegungen des Reiters, wie sie namentlich der Waffengebrauch erfordern kann, zu nehmen, sind frühzeitig während der Ruhepausen Voltigierübungen auszuführen.

29. Verbesserung des Ganges und der Genickbiegung durch den Mitteltrab. Beginn der relativen Aufrichtung.

Sobald die Remonten durch allmählich länger werdende Reprisen im Arbeitstrabe sichere Anlehnung in der Tiefe gewonnen haben, wird eine Verbesserung des Ganges und der Genickbiegung unter vermehrter Inanspruchnahme der Hinterhand durch den Mitteltrab erreicht werden.

Um die volle Schubkraft gegen die Hand zu erzielen, muß der Reiter bestrebt sein, das Pferd geradegerichtet zu erhalten.

Die Gehluft und die bereits gewonnene Anlehnung in der Tiefe dürfen jedoch hierdurch nicht beeinträchtigt werden. Ist dies dennoch eingetreten, so muß dem Pferde zunächst wieder die ihm mehr zusagende schiefe Richtung so lange zugestanden werden, bis die einseitigen Widerstände in Genick und Hinterhand mehr überwunden sind.

Erst im Verlaufe mehrerer Tage wird es gelingen, den Arbeitstrab bis zum Mitteltrabe zu steigern. Durch den Übergang aus dem Arbeitstrabe zum Mitteltrabe lernt das Pferd dem verstärkten Schenkeldruck folgen, mit der Hinterhand untertreten und vermehrt nachschieben.

Der Mitteltrab ist die beste Grundlage für alle späteren Lektionen und der beste Prüfstein für eine gute Dressur. Ohne Genickbiegung geritten, vereitelt er jeden Fortschritt in der weiteren Ausbildung des Pferdes. Der Mitteltrab ist zugleich das beste Mittel, durch falsche Versammlung entstandene Fehler zu beseitigen.

Zur Erzielung des Mitteltrabes werden die Pferde, nötigenfalls unter Beihilfe der Gerte, an die gleichmäßig anstehenden Zügel vermehrt herangetrieben. Das hierdurch entstehende kräftigere Abschieben der Hinterfüße veranlaßt das Pferd, längere Tritte zu machen. Übereilt sich ein Pferd beim Zulegen, so wird das Tempo sogleich wieder gemäßigt und erst wieder verstärkt, wenn sich die langen ruhigen Tritte wieder gefunden haben. Durch das stärkere Herangehen an das Gebiß wird die Biegung des Genicks vermehrt; der Hals schiebt sich mehr zusammen und wird durch das Abstoßen des Pferdes vom Mundstück für die Zügelhilfen durchlässiger. Mit zunehmender Durchlässigkeit und vermehrtem Nachschub wird das Pferd infolge der Biegung der Hinterhand Hals und Kopf höher tragen. Hiermit beginnt d i e   r e l a t i v e   A u f r i c h t u n g (Bild 49).

Pferde, die im Mitteltrabe ungleich treten, müssen zunächst in den Arbeitstrab zurückgenommen und darin zu gleichmäßigem Treten veranlaßt werden. Das Zurückgreifen auf ein kürzeres Tempo empfiehlt sich auch bei Pferden, die ohne Tätigkeit der Rückenmuskulatur gehend Hals und Kopf zu hoch tragen und mit der Hinterhand zurückbleiben. Erst wenn die Beizäumung gewonnen ist, darf im Tempo wieder zugelegt werden.

Pferde, die sich im Hals zu viel zusammenschieben, dabei mit hohem Rücken und steifer Hinterhand gehen, reitet man mit nur leicht anstehenden Zügeln vermehrt vorwärts und sucht den Hals zum Strecken zu bringen.

Pferde, die im Trabe mit der Hinterhand zu langsam, schleppend oder schwebend treten, müssen, sobald ihre Kräfte

Bild 49.

Mitteltrab.

hinreichend entwickelt sind, durch lebhaftere Schenkelarbeit zum fleißigeren Treten aufgefordert werden. Auch arbeitet man sie besser einzeln. Oft fördert auch Leichttraben den Gang.

Drängt ein Pferd auf die Hand, so schieben die Hinterbeine zu stark. Die Hand kann diesem Auflegen nicht allein begegnen, sondern bedarf hierzu der Mithilfe der vortreibenden Schenkel. Nur hierdurch werden die Hinterfüße zu vermehrter Lastaufnahme veranlaßt, wenn es auch der Empfindung vieler Reiter widerspricht, ein schon vorwärts drängendes Pferd auch noch mit den Schenkeln vorzutreiben.

Folgt das Pferd dieser Hilfe, so wird es sich am Zügel ab=
stoßen und an Selbsthaltung gewinnen.

Häufige Übergänge aus dem Mitteltrabe zum Arbeits=
trabe bieten den Vorteil, daß das Pferd infolge der halben
Paraden dem Drucke des Mundstückes nachgeben und sich im
Halse mehr zusammenschieben muß. Hierdurch wird es für
die Wirkung der Zügel durchlässiger. Damit Hals und Kopf
nicht aus der richtigen Haltung kommen, muß der Übergang
allmählich erfolgen; die Hände dürfen nur wenig annehmen,
während die Schenkel, im Druck etwas nachlassend, ruhig
liegen bleiben und rechtzeitig dafür sorgen, daß die Hinter=
hand nicht zurückbleibt.

Der Übergang vom Arbeitstrab zum Mitteltrab und
umgekehrt muß häufig geübt werden.

30. Erzielung des Gehorsams auf die einseitigen Hilfen.

Um das Pferd durch das Gegeneinanderwirken der
inneren und äußeren Hilfen bearbeiten zu können, muß ihm
zunächst der Gehorsam auf die einseitigen Hilfen gelehrt
werden. Mittel hierzu bieten die Wendung auf der Vorhand,
das Biegen und das Schenkelweichen.

Obwohl die Wendung auf der Vorhand keine schulgerechte
Lektion ist, bietet sie doch das einfachste Mittel, dem jungen
Pferde den Gehorsam auf die einseitigen Zügel= und Schenkel=
hilfen zu lehren, weil es zu dieser Wendung mechanisch ge=
zwungen werden kann.

Um das junge Pferd mit der Wirkung der Zügel,
namentlich des inneren, vertraut und dabei auch handfromm
zu machen, beginnt man schon beim ersten Anreiten der
Remonten, sobald sie ohne Führpferde gehen, mit dem Biegen
des Halses an der Hand.

Mit dem Biegen unter dem Reiter kann begonnen
werden, sobald der Hals am Widerrist festgestellt ist und die
Pferde im Arbeitstrabe und im Halten gleichmäßig an beiden
Schenkeln und Zügeln stehen. Da jedoch dieses Ziel meist
nicht gleichzeitig mit allen Remonten erreicht werden kann,
so wird der Beginn dieser Übung bei den einzelnen Pferden
zu verschiedenen Zeiten zu erfolgen haben.

Man lehrt dem jungen Pferde die Wirkung des biegenden
Zügelanzuges zunächst auf der Stelle. Hierzu empfiehlt es
sich, vorher durch längere Trabreprisen die Pferde gut an
die Zügel zu stellen.

Mit dem Biegen im Gange unter dem Reiter beginnt
man, sobald die Pferde die Biegung auf der Stelle verstanden
haben. Anfänglich genügt der geringste Grad von Biegung.

Junge Pferde müssen gebogen werden, ehe sie müde
geritten sind, weil sie sonst für die Biegung eine zu tiefe
Halsstellung annehmen.

Das Schenkelweichen wird zunächst im Schritt begonnen.
Bei widerstrebenden Pferden kann der Reitlehrer dadurch
unterstützend eingreifen, daß er das Pferd mit der einen Hand
führt, während er mit der anderen durch Klopfen mit einer
Gerte hinter dem Gurt die Seitwärtsbewegung veranlaßt.

Sobald das Schenkelweichen im Schritt richtig ausge=
führt wird, ist es im Arbeitstrab zu üben.

Die Halsbiegung muß beim Schenkelweichen auf ein
geringes Maß beschränkt werden. Jede stärkere Halsbiegung
würde ein Ausfallen der äußeren Schulter begünstigen.

Das Schenkelweichen kann begonnen werden, wenn die
Pferde den Gebrauch des einseitigen Zügels und Schenkels
durch die Wendung auf der Vorhand und das Biegen gelernt
haben. Da es sich jetzt nur um die Erzielung des Gehorsams
auf die einseitigen Hilfen handelt und das Schenkelweichen die
Gefahr in sich birgt, daß die jungen Pferde an Gehlust,
Haltung und Gang verlieren, so ist es auf nur wenige Tritte
zu beschränken. Dem Reiter muß es überlassen bleiben,
wieder auf einen Hufschlag überzugehen, sobald er fühlt, daß
die Übung dem Pferde noch zu schwer fällt.

Die weitere Ausgestaltung des Schenkelweichens darf
erst in einer späteren Periode erfolgen.

31. Allmähliche Versammlung im Arbeitstrabe. Verstärken des Mitteltrabes.

Um die Remonte in ihrer Haltung mehr zu befestigen
und nach und nach schwungvollere Tritte zu erzielen, muß
der Arbeitstrab zeitweise etwas versammelter und kürzer
geritten werden. Dadurch wird die Anlehnung leichter. Die

taktmäßigen und schwunghaften Tritte müssen dabei erhalten
bleiben; das Pferd soll nur erhabener und weniger raum=
greifend treten. Mit der Verkürzung des Arbeitstrabes darf
erst nach erlangter guter Haltung im Mitteltrabe begonnen
werden. Die damit verbundene Versammlung bedingt eine
angestrengtere Tätigkeit fast aller Muskeln und darf daher
anfänglich nur kurze Zeit verlangt werden.

Jeder Versammlung im Gange soll zweckmäßig ein
freieres Tempo folgen, um sowohl die Verbesserung des
Ganges zu erproben, als auch die Gehlust der Pferde erneut
anzuregen.

Mit dem Verstärken des Mitteltrabes wird begonnen,
sobald er genügend befestigt ist. Man bezweckt durch das
dabei erzielte vermehrte Untertreten und Abschieben der
Hinterfüße und durch das freiere und weitere Vortreten der
Vorderfüße eine Verbesserung des Mitteltrabes. Das Ver=
stärken des Tempos wird nur auf den langen Seiten der
Reitbahn vorgenommen. Die Tritte müssen ebenso ruhig wie
im Mitteltrabe bleiben, aber raumgreifender sein. Zeigt das
Pferd übereilte Tritte, so muß das Tempo verkürzt und der
Takt des Ganges wieder geregelt werden. Es kann sich emp=
fehlen, hierzu auf den Zirkel zu gehen. Der „starke Trab"
darf erst im zweiten Jahre gefordert werden.

Bei Pferden mit schwacher Hinterhand und weichem
Rücken sitzt der Reiter nicht so schwer ein und hält mit den
Händen tief gegen. Bei Pferden mit starker Hinterhand und
starrem Rücken läßt der Reiter die Hände etwas steigen und
sitzt kräftiger ein.

Erzeugt der vermehrte Wurf des Reiters bei einem
Pferde krampfhafte Tritte, so kann leicht getrabt werden.

32. Verbesserung der seitlichen Biegung durch vermehrte Anwendung der äußeren Hilfen.

Hat das Pferd gelernt, unbedingt sicher vorwärts zu
gehen, den inneren Hilfen willig nachzugeben und eine
gesammeltere Haltung im Trabe anzunehmen, so ist der Zeit=
punkt gekommen, die äußeren Hilfen zu vermehrter Wir=
kung zu bringen. Erst die Gegenwirkung der äußeren Hilfen
gegen die inneren gestattet es, dem Pferde die für die
fernere Bearbeitung erforderliche Längsbiegung zu geben.

Lektionen, die das Pferd zum Gehorsam auf die äußeren Hilfen erziehen, sind in der jetzigen Dressurperiode das Reiten in Stellung sowie das Abbrechen und das Reiten auf dem Zirkel.

Das Reiten in Stellung lehrt das Pferd, in vermehrter Zusammenschiebung diejenige Längsbiegung anzunehmen, die in geringerem oder stärkerem Grade bei der Versammlung des Pferdes bei allen Wendungen im Galopp und beim Reiten auf zwei Hufschlägen unentbehrlich ist. Der Schwung der Hinterhand gegen das Genick, die Reinheit des Ganges sowie der Gehorsam auf innere und äußere Hilfen werden aber nur dann gewahrt und gefördert, wenn auch beim Reiten in Stellung das Pferd stets relativ geradegerichtet und der Hals am Widerrist festgestellt bleibt. Das Pferd darf in Hals und Genick nicht stärker seitlich gebogen werden als im Rumpf. Durch kurze Reprisen und häufigen Stellungswechsel wird vermieden, daß die Pferde in einseitiger Biegung ermüden.

Das Abbrechen soll die durch das Biegen im Halten und im Gange erzielte seitliche Genickbiegung vervollkommnen und damit die völlige Durchlässigkeit des Pferdes sicherstellen. Alle der Arbeit auf der Stelle anhaftenden Nachteile weisen jedoch darauf hin, diese Lektion weder häufig vorzunehmen noch lange auszudehnen.

Läßt sich das Pferd ohne jede Beeinträchtigung des Ganges auf gerader Linie im Schritt und im versammelteren Trabe willig in Stellung reiten, so wird es sich nunmehr auch der Kreislinie des Zirkels genau anpassen lassen. Durch die stärkere Biegung des inneren Hinterfußes bietet das Reiten auf dem Zirkel dem Reiter das Mittel, die schiebenden Kräfte der Hinterbeine allmählich in tragende umzusetzen.

33. Der Galopp.

Für den Galopp sind die Pferde hinreichend vorbereitet, wenn sie gut an der Hand stehen und sich in versammelterem Trabe in Stellung selbst tragen. Unter günstigen Aus=bildungsverhältnissen kann mit dem Eingaloppieren der Pferde in kleinen Gruppen und einzeln nach etwa acht Wochen ununterbrochener Arbeit begonnen werden. In der ganzen Abteilung darf vor Mitte Februar nicht galoppiert werden.

Die Pferde sollen zunächst nur lernen, unter dem Reiter in den Galopp einzugehen und sicher auf dem betreffenden Fuße zu verbleiben.

Zur Einübung des Galopps geht man auf einen großen Zirkel und erst, nachdem die Pferde sicher angaloppieren gelernt und Haltung gewonnen haben, auf die gerade Linie über. Man kann das Pferd durch die auf dem Zirkel an und für sich gebotene Längsbiegung besser zum Galopp vorbereiten; es kann nicht so fortstürmen wie auf gerader Linie und nicht so leicht die Hinterhand in die Bahn stellen. Auch ist das Pferd leichter in den Galopp zu setzen und darin zu erhalten, weil die inneren Füße schon vorgreifen. Endlich kann der innere Hinterfuß nicht so viel Kraft zum Abschieben entwickeln, da er sich vermehrt biegen muß.

Ist man auf die Benutzung einer Reitbahn angewiesen, so empfiehlt es sich, bei den meist geringen Abmessungen der Bahnen unmittelbar nach der Entwicklung des Galopps auf dem Zirkel auf die ganze Bahn überzugehen und die Ecken entsprechend abzurunden.

Die geeignetste Gangart zur ersten Entwicklung des Galopps ist ein versammelter Trab; es ist besser, statt die Gangart zu kommandieren, die Reiter den richtigen Augenblick zum Angaloppieren selbst herausfühlen zu lassen. Im allgemeinen ist die Stelle des Zirkels die geeignetste, wo das Pferd nach dem freien Paradepunkte sich der Wand nähert.

Ein bestimmtes Tempo läßt sich für das Eingaloppieren nicht angeben. Die Reiter müssen einen natürlichen, ruhigen Sprung anstreben, der erst später gemäßigt oder gestreckt werden muß (Bild 50). Es darf zunächst nur kurze Zeit galoppiert werden. Zum Beenden des Galopps läßt man die Pferde in den Arbeitstrab und dann erst in den Schritt übergehen.

Um die Remonten auf dem Fuße zu befestigen, wird die Zeit des Galoppierens auf derselben Hand allmählich verlängert. Niemals dürfen jedoch die Kräfte des Pferdes zu sehr in Anspruch genommen werden.

Bild 50.

Haltung der jungen Remonte beim ersten Galoppieren.

Bleiben die Pferde im Galopp auf dem richtigen Fuße, so geht man aus dem Galopp zum Arbeitstrabe und aus diesem zum Schritt über und galoppiert bald darauf wieder an. Dies wird mehrere Male wiederholt. Hierdurch lernen die Pferde das leichte Eingehen in den richtigen Galopp.

Um zu vermeiden, daß sich die Pferde gegenseitig stören, beginnt man die Entwicklung des Galopps mit höchstens vier Pferden gleichzeitig auf dem Zirkel. Pferde, denen das Angaloppieren besonders schwer fällt, werden am besten an der Longe eingaloppiert.

Beim Übergang vom Zirkel auf die ganze Bahn müssen die Reiter schon vor dem Paradepunkte, wo sie auf die ganze Bahn übergehen sollen, den äußeren Zügel vermehrt gegenhalten und zur Erhaltung des Galopps die Pferde mit beiden Schenkeln kräftig vordrücken.

Im Verlaufe der Übungen im Angaloppieren aus dem Arbeitstrabe wird sich aus dem dem einzelnen Pferde angeborenen natürlichen Galopp gewissermaßen von selbst ein bestimmtes gleichmäßiges Tempo, der Arbeitsgalopp, entwickeln.

Mit seiner Vervollkommnung kann der Galopp aus dem Schritt einzeln, anfangs am besten aus der Volte, entwickelt werden. Jede Traversstellung ist dabei zu vermeiden. Wird im Arbeitsgalopp vollkommene Ruhe, Losgelassenheit und Gleichgewicht erreicht, dann ist für die Entwicklung des Mittelgalopps die beste Grundlage geschaffen.

Das dem Arbeitsgalopp zunächstliegende, die Schub= und Schnellkraft sowie die Losgelassenheit des Pferdes am meisten fördernde Galopptempo ist der Mittelgalopp.

Sobald die Pferde mit Sicherheit richtig angaloppieren und im Tempo befestigt sind, wird der Arbeitsgalopp durch vermehrtes Herantreiben der Hinterhand allmählich schwung= hafter gemacht, bis der Mittelgalopp erreicht ist. Dieser nötigt die Pferde zu vermehrter Rückentätigkeit und Biegung der Hinterhand und bereitet die anderen Galopparten vor. Der Galoppsprung muß geräumig sein und ist durch halbe Paraden mit dem äußeren Zügel und durch vorherrschendes Vortreiben mit dem inneren Schenkel gleichmäßig zu gestalten.

Ist die Remonte im Mittelgalopp befestigt, so kann in den Sommermonaten durch wiederholtes Angaloppieren vor= nehmlich aus dem Schritt eine allmähliche Versammlung des Arbeitsgalopps zu einem gehalteneren Tempo angestrebt werden. Dieses kürzere Tempo darf nicht durch Verkürzen des Arbeits= oder Mittelgalopps erzielt werden, sondern muß lediglich der Erfolg häufigen Angaloppierens sein. Weiter= gehende Forderungen im Galopp, wie abgekürzter Galopp, Reiten enger Figuren im Galopp oder Verstärken des Mittel= galopps, sind mit Rücksicht auf die Spätreise der Remonten im ersten Dienstjahr verboten.

34. Verbesserung der Durchlässigkeit des Pferdes. Steigerung der Versammlung und Biegung.

Bisher konnten die Paraden vom Pferde noch nicht richtig ausgeführt werden, weil es noch nicht Haltung und Durch= lässigkeit genug besaß, einen Teil der Last von der Vorhand auf die Hinterhand zu verlegen.

Erst nachdem das junge Pferd durch die verschiedenen Trabtempos, die Übergänge aus der einen Trabart in die andere und zum Schritt sowie durch Biegen sich mit der Hinterhand mehr tragen gelernt hat, werden die Paraden geübt.

Mit den Remonten kann das Rückwärtsrichten begonnen werden, wenn die genügende Durchlässigkeit erlangt ist. Da dem jungen, ungerittenen Pferde das Rückwärtstreten unge= wohnt ist und schwer fällt, empfiehlt es sich, die ersten Übungen ohne Reiter an der Hand vorzunehmen. Gibt das Pferd dem Drucke des Mundstücks willig nach, so kann mit der Übung unter dem Reiter begonnen werden. Der Reiter muß sich anfangs schon mit dem Zurücknehmen eines Fußes begnügen und das Pferd hierfür beloben. Die Übung ist nie= mals lange auszudehnen.

Durch das Biegen, das Reiten in Stellung und die Arbeit auf dem Zirkel sind die Pferde am besten zu engeren Wendungen im Gange vorbereitet worden. Ist ein junges Pferd noch nicht dazu befähigt, so ist der Kreisbogen der Wendung entsprechend größer zu nehmen, damit ein Aus= fallen der Hinterhand vermieden wird.

Zunächst sind die Ecken genauer auszureiten. Dann können die Pferde auch in Kehrtwendungen und Volten geübt werden. Um mit den Remonten diese engere Wendung mit richtiger Biegung einzuüben, empfiehlt es sich, mit nicht mehr als vier, sich auf einen Schritt Abstand folgenden Pferden in der zweiten Ecke einer langen Seite einen Kreis so anzu= legen, daß das Tetenpferd an das letzte auf sechs Schritt Ab= stand herankommt. Diese größere Volte wird einige Male im Schritt, späterhin auch im Arbeitstrabe abgeritten; dann wird durch eine Kehrtwendung von der Tete aus auf die andere Hand gegangen, um an der anderen Ecke der langen Wand die gleiche Volte zu reiten. Auf diese Weise werden die jungen Pferde spielend mit dem Wege der im Laufe der Zeit allmählich auf sechs Schritt Durchmesser zu verengernden Volte vertraut gemacht und in der hierfür nötigen Biegung geübt. Wenn sich die Pferde diesem kleineren Kreise angepaßt haben, können Volten auch mit den einzelnen Pferden geübt werden.

Genaues Reiten der Volte mit richtiger Stellung in unverändertem Tempo wird bei den meisten Pferden erst im späteren Verlaufe der Dressur nach der Lektion Zirkel verkleinern zu erreichen sein.

Das Einüben der Volte bereitet auch die Acht und die Schlangenlinien vor und vervollkommnet das Eckenpassieren.

Sobald sich die jungen Pferde im versammelten Arbeitstrabe in taktmäßigen Tritten willig in Stellung reiten lassen, kann zur Steigerung der Versammlung die Wendung auf der Hinterhand geübt werden. Um die für das Festhalten des inneren Hinterfußes nötige Versammlung und Biegung der Hinterhand zu erzielen, läßt der Lehrer die Pferde aus dem versammelten Trabe zum Schritt und alsbald zum Halten parieren und jeden Reiter für sich die Wendung ausführen.

Die Wendung um den inneren Hinterfuß ist aber dem jungen Pferde nur dann möglich, wenn die Vorhand ganz allmählich durch den inneren Zügel Schritt für Schritt herumgeführt wird.

Nachdem der Gehorsam auf die inneren Hilfen erzielt ist und das Pferd die Gegenwirkung der äußeren Hilfen beachten gelernt hat, wird man diese allmählich vermehrt wirken lassen und so das Schenkelweichen dem Schulterherein nähern.

Schon hierbei zeigen sich die beim Schulterherein am häufigsten vorkommenden Fehler, nämlich Verwerfen des Halses infolge zu starken Einwirkens mit dem inneren Zügel, hierdurch bedingtes Ausfallen mit der äußeren Schulter und Losmachen vom Zügel.

Eine weitere Verstärkung der Biegung und damit gleichzeitig auch der Versammlung des Pferdes wird durch Verkleinern des Zirkels erreicht.

35. Reiten auf Kandare.

Nachdem die Remonten nach ununterbrochener neunmonatiger Dressur durch die bisher aufgeführten Lektionen soviel Haltung gewonnen haben, daß sie den genügenden Grad von Anlehnung an das Trensenmundstück, von Selbsthaltung und Durchlässigkeit bewahren, können sie von Anfang Juli an auf Kandare gezäumt und dann auch mit dieser Zäumung im Gelände geritten werden. Sie bietet den Vorteil, daß die Reiter die jungen Pferde im Freien mehr beherrschen können, daß aber auch die Remonten in besserer Haltung gehen und mehr auf den Beinen geschont werden. Auch gibt die Form, in der sich die einzelnen Remonten auf Kandarenzäumung tragen, dem Lehrer einen Fingerzeig für die bei Beginn des zweiten Ausbildungsjahres wieder aufzunehmende Bearbeitung auf Trense.

Bei Beginn des Reitens mit der Kandarenzäumung kommt es darauf an, eine auf beiden Seiten gleichwertige Zügeleinwirkung zu erzielen. Hierzu werden die Zügel entweder geteilt, oder es wird die Trense angefaßt; in beiden Fällen muß die Wirkung der Trense vorherrschen. Auch kann man alle vier Zügel in der linken Hand vereinigen und durch die vorfassende rechte Hand die Anlehnung regeln. Das Reiten der Remonten auf Kandare am Schlusse des ersten Ausbildungsjahres hat ausschließlich unter Mitgebrauch der Trense zu geschehen.

Die jungen Pferde werden nur dann die Anlehnung an die Kandare vertrauensvoll selbst suchen, wenn ihnen nicht nur ein Längermachen des Halses, sondern auch ein gewisser Spielraum für das Vornehmen der Nase vor die Senkrechte gestattet wird, und wenn sie gut vorwärts geritten werden.

Um die Pferde nach und nach an die Kandare zu gewöhnen, läßt der Lehrer die ersten Tage nur im Schritt und Arbeitstrabe möglichst geradeaus reiten. Die Anlehnung an das Mundstück wird am besten bei verhältnismäßig langen Zügeln durch längeres Traben in ruhigen, geräumigen Tritten gewonnen werden. Ist dies erreicht, so kann man auf den Zirkel und zu den Wendungen übergehen. Alle Zügelhilfen leitet man zunächst mit der Trense ein und läßt gleich darauf die Kandare wirken, so daß das Pferd nach und nach für die Einwirkungen dieses Mundstücks Verständnis erlangt. Die Paraden aus dem Trabe zum Schritt und aus dem Schritt zum Halten müssen ganz allmählich ausgeführt werden. Beim Durchreiten der Ecken ist der äußere Kandarenzügel, besonders auf der rechten Hand der linke, etwas nachzulassen. Der inwendige Kandarenzügel muß die durch die Trense gewonnene seitliche Biegung erhalten. Durch Verstärken des Tempos zum Mitteltrabe und durch Einschaltung von Galoppreprisen wird die Anlehnung verbessert.

Vor allem muß sich der Reiter hüten, das junge Pferd, wenn es die Kandare gut annimmt, durch Zurückarbeiten mit den Zügeln im Halse zu kraus zu machen.

Beim Übergang von der Trensen= zur Kandarenzäumung tritt häufig der Fehler ein, daß sich die Pferde überzäumen und sich somit durch eine falsche Biegung im Halse nach unten der Genick= und Ganaschenbiegung entziehen. Diesem Fehler muß durch vorherrschende Schenkelwirkung und Vermeiden von zu kurzen Gängen begegnet werden. Durch die Stellung der Nase hinter der Senkrechten entzieht sich das Pferd mehr oder minder der Einwirkung des Reiters auf die Hinterhand; auch wird dadurch die Tritt= und Sprungweite in allen Gang= arten wesentlich verkürzt.

Stellt ein auf Kandare gezäumtes Pferd Hals und Kopf zu tief, so muß die Nase durch vortreibende Hilfen zuerst etwas vor die Senkrechte gebracht und das Genick mit der Trense höher gestellt werden. Alsdann wird in dieser Stellung die Beizäumung wieder verbessert.

Um größere Nachgiebigkeit auf die Wirkung der Kandare zu erzielen, bedient man sich des Biegens im Gange und des Abbrechens auf der Stelle.

Beides darf nur in der Stellung von Hals und Kopf vorgenommen werden, die für das Pferd im Gange richtig ist, weil in einer zu tiefen Stellung die Kandare fehlerhaft wirken würde.

Haben Pferde beim Abbrechen die Neigung, eine zu tiefe Stellung einzunehmen, so müssen die Hände entsprechend höher gestellt werden. Der Zweck des Abbrechens, sich dadurch das Pferd im Gange besser in die Hand zu stellen, wird sonst nicht erreicht. Der Aufrichtungsgrad ist deshalb schon jetzt beim Abbrechen genau zu regeln, sonst steht die Arbeit auf der Stelle mit der im Gange nicht im Einklang. Bei normalem Gebäude muß das Genick der höchste Punkt des Pferdes bleiben.

Nachdem das Pferd durch Biegen auf beiden Seiten nachgiebig gemacht ist, kann dazu übergegangen werden, das Pferd auch auf Kandare im Halten an die Zügel zu stellen und dabei Beizäumung und Aufrichtung zu verbessern. Das Ausweichen des Pferdes wird bei steter und weicher Hand anfänglich dadurch verhindert, daß man es einige Tritte vordrückt. Es ist nunmehr anzustreben, das Pferd in dieser verbesserten Haltung auch im Gange zu erhalten.

Der inwendige Trensenzügel leitet in dieser Ausbildungsperiode die Wendung ein. Die Kandarenhand führt ihre Drehungen so aus, daß der inwendige Kandarenzügel nicht nur zuerst, sondern auch während der ganzen Wendung vorherrschend wirkt, bis das Pferd nach und nach auch die Wirkung des auswendigen Zügels kennen und dem Druck des Mundstücks auf die auswendige Lade nachgeben gelernt hat. Bei Einübung der Wendungen auf Kandare kann ein geringes Abweichen der Hand aus ihrer Stellung seitwärts gegen die auswendige Hüfte gestattet werden, um dem jungen Pferde den Willen des Reiters desto deutlicher zu machen. Bei fortschreitender Dressur treten die Zügelhilfen immer mehr zurück; Schenkel- und Gewichtshilfen wirken vor.

Für die Führung auf dem Zirkel gelten die gleichen Grundsätze wie für die Wendungen. Der auswendige Kandarenzügel wird etwas nachgelassen; beide innere Zügel und der innere Schenkel sorgen für Weichheit der inneren Seite; der äußere Trensenzügel, der dem Pferde die Haltung gibt, und der äußere Schenkel bestimmen die Größe des Zirkels.

36. Springen.

Die jungen Pferde müssen systematisch im Springen geübt werden. Da sie noch nicht die Widerstandsfähigkeit der Bänder und Sehnen der Beine besitzen, die erforderlich ist, um sie ohne Schaden unter dem Reiter springen zu lassen, so sind sie im ersten Halbjahr nur an der Hand einzuspringen. Erst nach beendeter Winterausbildung dürfen Springübungen über Hindernisse von geringen Abmessungen auch unter dem Reiter vorgenommen werden. Durch ungeschickte, besonders durch zu hohe Sprünge und solche, bei denen die Pferde auf allen vier Beinen gleichzeitig landen, werden die jungen Pferde leicht lahm und oft dauernd geschädigt. An der Hand können die Remonten während des Sommers auch über Hindernisse aller Art von etwas größeren Abmessungen eingesprungen werden*). Das Einspringen an der Hand ist eine vorzügliche Übung für das Pferd. Vor allem wird hierbei die Rückenmuskulatur gelöst. Dieses Springen über niedrige Hindernisse wird daher zweckmäßig zu Beginn der Reitstunde geübt.

Zum ersten Einspringen bedient man sich einer dicken, etwa 5 bis 6 m langen Springstange**). Eine zu leichte Stange würde beim Sprunge leicht fortgeschleudert werden und dem Pferde zwischen die Beine kommen. Zunächst werden die Pferde mehrere Tage am Schlusse der Unterrichtsstunde von den abgesessenen Reitern so über die auf den Boden gelegte Springstange geführt, daß sie über die Stange aus der Bahn rücken. Bleiben die Pferde ruhig, so legt man die Stange in das unterste Loch und läßt auf das andere Ende einen Mann mit dem Fuße treten. Allmählich wird die Stange so hoch gelegt, daß der Führer noch bequem über sie hinwegschreiten kann, ohne das Pferd dabei im Maule zu beunruhigen. Mit diesen vorbereitenden Übungen kann schon nach wenigen Tagen begonnen werden; es ist vorteilhaft, sie auf beiden Händen und auch in der Mitte der Bahn vorzunehmen.

Werden die Vorübungen von den Pferden richtig ausgeführt, so beginnt das Freispringen (Bild 51).

Zum Einspringen an der Hand stellt man die abgesessene Abteilung jenseits des Sprunges an der kurzen Wand, Front nach innen, mit hochgezogenen Bügeln so auf, daß der nach der

---

*) Es empfiehlt sich, Hürden, Koppelricks, Baumstämme, Mauern, trockene und nasse Gräben (diese nicht unter 1,40 m breit) und, wenn Mittel und Raum zur Verfügung stehen, Klettergruben und Profile von mäßig hoch gelegenen Straßen mit vorliegenden Gräben anzulegen. Die Hochsprünge sowohl auf dem Reitplatz wie im Sprunggarten sind, soweit möglich, fest anzulegen und zum Höher- und Niedrigerstellen einzurichten.

**) An dem dickeren Ende der Stange wird ein starker, eiserner Zapfen zum Einstecken in die Wand angebracht. Die Stange ist mit einer Strohflechte umwickelt. Auf der Mitte der langen Wand wird eine Eisenschiene mit vielen Löchern für den Zapfen der Stange angebracht. Zum Springen in der Mitte der Bahn sind erhöhbare Gestelle erforderlich.

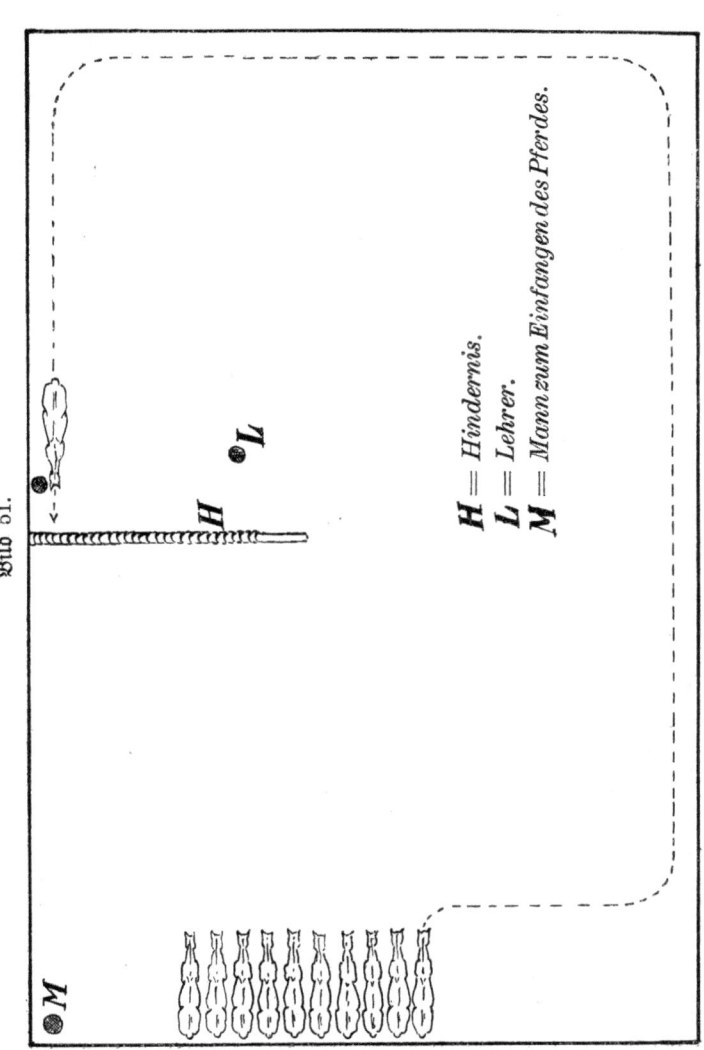

Bild 51.

H = Hindernis.
L = Lehrer.
M = Mann zum Einfangen des Pferdes.

Einspringen an der Hand.

langen Wand dem Hindernis zu gelegene Flügel vier Schritte von der langen Wand entfernt bleibt. Die Zügel werden durch den Kehlriemen gezogen und auf dem Halse geknotet. Die Pferde werden an dem dem Hindernis (H) entfernteren Flügel beginnend, einzeln von dem auf der äußeren Seite gehenden Reiter im Schritt an das Hindernis geführt. Zum Einfangen der Pferde wird jenseits des Hindernisses in der Ecke ein Mann (M) mit einer Haferschwinge aufgestellt. Der Lehrer (L) steht mit einer Peitsche diesseits des Hindernisses, soll aber von ihr nur dann Gebrauch machen, wenn Pferde stockend oder zu wenig nach vorwärts springen. Oft genügt ein Heben des Armes, um das Pferd im Gang zu halten. Das nächste Pferd folgt, sobald das vorhergehende einge= fangen ist.

Durch Absperren der jenseits des Hindernisses gelegenen offenen Seiten mit Longen, die von zwei Leuten gehalten werden, wird das Herumspringen einzelner Pferde in der ganzen Bahn und das damit oft verbundene zeitraubende Ein= fangen vermieden.

Die Stange wird stets auf der Seite gehalten, von der gesprungen wird.

Zeigt ein Pferd Lust zum Springen, so muß der Führer gut mitgehen und die führende Hand so rechtzeitig öffnen, daß das Pferd das Hindernis senkrecht überwinden kann. Ist das Pferd unruhig und weicht vor dem Hindernis aus, so stellt es der Führer wiederholt gerade und läßt es erst springen, wenn es vollständig beruhigt ist. Mit dem Höherlegen der Spring= stange darf nicht zu rasch vorgegangen werden. Zeigt sich das Pferd beim Sprunge ungeschickt oder bleibt es an der Stange stehen, so ist sie sofort wieder tiefer zu legen. Um solchen Pferden den Absprung zu erleichtern, empfiehlt es sich, eine zweite Stange vor die Springstange auf die Erde zu legen.

Will man ein freistehendes Hindernis springen lassen, so stellt man die Abteilung mit Front gegen die Sprungrichtung auf und läßt die Pferde durch zwei Mann heranführen. Bricht ein Pferd aus, so ist es wiederholt an das Hindernis nahe heranzubringen, dann mit Rückwärtsrichten zu strafen und dieses Verfahren so lange zu wiederholen, bis ihm der Sprung als eine Erleichterung nach dem lästigen Rückwärts= richten erscheint.

Beim Landen müssen die Vorderbeine den Boden früher berühren als die Hinterbeine. Nur bei einem in dieser Weise ausgeführten Sprunge wird die Fortbewegung nicht unterbrochen. Durch das Landen gleichzeitig auf den vier Beinen oder zuerst auf den Hinterbeinen werden leicht Gelenke und Rücken des Pferdes verprellt. Bei breiten Hindernissen erfordert diese Art des Springens einen unverhältnismäßig großen Kraftaufwand. Je mehr sich die Fortbewegung ohne Stocken dem Sprunge anschließt, je mehr also dieser dem Auge als ein mächtigerer, erhabenerer Galoppsprung erscheint, um so vollkommener ist die Ausführung.

Um die jungen Pferde zu solchen Sprüngen zu erziehen, empfiehlt es sich, öfters eine Stange auf den Boden oder in mäßiger Höhe und Entfernung vor das Hindernis zu legen. Wenn die Pferde über ein einzelnes Hindernis sicher eingesprungen sind, werden Doppelsprünge mit verschiedenen Abständen und später mehrere verschiedenartige Hindernisse in mäßiger Höhe aufgestellt — Anzahl je nach Größe der Bahn. Am besten ist es, wenn man aus Stangen oder Strohseilen auf leichten Unterstützungen eine Einzäumung der Springbahn herstellt. Die Remonten müssen einen solchen Springkurs am Ende der Winterausbildung im ruhigen Sprung sicher überwinden.

Beim Einspringen, besonders von verdorbenen Pferden, kann man sich mit Nutzen der Longe bedienen. Um den Widerstand des Pferdes sicherer zu überwinden und ein Zerreißen des Zaumzeuges zu vermeiden, ist es vorteilhaft, einen Kappzaum aufzulegen.

Bei freistehenden Hindernissen oder wenn ein Pferd den Gehorsam versagt, benutzt man zweckmäßig zwei Longen. Bei dieser Art des Einspringens führt ein Mann das Pferd so an das Hindernis heran, daß es noch genügend Anlauf zum Sprunge hat, während die beiden Longenführer seitwärts vorwärts des Hindernisses mit gespannten Longen stehen. Auf diese Weise wird das Pferd gezwungen, auf einem bestimmten Platze und gerade zu springen; auch wird vermieden, daß es in der Parade eine Wendung auf die Vorhand macht, wodurch leicht die Beine beschädigt werden. Das Pferd wird durch die je nach der Beschaffenheit des Hindernisses hoch oder tief zu haltenden Longen auf gerader Linie pariert.

Nach beendeter Winterausbildung kann zum überwinden von mäßigen Hindernissen unter dem Reiter geschritten werden, sobald die Pferde an der Hand sicher und geschickt springen. Man beginnt damit, die Pferde anfangs über die am Boden liegende, später über die niedrig eingelegte Stange hintereinander treten zu lassen. Demnächst wird die Ab= teilung auf der Hand, auf der man springen lassen will, auf einen Zirkel genommen. Der Zirkel wird so viel verkleinert, daß der Hufschlag freibleibt. Dann läßt man die Reiter einzeln in der Gangart, aus der man springen lassen will, auf die ganze Bahn und über das Hindernis gehen. Es wird zunächst nach der Abteilung zu gesprungen. Anfangs läßt man die Reiter mit einer Hand in die Mähne fassen, um die Pferde beim Springen nicht zu stören. Nach dem Sprunge muß man das Pferd anfänglich auslaufen lassen, denn scharfe und plötzliche Paraden schädigen die Vorderbeine und sind häufig die Veranlassung, daß das Pferd später den Sprung verweigert.

Springen die Pferde auf diese Weise sicher, so kann man die ganze Abteilung mit zwei oder mehr Pferdelängen Abstand springen lassen. Zur Beruhigung wird nach dem Springen über die auf die Erde gelegte Springstange hinweggeritten.

Zunächst reitet man die jungen Pferde im ruhigen Trabe gegen das Hindernis; fällt das Pferd kurz vor dem Hindernis in den Galopp, so muß man es im Galopp springen lassen. Erst nachdem die Pferde ganz sicher eingesprungen sind, darf der Reiter die Gangart bestimmen, aus der das Pferd springen soll.

Unsichere Pferde reitet man gegen das Hindernis nur in der Gangart und in dem Tempo, in dem man sie in der Gewalt behält.

Werden Remonten auf Kandarenzäumung gesprungen, so muß die Trense vorherrschen.

37. Besondere Übungen.

Das Einzelreiten ist für die Dressur der Remonten von höchster Wichtigkeit. Auf der gleichen Hand darf man es bei mäßigen Anforderungen schon frühzeitig, auf beiden Händen gleichzeitig aber erst dann beginnen, wenn die Pferde einiger= maßen in der Gewalt der Reiter sind. Es stellen sich sonst

leicht Ungezogenheiten ein, die in der Folge schwer abzu=
gewöhnen sind.

Schwierige Pferde sind mehr einzeln als in der Abteilung
zu arbeiten.

Der den Pferden innewohnende Herdentrieb muß früh=
zeitig bekämpft werden. Man beginnt damit schon beim ersten
Anreiten, indem man die Remonte anfangs mit dem Führ=
pferde, später allein, ab und zu eine Wendung aus der im
Gange befindlichen Abteilung heraus quer über die Bahn aus=
führen läßt. Das Herausreiten aus der stehenden Abteilung
stellt schon höhere Anforderungen. Als Vorübung empfiehlt
sich das Herausreiten aus der geöffneten und später aus der
mit verkleinerten Zwischenräumen aufgestellten Abteilung.
Eine Aufstellung mit kleineren Zwischenräumen als drei
Schritt kann erst vorgenommen werden, wenn der Reiter be=
fähigt ist, das Pferd richtig hinzustellen und kleine Bewe=
gungen vor=, rück= und seitwärts mit ihm auszuführen. Das
Herausgehen aus dem geschlossenen Gliede darf von den
jungen Remonten nicht eher gefordert werden, als bis sie
gut an der Hand stehen.

Anfänglich ist das Herausreiten aus dem Gliede am
Schluß der Stunde vorzunehmen und mit sofortigem Ein=
rücken zu verbinden.

Das Einrücken zur Abteilung hat grundsätzlich im Schritt
mit langen Zügeln zu erfolgen.

Das Reiten im Gelände muß dazu benutzt werden, die
Remonten mit leichteren Hindernissen aller Art vertraut zu
machen und ihnen die Scheu vor dem Wasser zu nehmen.
Das für das Soldatenpferd unentbehrliche Klettern ist oft
zu üben.

Beim Reiten im Gelände empfiehlt es sich, den Herden=
trieb auszunutzen, um den Gehorsam und das Selbstvertrauen
beim Überwinden von Hindernissen, hauptsächlich durch das
gute Beispiel sicherer, älterer Führpferde, zu erzielen und dann
erst den Gehorsam in der Einzelübung zu befestigen.

Durch vieles ruhiges Einzelreiten mit gelegentlichem
Halten zum Ab= und Aufsitzen werden die jungen Pferde im
Gelände ruhig und vertraut gemacht.

Die Remonten werden vom Frühjahr ab allmählich an
Lanze und Stechgegenstände gewöhnt, so daß im Sommer auch
das Stechen nach Gegenständen betrieben werden kann.

Die Lanzen sind den Reitern erst dann zu geben, wenn
den Pferden durch genügende Bewegung der Stallmut ge=
nommen ist. Alle Bewegungen mit der Lanze sind so einzu=
richten, daß die Pferde nicht erschreckt werden. In der ersten
Zeit sind die Lanzenflaggen zu rollen.

Zur Gewöhnung an den Straßenverkehr und an die
Truppe benutzt man die Sommermonate. Die Mitnahme
zuverlässiger, älterer Führpferde ist zweckmäßig.

Fehlerhaft ist es, ein ruhig gehendes Pferd durch plötz=
liches Verkürzen der Zügel und vermehrtes Anfassen schon
von weitem auf jeden auffallenden Gegenstand aufmerksam zu
machen und dadurch gleichsam zum Scheuen zu veranlassen.
Ebenso falsch ist es, vor jedem furchterregenden Gegenstande
halten zu bleiben und dem Pferde eine genaue Musterung
zu gestatten. Der Reiter muß vor allem trachten, das Pferd
in der Vorwärtsbewegung zu erhalten, ohne die Verbindung
zwischen Hand und Pferdemaul aufzugeben. Niemals darf
das Pferd gezwungen werden, gerade auf den Gegenstand
seiner Furcht loszugehen; es muß ihm vielmehr gestattet
werden, frühzeitig etwas seitlich auszubiegen. Ist das Pferd
willig an dem Gegenstand vorübergegangen, so ist es sofort
zu beloben. Stutzen in einer Abteilung die vorderen Pferde,
so müssen die hinteren Reiter kurz entschlossen ihre Pferde
vorwärts treiben. Ist ein Pferd vorüber, so folgen die anderen
meist ohne Schwierigkeit nach.

Um die jungen Pferde an die Truppe zu gewöhnen und
ihnen die Furcht vor plötzlichen Bewegungen, Gewehrgriffen
und lauten Geräuschen, wie Musik und Schießen, zu nehmen,
läßt man sie zunächst in angemessener Entfernung arbeiten.
Bleiben die Pferde ruhig, so kann man sich der übenden
Truppe allmählich nähern, doch ist es ratsam, erst dann zum
Halten überzugehen, wenn sich die Pferde vollständig beruhigt
haben. Marschierenden Abteilungen folgt man derart, daß
man niemals zum Kehrtmachen gezwungen wird. Der Reiter

muß jedes Erschrecken und Kehrtmachen des Pferdes zu ver= meiden suchen, denn man braucht oft lange Zeit, einen üblen Eindruck wieder zu verwischen.

Nur dasjenige Pferd wird wirklich straßenfromm und truppensicher, von dem bei seiner ersten Erziehung nachteilige Eindrücke möglichst ferngehalten worden sind und das dabei niemals den Reiz des Ungehorsams kennengelernt hat.

Alte Remonten.

38. Weitere Ausbildung des Ganges und Vervollkomm= nung der Durchlässigkeit und Versammlung.

Nach der Unterbrechung der Ausbildung durch die Herbst= übungen werden die Remonten wieder auf Trense gezäumt und in den im ersten Jahre geübten Lektionen vervollkommnet.

Haben die Pferde in den drei Gangarten bei gerade ge= richtetem Körper und einem am Widerrist festgestellten Halse die ihrem Gebäude entsprechende Selbsthaltung wieder= gewonnen, so ist die Gymnastik der Hinterhand durch allmäh= lich erhöhte Anforderungen in den versammelten Gangarten und durch die Seitengänge weiter zu fördern.

Das Hauptaugenmerk muß auch im wei= teren Verlaufe der Dressur auf Förderung des Ganges und der Durchlässigkeit gerich= tet bleiben.

Haben die Remonten wieder eine gute Haltung im Mitteltrabe erlangt, und führen sie die Paraden und das Zurücktreten richtig aus, so kann der Arbeitstrab allmählich zum abgekürzten Tempo versammelt werden. Das Pferd soll im abgekürzten Trabe erhabenere und weniger raumgreifende, aber weder stampfende noch schwebende Tritte machen. Indem es sich in den Hanken vermehrt biegt, trägt es sich höher und verbindet Aufrichtung und höchste Versammlung mit größter Durchlässigkeit (Bild 52).

Viele Pferde suchen sich der ihnen unbequemen Ver= sammlung dadurch zu entziehen, daß sie sich auf die Hand legen, andere, indem sie hinter die Zügel kriechen und mit flachen und kurzen Tritten vorwärts gehen. Der abgekürzte

Trab darf daher niemals zu kurz und nicht zu andauernd geritten werden. Freiere Gänge sind einzulegen.

Legt sich das Pferd auf die Zügel, so muß der Reiter es durch kurze halbe Paraden und Verbesserung der Hals- und Kopfstellung sowie durch vermehrte Tätigkeit der Schenkel, besonders des inneren, zu besserem Selbsttragen veranlassen. Kriecht das Pferd hinter die Zügel, so muß es der Reiter

Bild 52.

Abgekürzter Trab.

mit den Schenkeln mehr vordrücken und im Tempo zulegen, um die Anlehnung wiederzugewinnen.

Durch die im abgekürzten Trabe erzielte vermehrte Biegung der Hinterhand wird der Mitteltrab sich so verbessert haben, daß zur Gewinnung weitgreifenderer Tritte der starke Trab ausgebildet werden kann (Bild 53). Er nimmt die Schubkraft der Hinterhand voll in Anspruch und fördert den Mitteltrab und den abgekürzten Trab. Die im zweiten Ausbildungsjahre wesentlich erhöhten Anforderungen an

Biegung und Versammlung gebieten gelegentliches Einschalten des starken Trabes zu erneuter Anregung der Gehluft.

Die Entwicklung des starken Trabes muß ganz allmählich erfolgen, weil sonst leicht übereilte Tritte entstehen. Klappt ein Pferd in die Eisen, so muß das Tempo verkürzt und die Haltung verbessert werden.

Das Verkürzen des Trabtempos hat ebenso allmählich zu erfolgen wie das Verstärken.

Bild 53.

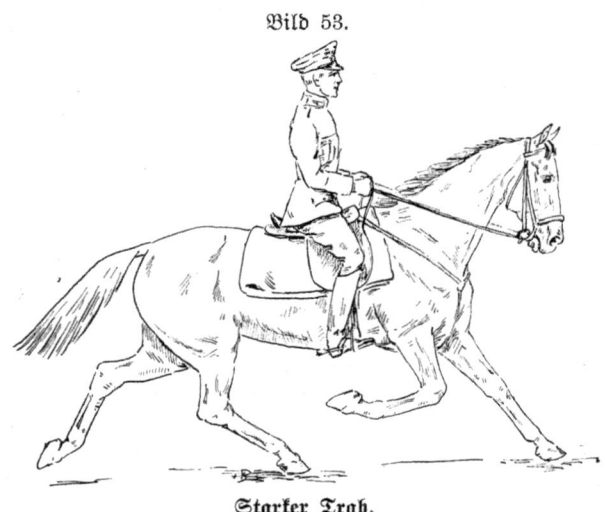

Starker Trab.

Der starke Trab ist nur auf den langen Seiten zu reiten. Nach dem Galoppieren wird er besonders geräumig sein.

Um die Aufmerksamkeit und Folgsamkeit des Pferdes auf die äußeren Hilfen zu erhöhen, wird das Reiten in Konterstellung im Schritt und im abgekürzten Trabe geübt. Da hierbei die Wendung gegen die Biegung mit dem äußeren Zügel ausgeführt werden muß und somit der äußere Zügel der führende ist, werden die jungen Pferde viel leichter gezwungen, den äußeren Hilfen zu folgen, als durch das Reiten in der der Hand entsprechenden Stellung. Auch fördert die beim Wenden in Konterstellung dem äußeren Zügel zufallende Be-

schränkung des Vortritts des äußeren Hinterfußes die Nach=
giebigkeit auf die äußeren Hilfen.

Das Reiten in Konterstellung dient als Vorübung für
Renvers und Kontergalopp.

Das junge Pferd wird durch die bisherigen Lektionen
so viel Selbsthaltung gewonnen haben, daß etwa vier Wochen
nach Wiederaufnahme der Dressur im zweiten Jahre mit dem
Reiten der Seitengänge begonnen werden kann.

Der Reiter erreicht die durch die Seitengänge beabsichtigte
stärkere Biegung des inwendigen Hinterfußes am sichersten im
S ch u l t e r h e r e i n, weil er die Wirkung des inneren
Schenkels durch den gleichseitigen Zügel unterstützen kann.
Deshalb ist auch ein Ausweichen des inneren Hinterfußes im
Schulterherein leichter zu verhindern als im Travers und
Renvers, wo sich biegender innerer Zügel und seitwärts
treibender äußerer Schenkel entgegenarbeiten müssen.

Die Remonten sind erst dann zum T r a v e r s richtig
vorbereitet, wenn die Erhaltung der gleichmäßigen Biegung
dem Reiter im Schulterherein keine Schwierigkeiten mehr
bereitet.

Im Travers wird nicht nur der innere Hinterfuß ver=
mehrt gebogen, sondern auch der äußere schiebende Hinterfuß
mehr als im Schulterherein unter die Gewichtsmasse ge=
trieben. Infolge der hierdurch erzielten stärkeren Biegung
der Hinterhand wird die Vorhand mehr entlastet. Dadurch
und weil führender Zügel und Fußsetzung nicht geändert zu
werden brauchen, wird das Pferd durch Travers am besten
für alle engeren Wendungen vorbereitet.

Mit R e n v e r s kann man beginnen, sobald die Pferde
im Reiten in Konterstellung geübt worden sind und im Tra=
vers einige Sicherheit erlangt haben.

Man muß Seitengänge nur kurze Zeit reiten und
die Anforderungen an Abstellung nach dem Grade der er=
zielten Biegung und Versammlung nur allmählich steigern.
Durch die Seitengänge soll die Schubkraft zwar gemäßigt,
aber niemals unterdrückt werden. Sobald der Gang unrein
oder ausdruckslos wird, also eine zu starke Beschränkung der
Schubkraft anzeigt, muß die seitliche Abstellung ver=
ringert werden. Richtig gerittene Seitengänge werden ver=

befjerte Haltung, erhabenere, jchwungvollere Tritte und gleich=
mäßig weiche Anlehnung zur Folge haben.

Haben die Remonten im Mittelgalopp bei jchwungvollem
Gang eine gute Selbjthaltung erlangt, jo kann mit dem abge=
kürzten Galopp begonnen werden. Im abgekürzten Galopp

Bild 54.

Abgekürzter Rechtsgalopp.

joll das Pferd mit den Hinterbeinen bei gebogenen Hanken
die Laft vermehrt tragen. Die Sprünge werden jich dadurch
langjamer und weniger raumgreifend folgen. Die Laft wird
von den weit untergreifenden Hinterfüßen bei jedem Sprunge
kräftig abgejchwungen.

Der abgekürzte Galopp (Bild 54) fördert am meiften die
Biegjamkeit der Hinterhand, gibt dem Pferde eine vollkom=
menere Haltung, bereitet es zu den Paraden aus ftärkeren

14*

Gangarten, zu den Wendungen und zum geschickten über=
winden von Hindernissen aller Art vor.

Am leichtesten wird der abgekürzte Galopp durch häufiges
Angaloppieren aus dem Schritt und abgekürzten Trabe er=
reicht. Nach wenigen Galoppsprüngen hat die Parade zu er=
folgen. Hierdurch lernt das Pferd die Hanken biegen, sich
selbst tragen und erhält gleichzeitig die beste Vorbereitung für
die ganze Parade. Vor jedem Angaloppieren ist die Haltung
zu verbessern. Geht das Pferd schließlich auf leichte, fast
zeichenartige Hilfen in den abgekürzten Galopp ein und bleibt
es auch darin in genügender Selbsthaltung, dann kann auch
aus dem Mittelgalopp zum abgekürzten Galopp übergegangen
werden. Zur vollen Biegung der Hinterhand ist hierbei die
Hebelwirkung des richtig aufgerichteten Halses auszunutzen.

Die Übung im häufigen Angaloppieren muß schon früh=
zeitig nach der Wiederaufnahme der Dressur begonnen und
täglich vorgenommen werden. Man bedient sich hierzu am
besten des Zirkels, weil die gebogene Linie das Pferd zum
Verkürzen des Tempos geneigt macht.

Öfterer Handwechsel sowie Wechsel zwischen Zirkel und
ganzer Bahn und zwischen abgekürztem Galopp und Mittel=
galopp ist nötig. Hört der Schwung im abgekürzten Galopp
auf, so muß zwischendurch freieres Tempo geritten werden.
Ein bestimmter Sprung muß sich im abgekürzten Galopp bei
jedem Pferde bemerkbar machen.

Trägt sich das Pferd sicher im abgekürzten Galopp, so
muß auch dem Geraderichten des Pferdes Aufmerksamkeit zu=
gewandt werden. Hierdurch wird auch dem Hereinstellen der
Hinterhand in die Bahn am besten begegnet, das meistens
durch Ziehen am inneren Zügel und ungenügende Tätigkeit
des inneren Schenkels verursacht wird.

Das Angaloppieren ist auch aus dem Halten zu üben.
Hierzu müssen die Hinterfüße gut herangestellt sein. Dem
Pferde ist anfänglich zu gestatten, vor dem Angaloppieren
im Schritt anzugehen.

Um die Biegsamkeit und Tragkraft der Hinterhand zu
vervollkommnen, kann mit den Remonten das Hankenbiegen
vorgenommen werden, sobald sie sich im abgekürzten Galopp
selbst tragen. Der Reiter darf hierbei die Anforderungen an

die Versammlung nur ganz allmählich erhöhen und das Hankenbiegen niemals zu lange ausdehnen. Jede gewaltsame Einwirkung ist zu unterlassen. Nach jedem Erfolg ist das Pferd zu loben.

Der Kontergalopp darf erst geritten werden, wenn das Pferd sich im abgekürzten Galopp auf gerader Linie und in den Wendungen sicher trägt. Anfänglich sind die Ecken nötigenfalls bis zur Zirkellinie abzurunden. Nach erlangter Sicherheit im Kontergalopp sind auch die Galoppchangements zu üben.

Sobald sich die Pferde in guter Versammlung im Travers im Schritt und abgekürzten Trabe durch die Ecken führen lassen, kann mit dem Einüben der Kurzkehrtwendung begonnen werden.

Bei den ersten Übungen, die stets einzeln vorzunehmen sind, muß den Reitern genügend Zeit gelassen werden. Erst wenn die Kurzkehrtwendung im Schritt und abgekürzten Trabe richtig ausgeführt wird, darf sie im Galopp geübt werden. Bei Ausführung der Kurzkehrtwendung im Galopp sollen die Pferde mit einigen Sprüngen um den möglichst festzuhaltenden inneren Hinterfuß herumgaloppieren. Erst wenn es dem Reiter gelingt, den inneren Hinterfuß unter Beibehaltung des Galopptempos in der Wendung festzuhalten, darf das für den Waffengebrauch nötige Herumwerfen des Pferdes in einem Schwunge ausgeführt werden.

39. Arbeit auf Kandare.

Hat der Reiter durch die Arbeit auf Trense die zur vollen Beherrschung des Pferdes gebotene Beizäumung, Aufrichtung und Durchlässigkeit erreicht, so wird das erlangte Maß von Ausbildung durch das Reiten auf Kandare befestigt und vervollkommnet. Die Hebelwirkung der Kandare ermöglicht es auch dem Reiter, die auf Trense gewonnene Reitform des Pferdes ohne jeden Kraftaufwand mit einer Hand zu erhalten.

Die Remonten werden Mitte Januar auf Kandare gezäumt. Sobald sie sich an diese Zäumung gewöhnt haben, werden sie in allen bisherigen Lektionen vervollkommnet.

Da der Soldat beim Waffengebrauch darauf angewiesen ist, das Pferd nur mit der linken Hand zu führen, so ist das Reiten mit einer Hand, mit durchgezogener Trense rechtzeitig und häufig zu üben.

Beim Reiten mit losgelassener Trense darf der Reiter selbständig vorübergehend mit der rechten Hand in die Kandarenzügel fassen oder von der Trense Gebrauch machen, wenn es sich darum handelt, Fehler des Pferdes, namentlich in der Stellung, zu verbessern. Dies ist besonders beim Einzelreiten zu beachten.

Es ist anzustreben, daß die alten Remonten bei Beendigung der Dressur in allen Gangarten und besonders beim Einzelreiten auch mit losgelassener Trense geritten werden können. Bei den Seitengängen ist die Trense stets anzufassen, beim Springen anzufassen oder durchzuziehen.

40. Springen.

Nachdem die Remonten im Sommer des ersten Jahres Hindernisse von geringen Abmessungen unter dem Reiter gesprungen haben, werden die Übungen im Springen mit Beginn des zweiten Jahres wieder aufgenommen und die Anforderungen nach und nach gesteigert.

Jedem Überwinden eines neuen Hindernisses unter dem Reiter sollte der Lehrer ein Springen an der Hand vorausgehen lassen.

Die Anforderungen im Springen sind stets nach dem Gebäude und den Kräften des Pferdes zu bemessen. Die Ausbildung muß einzeln und in der Abteilung erfolgen. Schließlich müssen die Pferde alle Hindernisse einzeln gehorsam springen.

Sobald die Pferde beim Springen im Gehorsam gefestigt sind, kann auch mit Zügeln in einer Hand gesprungen werden.

41. Besondere Ausbildung für die Einstellung in die Eskadron.

Zur Vorbereitung der Remonten für ihre Verwendung im Gliede muß nach Beendigung der Winterdressur und vor Beginn des eigentlichen Exerzierens, soweit es die örtlichen und Witterungsverhältnisse ermöglichen, der Mittelgalopp

als Vorübung für den Exerziergalopp allmählich verstärkt
werden.

Das Verstärken des Galopps hat auf langen Linien zu
erfolgen.

Das Schließen ist nur in dem Umfange zu üben, wie es
im Gliede gebraucht wird.

Um die jungen Pferde zur Verwendung im Gliede vor=
zubereiten, müssen sie lernen, mit den verschiedenen, beim
Exerzieren vorkommenden Abständen in sicherem Tempo zu
gehen. Besonders notwendig ist die Übung im Reiten auf
einen Schritt Abstand, weil das Halten des Tempos hierbei
am schwersten ist.

Die Lanzenübungen sind so frühzeitig zu beginnen, daß
die Pferde bei Einstellung in die Eskadron jede Scheu vor
Lanze und Stechgegenständen verloren haben. Die Pferde
sind auch an den Säbel zu gewöhnen.

Das Schwimmen am Kahn und mit dem Reiter gehört
gleichfalls zur Ausbildung des jungen Pferdes.

IV. Teil

Ausbildungsgrundsätze für Rekruten, ältere Reiter und Offiziere.

Rekruten.

42. Allgemeines.

Die Reitfertigkeit der Rekruten beeinflußt die Leistungen der Eskadron nicht nur für das laufende Ausbildungsjahr, sondern auch für die Folgezeit. Die Ausbildung der Rekruten verlangt daher die gewissenhafteste Arbeit. Der Hauptwert ist dauernd auf die Erlangung des richtigen Sitzes zu legen. Einmal angenommene Sitzfehler lassen sich später nur schwer beseitigen.

Mit Gang und Ziel der Rekrutenausbildung wohl vertraute Lehrkräfte und rittige, frische Pferde sind unerläßliche Vorbedingungen, wenn die Rekruten nach sechs Monaten zur Einstellung in die Eskadron fertig ausgebildet sein sollen. Es bedarf vor dem Eintreffen der Rekruten und auch später im Laufe der Ausbildung gründlicher Belehrung des Rekruten-offiziers und der nach dessen Anweisung arbeitenden Unter-offiziere über den Unterrichtsgang.

Vor Eintreffen der Rekruten sind die Rekrutenpferde, auf die in Aussicht genommenen Abteilungen verteilt, unter Beobachtung der erforderlichen Schonung durch gute Reiter zu arbeiten. Gegen Ende dieser Vorbereitung empfiehlt es sich, die Pferde auch ausgebunden reiten zu lassen. Sie sollen dadurch lernen, sich an den Ausbindezügeln abkauend, ruhig mit Abstand im Trabe und Galopp hintereinander herzu-gehen, auch wenn die Zügel geknotet sind. Außerdem ist es zweckmäßig, einige Pferde jeder Abteilung, die zur Ausbildung schwach veranlagter oder zurückgebliebener Rekruten dienen sollen, an der Longe zu arbeiten. Geht im Laufe der Rekruten-ausbildung die Haltung einzelner Pferde verloren, so sind sie durch gute Reiter wieder in die richtige Form zu bringen.

Von großer Bedeutung für den Erfolg der Ausbildung ist die richtige Zusammenstellung von Reiter und Pferd. Bau, Art der Bewegung, Dressurgrad und Temperament des Pferdes beeinflussen den Sitz in hohem Maße. Manche Reiter sitzen deshalb auf einigen Pferden gut, auf anderen schlecht. Der Reitlehrer muß verstehen, die für die Reiter passenden Pferde herauszufinden. Um die Reitfertigkeit zu erhöhen, ist später für einzelne Stunden ein Wechsel der Pferde vorzunehmen.

Solange die Witterung es erlaubt, findet der Reitunterricht auf den Reitplätzen statt; doch ist auch die zeitweilige Benutzung der Reitbahn zur Ausbildung der Rekruten notwendig. Sobald der Sitz einigermaßen gefestigt ist, müssen die Rekruten wenn möglich wöchentlich einmal auf dem Exerzierplatz oder im Gelände reiten. Hierbei ist das Reiten langer Linien und freierer Tempos sowie das Überwinden von Hindernissen aller Art zu üben.

Der tägliche Reitunterricht soll grundsätzlich mindestens anderthalb Stunden dauern. Es bedarf einer zweckmäßigen Arbeitseinteilung durch den Reitlehrer, wenn diese Zeit ohne Überanstrengung von Pferd und Mann ausgenutzt werden soll. Je mehr Zeit für den Reitdienst zur Verfügung gestellt werden kann, um so gründlicher kann die Einzelausbildung sein, und um so mehr können die Pferde durch Einlegen von Ruhepausen geschont werden. Diese Schonung ist besonders während des Haarwechsels geboten. Die Ruhepausen sind zur Vorbereitung des Rekruten für die später als Meldereiter und Schütze an ihn herantretenden Anforderungen auszunutzen.

Dem praktischen Reiten muß eine eingehende theoretische Belehrung am lebenden Pferde oder am Übungspferde vorangehen.

Lektionen, die an das Verständnis des Mannes besondere Anforderungen stellen, müssen zuerst mit dem einzelnen Reiter durchgenommen werden. Die hierauf verwendete Zeit bringt sich reichlich wieder ein. Am schnellsten werden neue Lektionen von den Rekruten begriffen, wenn der Lehrer oder ein Hilfslehrer, der bei keiner Abteilung fehlen sollte, sie zu Pferde vormacht und hierbei auch die vorkommenden Fehler und deren Abstellung zeigt. Zu warnen ist vor dem Einleiern von Lektionen, wozu mancher Lehrer namentlich vor Be=

fichtigungen neigt. Der Lehrer muß vielmehr häufig neue überraschende Anforderungen stellen. In den Schrittpausen, und später in allen Gangarten, unterhalte sich der Reitlehrer häufig mit den Rekruten, um ihre geistige Tätigkeit zu wecken und sie das laute Sprechen bei schneller Bewegung des Pferdes zu lehren. Auf diese Weise werden die Leute zu aufmerksamen Reitern erzogen, ihre Entschlußkraft und Selbständigkeit geweckt, sowie ihre reiterliche Einwirkung gefördert. Einer so ausgebildeten Rekruten-Abteilung wird man die Unternehmungslust und die Dienstfreudigkeit an den Augen ansehen. Solcher Geist wird aber nur durch einen Lehrer geweckt, der durch Lust und Liebe zur Sache, durch flottes persönliches Reiten und frisches Wesen ein Vorbild für seine Leute ist.

Der Gesundheitszustand der Rekruten ist dauernd zu überwachen, da sonst Ausfälle unvermeidlich sind. Wundreiten, Unfälle sowie Erkältungen lassen sich durch Fürsorge, Belehrung und richtiges Maßhalten in den Anforderungen vermeiden.

Der Reitlehrer muß den Rekruten zur Liebe für sein Pferd erziehen und ihm klar machen, daß gute Pflege und Behandlung sowie jede erlaubte Schonung in seinem eigenen Interesse liegt. Ein williges, frisches, seinem Reiter treues Pferd ist die beste Waffe.

43. Anzug und Pferdeausrüstung.

Der Rekrut kommt zum ersten Reitunterricht im Reitanzug mit Mütze, ohne Sporen. Die Anlegung der Sporen ist als Auszeichnung dem einzelnen Reiter je nach dem Grade seiner Fortschritte zu gestatten. Im weiteren Verlauf der Ausbildung wird allmählich der vollständige Dienstanzug angelegt. Die Lanze bekommt der Rekrut so bald wie möglich in die Hand. Zuletzt wird mit allen Waffen und ab und zu auf gepacktem Sattel geritten.

Besonderer Wert ist auf gutes Verpassen der Kleidungsstücke zu legen. Unbequem sitzende Kleidungsstücke machen den Reiter steif; nicht passende oder vielfach im Futter geflickte Hosen veranlassen das Durchreiten.

Die Pferde sind gesattelt und auf Trense gezäumt.

Da die Ausbildung in den ersten Wochen ohne Zügel stattfindet, der Rekrut außerdem zunächst auch nicht in der Lage ist, sein Pferd in Haltung zu reiten, so ist es vorteilhaft, dem Pferde durch Ausbinden eine solche Haltung zu geben, daß es mit einer gewissen Rückentätigkeit geht. Hierdurch erhält der Rekrut von Anfang an das Gefühl für das richtige Gehen des Pferdes.

Die Ausbindezügel sind so an die Sattelgurte oder in die Packösen zu schnallen, daß die Pferde nur in mäßigem Grade beigezäumt werden. Zum Springen sind die Ausbindezügel zu lösen.

Ist die Ausbildung so weit gediehen, daß der Rekrut unabhängig sitzen und auf sein Pferd einigermaßen einwirken kann, so sind die Ausbindezügel fortzulassen.

44. Erster Unterricht zur Erlangung des Sitzes.

Es kommt in der ersten Zeit nur darauf an, daß der Rekrut das Gleichgewicht auf dem Pferde erlangt und sich losläßt. Das Gewinnen des Gleichgewichts wird durch leichtes Schlußnehmen mit den inneren Flächen der Oberschenkel und dem flachen Knie unterstützt; ein Festklemmen mit den Unterschenkeln darf nicht stattfinden.

Der junge Reiter soll Vertrauen zum Pferde gewinnen; damit ihm dies nicht durch Herunterfallen genommen wird, ist ihm vorübergehend ein Festhalten an Mähne oder Sattel zu gestatten.

Ein losgelassener Sitz wird am besten dadurch erreicht, daß man den Rekruten ganz natürlich sitzen läßt und nur darauf hält, daß er die Oberschenkel im Hüftgelenk weit auseinandernimmt, sie etwas nach innen herumdreht und die Unterschenkel und Füße herunterhängen läßt.

Grundfalsch ist es, von vornherein den Rekruten in die Form des vorschriftsmäßigen Sitzes pressen zu wollen. Erst völlige Losgelassenheit — dann militärische Form!

Zunächst ist die Grundlage des Sitzes, der Sitz auf dem vorgeschobenen, breiten Gesäß, zu erreichen. Demnächst wird die Lage des Oberschenkels bei tiefem Knie und die des Unterschenkels sowie die Haltung des Oberkörpers geregelt. Die Fußspitzen werden leicht angehoben.

Anfangs reiten die Rekruten nur im Rühren. Mit dem Reiten im Stillgesessen wird erst begonnen, wenn völlige Losgelassenheit erreicht ist; doch muß auch weiterhin viel im Rühren geritten werden.

Zum Reitunterricht wird die Abteilung geöffnet aufgestellt. Die Trensenzügel werden über dem Pferdehals geknotet. Das Aufsitzen erfolgt, indem der Mann möglichst ohne fremde Hilfe und ohne in die Zügel zu fassen auf sein Pferd zu kommen sucht. Das vorschriftsmäßige Aufsitzen wird erst gelehrt, wenn der Rekrut am hochgestellten Übungspferd ohne Pauschen den Sprung in den Stütz und die Einnahme des Reitsitzes gelernt hat.

Demnächst ordnet sich die Abteilung im Schritt, wenn nötig zuerst hinter einem ausgebildeten Tetenreiter, auf der ganzen Bahn mit einem Schritt Abstand. Dann wird in einem gemäßigten Tempo angetrabt. Die Rekruten sind anzuweisen, ihrem Vorderreiter in den Nacken zu sehen und sich bei allen Wendungen etwas nach innen zu neigen.

Die Trabreprisen müssen in der ersten Zeit sehr kurz bemessen werden, damit die Reiter bei der ungewohnten Tätigkeit nicht zu sehr ermüden und sich nicht durchreiten. Durch häufiges Haltenlassen ist ihnen Gelegenheit zu geben, sich zurecht zu setzen. Hierzu erfaßt der Reiter mit der inneren Hand den Vorder-, mit der äußeren Hand den Hinterzwiesel, nimmt einen Oberschenkel nach dem anderen vom Pferde ab und zurück und schiebt das Gesäß gut nach vorn. Später wird dies ohne Mitwirkung der Hände ausgeführt.

Sobald wie möglich ist mit den Rekruten der Galopp zu beginnen, da in dieser Gangart die Erhaltung des Gleichgewichts und das Vorschieben des Gesäßes am leichtesten zu erlernen ist. Der Galopp wird anfänglich auf einem großen Zirkel, und zwar aus dem Schritt entwickelt, weil der Rekrut im Schritt am sichersten sitzt und schon etwas einwirken kann. Als Hilfe zum Angaloppieren genügt die Verlegung des Gewichts auf den inwendigen Gesäßknochen und ein Klopfen mit dem inwendigen Unterschenkel bei zurückgenommenem äußeren. Der Hauptfehler beim Galoppieren ist ein klappendes Gesäß. Die Ursache hierfür liegt in falscher Anspannung der Muskeln, Steifmachen der Gelenke und Festklemmen der Knie und Unterschenkel. Der Reitlehrer muß daher auf völlige Losgelassen-

heit und gutes weiches Mitgehen im Sattel halten. Der
Rekrut ist darüber zu belehren, wie sich ihm der Rechts= und
Linksgalopp verschieden unter dem Gesäß bemerkbar macht.

Mehrmals in der Unterrichtsstunde wird auf= und ab=
gesessen.

Mit den Reitübungen sind von vornherein Freiübungen
nach Anhang III zu verbinden und während der ganzen
Rekrutenausbildung vorzunehmen. Freiübungen und Lanzen=
übungen müssen auch außerhalb der Reitstunden im Reitsitz
auf dem Übungspferd oder auf Tonnen vorgenommen werden;
dabei fördern namentlich Lanzendeckungen die für einen
schmiegsamen Sitz notwendige Losgelassenheit der Hüften.

45. Erlernung der Zügelführung.

Das erste Erfordernis für eine gute Zügelführung ist die
Unabhängigkeit vom Zügel.

Sie ist nur durch einen völlig gefestigten Sitz im Gleich=
gewicht zu erlangen. Man gibt daher dem Rekruten die Zügel
erst in die Hand, wenn dieser Sitz gewonnen ist.

Um dem Reiter eine richtige Vorstellung von dem Maß
der Anlehnung zu geben, mit der das Pferd am Zügel stehen
soll, faßt der Lehrer die Zügel dicht am Gebiß an und wirkt
auf die Zügelhand des Reiters ebenso ein, wie es das Pferd
bei normaler, also leichter Anlehnung am Mundstück tut. Ist
der Reiter derart unterwiesen, so wird von ihm verlangt, daß
er mit seiner Hand in dauernder Verbindung mit dem Pferde=
maul bleibt. Die Zügel dürfen weder schlottern noch zu straff
anstehen. Dazu ist es nötig, daß Schulter=, Ellenbogen= und
Handgelenk so losgelassen sind, daß die Hände bei jeder Be=
wegung des Maules mitgehen können und immer dieselbe
leichte Anlehnung erhalten. Erst wenn der Rekrut Ver=
ständnis und Gefühl für die richtige Anlehnung erlangt hat,
beginnt man auch die vorgeschriebene Haltung von Arm und
Hand zu fordern.

46. Erlernung der Hilfen.

Ist durch Freiübungen und immer wiederholtes Zurecht=
setzen ein in allen Gangarten sicherer und losgelassener Sitz
erreicht und das Verständnis für richtige Zügelführung ge=
wonnen, so ist dem Rekruten der Gebrauch der Hilfen zu

lehren. Er soll dadurch lernen, allmählich auch formend auf
sein Pferd einzuwirken, damit er die bisher durch die Aus=
bindezügel bewirkte Haltung jetzt durch eigene Einwirkung zu
erhalten und zu verbessern vermag. Auch ist ihm klar zu
machen, daß ein durchlässiges und in Haltung gehendes Pferd
nicht nur dem Reiter die Annahme des richtigen Sitzes wesent=
lich erleichtert, sondern auch aufmerksamer auf die Hilfen ein=
geht. Von Anfang an ist ihm einzuprägen,
daß den Schenkel= und Gewichtshilfen eine
wichtigere Rolle zufällt als den Zügel=
hilfen.

Zuerst muß der Rekrut die vortreibenden Hilfen erlernen;
dazu dient jedes Anreiten und das Verstärken der bisher. ge=
rittenen Tempos zum Mitteltrab und Mittel=
galopp. Im häufigen Übergang zu den kürzeren Tempos
erlernt er die verhaltenden Hilfen (Paraden).

Bei Einübung der Paraden ist dem Rekruten klar zu
machen, daß sie nicht nur durch Einwirken der Hand auszu=
führen sind, sondern daß auch ein vermehrtes Vortreiben der
Hinterbeine durch die Schenkel bei gespanntem Kreuz statt=
zufinden hat.

Durch die Beherrschung der vortreibenden und verhalten=
den Hilfen wird der Rekrut nunmehr auch das befohlene
Tempo und damit seinen Platz in der Abteilung einhalten
können. Zur Prüfung der Einwirkung und des Gefühls für
das richtige Tempo empfiehlt sich gelegentliches Wechseln mit
dem Tetenreiter. Beim Reiten in der Abteilung ist schon jetzt
darauf zu halten, daß alle Reiter die befohlene Gangart sofort
und gleichzeitig ohne Rücksicht auf Abstand aufnehmen.

Häufiger Wechsel in den Tempos und Gangarten bietet
ein gutes Mittel, dem Rekruten das Gefühl für Tempo an=
zuerziehen.

Durch Wendungen auf der Vorhand und
Schenkelweichen erlernt der Rekrut die Anwendung des
seitwärts treibenden und des verwahrenden Schenkels.

Die Wendungen im Gange werden dem Rekruten
zunächst dadurch gelehrt, daß man von ihm ein genaueres
Eckenpassieren verlangt.

Der abgekürzte Trab darf in der für Dressur=
abteilungen verlangten Versammlung vom Rekruten nicht

gefordert werden. Dies würde ihn zu vorherrschender Arbeit mit der Hand veranlassen und bei den Pferden kurze, schleichende Tritte herbeiführen. Der abgekürzte Trab darf auch nur in kurzen Reprisen und im häufigen Wechsel mit Mitteltrab geritten werden.

Ist Übereinstimmung zwischen Schenkeln und Zügeln erreicht, so muß vom jungen Reiter verlangt werden, daß er bei der ersten Aufstellung in der Bahn sein Pferd richtig hinstellt und das Abbrechen und Aufmarschieren vorschriftsmäßig ausführt. Dem richtigen Hinstellen des Pferdes ist besonderer Wert beizulegen. Der Reiter lernt hierbei seine Hilfen nach der Empfindlichkeit des Pferdes abzustimmen, also fühlen.

Der Rekrut muß nunmehr auch den Hufschlag d e r g a n z e n u n d h a l b e n B a h n , d e r Z i r k e l = , C h a n = g i e r u n g s = u n d S c h l a n g e n l i n i e n genau einhalten lernen. Dies zwingt ihn zu vermehrter Schenkeltätigkeit und Wechsel im Sitz und Gewichtsverteilung. Beim Reiten auf dem Zirkel erklärt man dem Rekruten, daß er sein Gewicht nach innen verlegen und dauernd von einem Paradepunkt zum andern wenden muß. Ebenso ist er in der Anwendung der erweiternden und verengernden Hilfen zu unterweisen.

Sobald der Rekrut zum genauen Einhalten der Zirkellinie befähigt ist, wird d a s R e i t e n i n S t e l l u n g geübt. Dadurch lernt er Lektionen wie Z i r k e l v e r k l e i n e r n u n d v e r g r ö ß e r n , V o l t e n , K e h r t w e n d u n g e n u n d W e n d u n g e n a u f d e r H i n t e r h a n d genauer ausführen. Auch wird er nun regelrecht angaloppieren können.

Der Wechsel in der Stellung des Pferdes bedarf besonders eingehender Belehrung beim Einzelreiten. Der junge Reiter läßt sich zu den beim Stellungswechsel zu beachtenden Hilfen meist nicht die genügende Zeit; er vergißt dabei oft das Wichtigste, seinen Sitz zu ändern und damit die für das Pferd verständlichste Hilfe, die Gewichtshilfe, anzuwenden. Die Folgen sind unrichtige Stellung und Biegung des Pferdes beim Wechseln von einer Hand zur anderen. Da sich dies besonders im Galopp zeigt, belehre man den Rekruten, nicht eher den neuen Galopp zu entwickeln, als bis er selbst den für die neuen Hilfen erforderlichen Sitz eingenommen und seinem Pferde die neue Stellung gegeben hat.

In der ersten Ausbildungsperiode war der Galopp lediglich eine Sitzübung und die Art der Entwicklung nebensächlich. Jetzt muß der Rekrut lernen, mit richtigen Hilfen aus dem Schritt und Trabe anzugaloppieren, im Galopp einzuwirken und aus dem Galopp wieder in den Schritt und Trab überzugehen. Auch hier muß eingehende Einzelbelehrung über die Anwendung und Wirkung der Hilfen eintreten. Die Hauptfehler, Ziehen am inwendigen Zügel, Hintenüberneigen des Oberkörpers, Klappen des Gesäßes sind zu bekämpfen. Durch häufiges Angaloppieren wird die Geschicklichkeit der Reiter in der Einwirkung mehr gefördert als durch lange Galoppreprisen.

Galoppiert ein Pferd falsch, so muß der Rekrut nach vorwärts durchparieren und wieder angaloppieren, ohne den Hinterreiter zu stören. Zweckmäßig benutzt er für diese Korrektur eine Ecke, weil in ihr der richtige Galopp am leichtesten zu entwickeln ist. Wird der Zweck auf diese Weise nicht erreicht, so reitet der Mann vor der Ecke zur kurzen Wand in flachem Bogen in die Bahn, pariert durch und reitet so an, daß er seinen Platz nach der zweiten Ecke wieder erreicht. Entsprechend ist zu verfahren, wenn ein Pferd korrigiert werden soll, das galoppiert anstatt zu traben.

47. Reiten mit Bügeln.

Zur Erlangung eines gestreckten Sitzes muß der Rekrut mindestens sechs Wochen ohne Bügel reiten. Aber schon in dieser Zeit ist es gestattet, ihm zu Anfang oder zu Ende der Stunde für einige Minuten die Bügel zu geben, damit er so die Bügelhaltung spielend erlernt.

Die Rekruten neigen anfangs dazu, unter Aufgabe des richtigen Sitzes die ihnen ungewohnten Bügel bei steifem Knie- und Fußgelenk durch Herunterdrücken der Fußspitze halten zu wollen. Nützlich ist daher die Anweisung, nicht zu viel auf den Bügel zu achten, sondern den bisher erlernten Sitz, namentlich die Haltung der Unterschenkel, nicht zu ändern und das Fußgelenk völlig loszulassen. Der Bügel erhält seine richtige Lage bei federndem Fußgelenk dann von selbst. Um den ohne Bügel erlangten gestreckten Sitz zu erhalten, ist es geboten, immer wieder einige Zeit ohne Bügel zu reiten.

48. Reiten auf Kandare.

Spätestens Mitte Januar muß die Reitausbildung der Rekruten so weit gefördert sein, daß mit dem Reiten auf Kandare begonnen werden kann. Im Unterricht, und zwar am Pferde, sind Lage des Gebisses, Halten der Zügel, die Verrichtungen der Hände bei den Zügelhilfen, die Fehler einer unrichtig getragenen und unruhigen Hand in ihrer Wirkung auf das Pferdemaul eingehend zu besprechen.

Der Rekrut ist bei dem ersten Reiten auf Kandare darüber zu belehren, daß diese wie ein Hebel, also viel stärker wirkt als die Trense und daher eine feinere Einwirkung der Hand erfordert. Für die Führung auf Kandare ist ein durch Freiübungen gelöstes, bewegliches Handgelenk besonders erforderlich.

Zunächst läßt der Reitlehrer bei leicht anstehenden Kandarenzügeln nur mit angefaßter Trense reiten. Es ist vor allem Wert darauf zu legen, das Pferd durch treibende Hilfen und freie Gänge auf gerader Linie und auf dem Zirkel an die Kandare heranzureiten. Nur allmählich wird man von den einfachen Lektionen und Hufschlagsfiguren zu den schwierigeren übergehen. Bei allen Wendungen haben die Reiter sich zu überzeugen, daß der auswendige Kandarenzügel dem Pferde gestattet, in die Wendung einzugehen und dies durch Verlängern des betreffenden Zügels sicherzustellen. Beim Stellungswechsel sind die Zügel ohne Befehl neu zu ordnen. Mit der Zeit geht man zur Führung mit einer Hand über, wobei in der Regel die Trensenzügel durchgezogen werden. Das Reiten auf Kandare mit losgelassener Trense läßt in seiner Wirkung auf Haltung und Gang des Pferdes erkennen, ob der Rekrut unabhängig von den Zügeln sitzen gelernt hat. Der junge Reiter ist dazu zu erziehen, stets selbständig die Trense zu Hilfe zu nehmen, wenn Mängel in der Haltung, Stellung und Nachgiebigkeit seines Pferdes es erfordern.

Das Leichttraben, auch mit Fußwechsel, ist mit dem Rekruten gründlich zu üben. Es fördert nebenbei die Losgelassenheit des Sitzes und das Reitergefühl.

Ferner muß dem Rekruten gelehrt werden, in welcher Weise er durch das Zusammenwirken von vortreibenden und verhaltenden Hilfen sein Pferd versammeln kann. Das

Leichtwerden der Hand im Augenblick des Nachgebens des Pferdes bedarf besonderer Überwachung.

Zu den bisherigen Lektionen treten nun das Rück=wärtsrichten, die Kurzkehrtwendung, der abgekürzte Galopp und der Kontergalopp hinzu.

Beim Rückwärtsrichten ist die Neigung des Re=kruten zu bekämpfen, den Oberkörper zurückzuneigen und lediglich mit den Händen einzuwirken.

Die Kurzkehrtwendung bedarf einer eingehenden Vorübung durch die Wendung auf der Hinterhand. Bei beiden Wendungen wird hauptsächlich der Fehler gemacht, daß der Reiter die Wendung allein mit den Zügeln ohne Schenkel und Gewichtshilfen ausführen will.

Wie der abgekürzte Trab, so soll auch der abgekürzte Galopp nicht zu kurz geritten werden, weil der Rekrut sonst leicht veranlaßt wird, die Verkürzung der Gangart hauptsächlich durch Zügeleinwirkung zu erstreben. Der Galopp darf nicht in der gleichen Versammlung wie von ausgebildeten Reitern verlangt werden und ist nur in kurzen Reprisen mit darauffolgenden freieren Gängen zu reiten. Die Einübung erfolgt am zweckmäßigsten zunächst einzeln durch häufiges An=galoppieren aus dem Schritt und nicht durch Verkürzen des Mittelgalopps. Fällt ein Pferd bei der Einzelausbildung aus dem abgekürzten Galopp gegen den Willen des Reiters in den Trab, so ist es sofort zum Schritt durchzuparieren und von neuem anzugaloppieren.

Beim Angaloppieren, namentlich von der Stelle, macht der junge Reiter häufig den Fehler, daß er nicht rechtzeitig mit den Händen nachgibt, um den Galoppsprung herauszulassen.

Der Kontergalopp darf erst geritten werden, wenn der abgekürzte Galopp gefestigt ist.

Besonderer Wert muß bei Führung auf Kandare auf die Ausführung der Paraden, mit Rücksicht auf ihre Wichtig=keit für das Exerzieren und auf die Schonung der Pferdebeine gelegt werden, namentlich aus den starken Gangarten. Der junge Reiter hat von Anfang an zu lernen, daß jede Parade durch treibende Hilfen unterstützt werden muß. Um den Re=kruten nicht zu einem zu starken Gebrauch der Hände zu ver=

leiten, muß ihm beim Einüben der Paraden Zeit gelassen
werden, sein Pferd allmählich auszuparieren.

Auf Reitplätzen kann gegen Ende der Winterausbildung
zum Verstärken des Mittelgalopps übergegangen werden. Es
ist besonders darauf zu achten, daß der Reiter das stärkere
Tempo nicht plötzlich, sondern allmählich entwickelt und, ohne
mit dem Gesäß zu klappen, tief im Sattel sitzen bleibt.

Seitengänge dürfen von Rekruten nicht
geritten werden.

49. Springen der Rekruten.

Das Springen hat möglichst bald zu beginnen und täglich stattzufinden. Anfangs
geht die Abteilung im Schritt über die am Boden liegende
Stange, später ist die Stange höher zu legen; außerdem sind
auch andere kleine Hindernisse einzeln und in der Abteilung
in allen Gangarten zu überwinden. Möglichst bald sind auch
die Springgärten zu benutzen.

Die Rekruten springen zunächst ohne Zügel. Die zu-
sammengeknoteten Zügel bleiben auf dem Pferdehalse liegen,
Ausbindezügel sind zu lösen. Die Arme können anfangs natürlich herabhängen, später werden sie auf der Brust verschränkt
oder es wird mit Hüften fest gesprungen. Ein Festhalten an
der Mähne ist bei den ersten Springübungen zu gestatten, um
das Herunterfallen zu vermeiden. Ein leichtes Neigen des
Oberkörpers nach vorn ist beim Sprunge namentlich in
schneller Gangart geboten. Hierdurch wird es dem Rekruten
leichter, den Schluß zu behalten und es wird vermieden, daß
der Reiter mit dem Oberkörper hinter der Bewegung des
Pferdes zurückbleibt und den Sitz verliert.

Hat der Rekrut einen sicheren und richtigen Sitz im
Sprunge ohne Bügel und Zügel erlangt, so wird das Sprin-
gen mit Bügeln und langen, anstehenden Zügeln auch im
Durcheinanderreiten und beim Einzelreiten geübt. Beim
Springen mit Bügeln ist darauf zu halten, daß die Knie und
Unterschenkel möglichst am Pferde bleiben. Das Springen
muß auch mit Zügeln in einer Hand geübt werden.

Der Rekrut ist darüber zu belehren, daß das Pferd im
Sprunge sich mehr strecken und dementsprechend mehr Zügelfreiheit haben muß.

Beim Einzelspringen ist von vornherein darauf zu achten, daß nach dem Sprunge geradeaus weiter geritten wird.

Am Schluß der Ausbildung springen die Rekruten zu mehreren nebeneinander mit und ohne Zwischenräume.

Beim Springen mit Lanze auf der Lende ist darauf zu achten, daß die Lanze aufgesetzt bleibt. Geringes Hochgehen der Spitze ist dabei weniger fehlerhaft als das Fallenlassen der Spitze, wodurch der Hinterreiter gefährdet wird. Auch das Springen mit quergehaltener Lanze, wie es der einzelne Reiter im Gelände braucht, ist zu üben.

Kletterübungen sind, wo irgend möglich, im Gelände abzuhalten und die Anforderungen darin allmählich zu steigern.

50. Einzelreiten der Rekruten.

Das Einzelreiten ist ein vorzüglicher Prüfstein für den erreichten Ausbildungsgrad. Der Rekrut soll durch vieles Einzelreiten zum selbständigen, fühlenden Reiter erzogen werden, der sein Pferd zu beherrschen und nach Bedarf zu korrigieren weiß. Um die Aufmerksamkeit der Rekruten zu wecken, sind mit dem Einzelreiten besondere Übungen zu verbinden. Dazu gehören Rangierübungen aller Art, schnelles Sammeln in verschiedenen Fronten, Auf= und Absitzen aus der unrangierten Abteilung und ähnliche Übungen sowie kleine Aufträge, die das Denkvermögen in Anspruch nehmen.

Möglichste Abwechslung unter Vermeidung jedes Schemas ist auch beim Einzelreiten geboten.

Mit fortschreitender Ausbildung muß immer mehr das Bestreben des Reiters hervortreten, Fehler des Pferdes in Gang und Haltung durch entsprechende Hilfen selbständig zu verbessern.

51. Besondere Übungen zur Vorbereitung für die Einstellung in die Eskadron.

a) Genaues Geradeausreiten aus der Abteilung heraus in befohlenem Tempo auf einen bestimmten Punkt.

Hierbei ist zu beachten, daß der Reiter, nachdem er aus der Abteilung herausgeritten ist, in aller Ruhe sein Pferd in die befohlene Richtung stellt und es dann, das Ziel stets im Auge behaltend, in die befohlene Gangart setzt und darin erhält. Eine stärkere Gangart ist allmählich aus der kürzeren zu entwickeln; fehlerhaft ist es, sie vom Fleck weg reiten zu wollen. Dabei mißglückt meist das Geradeausreiten. Vor dem Einrücken in die Abteilung ist grundsätzlich Schritt mit langem Zügel zu reiten.

Auch diese Übungen sind mit der Erfüllung von kleinen Aufträgen, Überbringen von Meldungen mit Rufen des Namens eines Vorgesetzten wie im Felddienst zu verbinden. Die Rekruten müssen in allen Gangarten schnell, laut und deutlich auf Fragen antworten können.

b) Reiten aller Lektionen mit Lanze.

c) Stechen nach Gegenständen und Gewandtheitsübungen mit der Lanze.

d) Reiten zu Zweien und zu Vieren mit Abständen.

e) Sammeln in verschiedenen Marschrichtungen.

f) Schnelles und lautloses Auf- und Absitzen, auch zum Gefecht zu Fuß, in jeder Form. Auf das Stillstehen der Pferde ist der größte Wert zu legen.

g) Erlernung der in der A. V. K. vorgeschriebenen Zeichen zum Führen der Truppe.

h) Paradeaufstellung.

i) Reiten im geöffneten und geschlossenen Gliede, auch im Schrägmarsch. Schließen.

k) Abbrechen zu Einem aus der zweigliedrigen Abteilung und Aufmarsch.

l) Bilden der Marschkolonnen und Aufmärsche.

m) Reiten im geordneten und ungeordneten Zuge.

n) Springen in einem und in zwei geöffneten und geschlossenen Gliedern.

o) Verstärken des Mittelgalopps als Vorübung für den Exerziergalopp.

Es ist zu fordern, daß im Frühjahr alle Rekruten ausgebildet in die Eskadron eingestellt werden. Die reiterliche Fortbildung darf damit nicht aufhören; während der Periode der Exerzier- und Felddienstübungen muß dauernd an ihr weitergearbeitet werden.

Ältere Reiter und Offiziere.

52. Abteilung A, B, C, D (E).

Ein Teil der Pferde wird im Sommer beim Exerzieren, Felddienst und Manöver unter jungen und weniger geschickten Reitern die gute Haltung, den richtigen Gang und die Fügsamkeit auf die Hilfen mehr oder weniger verloren haben. Daher müssen alle Pferde, auch die ältesten, immer wieder einer gründlichen Winterdressur unterzogen werden. Der Gang der Dressur hat sich dem der Remonten anzuschließen.

Zugleich mit der Rittigkeit und Erziehung der Pferde ist die weitere Ausbildung der Reiter zu fördern. Guter Sitz, Reitergefühl und richtige Einwirkung sollen möglichst bei jedem Manne erreicht werden. Zur Erzielung eines guten Sitzes empfiehlt sich längeres Reiten ohne Bügel. Wo Pferde in ihrer Haltung verbessert werden sollen, wird man dem Reiter die Bügel lassen müssen. Will man einzelne Reiter auf schwierigen Pferden zur Verbesserung ihres Sitzes ohne Bügel reiten lassen, so kann man die Pferde wie die Rekrutenpferde ausbinden. Theoretische Unterweisung im Unterricht wird die Tätigkeit des Lehrers erleichtern und die Leistungen der Schüler erhöhen.

Nach dem für die Pferde anstrengenden Manöver muß die Dressur anfänglich durchaus schonend betrieben werden, so daß sich der Futterzustand der Pferde dabei heben kann.

Das Überwinden von Hindernissen ist in allen Abteilungen fleißig zu üben. Wenn auch die älteren Pferde alle Hindernisse schon oft unter dem Reiter überwunden haben, so empfiehlt sich doch öfteres Springen an der Hand, ehe man die Pferde unter dem Reiter springen läßt. Das Vertrauen von Reiter und Pferd wird hierdurch wesentlich gefördert.

Die in der Reitvorschrift gestellten Forderungen müssen von allen Reitern nach Möglichkeit erfüllt werden. Dem Sachverständnis und der Einsicht der Regimentskommandeure und Eskadronchefs bleibt es überlassen, das Maß der Forderungen der Beanlagung und dem Leistungsvermögen von Mann und Pferd anzupassen.

Für die einzelnen Abteilungen gelten die nachstehenden besonderen Bestimmungen.

Der Reitunterricht beginnt sobald wie möglich nach den Herbstübungen, und zwar auf Trense. Die jungen Dienstpferde werden im Verlaufe der Übungen des Sommerhalbjahres, besonders auch unter dem Einflusse des nicht zu umgehenden wiederholten Reiterwechsels mehr oder minder auseinandergefallen sein. Vorgeschrittene körperliche Reife und Dressurgrad dieser Pferde gestatten, mit ihnen den Ausbildungsgang der alten Remonten schneller zu durchlaufen und erhöhte Anforderungen in den einzelnen Lektionen zu stellen. Schwächere oder schwierige Pferde sind besonders durch Einzeldressur zu fördern. Die Arbeit auf Kandare kann Mitte Dezember und muß Mitte Januar beginnen.

Auch mit der Abteilung B wird der Reitunterricht möglichst bald nach den Herbstübungen auf Trense begonnen. Es empfiehlt sich, diese Abteilung etwa sechs Wochen ohne Bügel reiten zu lassen.

Mit den Reitern dieser Abteilung wird der ganze Gang der Remontedressur durchgenommen. Die Seitengänge sind erst dann zu üben, wenn die Pferde bei richtiger Ganaschen- und Genickbiegung wieder die nötige Selbsthaltung gewonnen haben, und ihr Hals am Widerrist festgestellt ist. Pferde, die ihre Haltung verlieren, müssen durch erfahrene Reiter einzeln gearbeitet werden.

Mitte Januar wird die Abteilung auf Kandare gezäumt.

Während bei der Abteilung A die Ausbildung der Pferde in erster Linie steht, tritt bei der Abteilung B die praktische und theoretische Ausbildung der Reiter in den Vordergrund. Sitz der Reiter und Haltung der Pferde müssen hohen Anforderungen genügen. Die Einwirkung der Reiter muß so weit gefördert werden, daß sie später zur Dressur von Remonten verwendet werden können.

Der Unterricht der Abteilung C beginnt auf Trense oder Kandare. Maßgebend für die zu wählende Zäumung ist der Dressurgrad der Pferde und die Reitfertigkeit der für diese Abteilung verfügbaren Reiter. Trensenarbeit wird nur dann von Nutzen sein, wenn es dem Reiter in kurzer Zeit gelingt, die zur Wiedergewinnung der Durchlässigkeit nötige Beizäumung zu erreichen. Da sich in dieser Abteilung das jüngere, weder in B, noch bei den Rekruten verwendbare Pferdematerial der Eskadron befindet, so sind diese Pferde im allgemeinen nach den für A gegebenen Grundsätzen zu arbeiten. Einzelne, besonders schwierige Pferde, bei denen die richtige Anlehnung am Zügel nicht zu erreichen ist, wird man von geeigneten Persönlichkeiten durch Longen= oder Hand= arbeit fördern müssen. Ebenso ist ein Nacharbeiten dieser Pferde durch gute Reiter zu empfehlen.

Unbedingt muß zunächst die Durchlässigkeit durch Lektio= nen auf einem Hufschlage angestrebt werden. Seiten= gänge dürfen ohne diese Vorbedingung nicht geritten werden.

Es ist aber danach zu streben, die Leistungen der Ab= teilung denen der Abteilung A zu nähern.

Die Pferde der Abteilung D (E) werden während der Wintermonate häufig zu Felddienstübungen und Patrouillen= ritten verwendet. Die hierdurch erschwerte Bahnarbeit und die mannigfachen Schwierigkeiten, die eine mehr oder minder große Zahl der Pferde der Bearbeitung auf Trense entgegen= stellt, nötigen dazu, sie gleich oder doch frühzeitig auf Kandare zu zäumen. Einzelne Pferde können nach dem Ermessen des Eskadronchefs länger auf Trense geritten werden.

Mit Rücksicht auf die Schwierigkeiten, mit denen diese Abteilung zu kämpfen hat, muß es dem Regimentskommandeur überlassen bleiben, das Maß der am Schlusse der Ausbildung zu fordernden Leistungen zu bestimmen. Sie werden nach der Güte und Rittigkeit des Pferdematerials in den Eskadronen verschieden sein.

Da bei diesen, meist älteren Pferden die Gänge oft nicht mehr frisch sind, ist häufiger Wechsel zwischen kürzeren und freieren Gängen angezeigt. Die Arbeit auf zwei Hufschlägen tritt in den Hintergrund. Seitengänge dürfen nicht Gegen= stand der Besichtigung sein. Es kommt darauf an, unter Verzichtleistung auf schwierige Lektionen, diese Pferde in eine brauchbare Reitform zu bringen und den Gang zu verbessern.

Der Eskadronchef muß bestrebt sein, durch gute Aus= bildung von Remonten und Rekruten auch den Abteilungen C und D (E) ein Material an Pferden und Reitern zu= zuführen, das gestattet, die Anforderungen zu steigern.

53. Offiziere.

Die Ausbildung der Offiziere findet in zwei Abteilungen auf ihren Offizierdienstpferden, zweiten Dienstpferden oder eigenen Offizierpferden nach Anordnung des Regiments= kommandeurs statt. Alle Oberleutnante und Leutnante haben am Unterricht in beiden Abteilungen teilzunehmen.

Außerdem müssen alle jüngeren Leutnante zur Förde= rung ihrer Reitfertigkeit ein Dienstpferd*), möglichst Remonte, in einer Remonteabteilung reiten. Rekrutenoffiziere können im Winter davon befreit werden.

Der Reitunterricht hat sich in vollem Umfange auf die in der Reitvorschrift niedergelegten Lektionen zu erstrecken und verfolgt den Zweck, die Offiziere neben Förderung ihrer persönlichen Reitfertigkeit zu Reitlehrern heranzubilden. Das Dressursystem der alten Remonten auf Trense und Kandare ist nicht nur praktisch im Sattel, sondern auch durch theore= tische Unterweisung zu lehren.

In der 1. Offizierabteilung soll wenigstens 6 Wochen ohne Bügel geritten werden.

Am Schlusse der Winterausbildung muß in dieser Ab= teilung eine vollkommene Durchbildung von Reiter und Pferd erreicht sein. Die Pferde der 2. Offizierabteilung müssen trotz möglicher Verschiedenartigkeit im Material so weit in Form, Gang und Gehorsam gefördert sein, daß sie ihrer Dienst= bestimmung vor der Front entsprechen.

Die Ausbildung im Überwinden von Hindernissen ist von besonderer Wichtigkeit. Die Anforderungen sind, dem besseren Pferdematerial entsprechend, höher zu bemessen als bei den anderen Abteilungen.

Gesteigerte Einzelleistungen sind zur Förderung der per= sönlichen Reitfertigkeit und zur gegenseitigen Aneiferung an= zustreben. Sind Persönlichkeiten vorhanden, die den Offizieren Unterricht in schulmäßigen Übungen oder Anleitung im Renn= reiten erteilen können, so sind sie auszunutzen. Auch sind die Offiziere im Longieren und in der Arbeit an der Hand zu unterweisen.

---

*) Sind Offiziere im Besitz von überplanmäßigen eigenen Pferden, so kann ihnen gestattet werden, ein eigenes Pferd an Stelle dieses Dienstpferdes zu reiten.

V. Teil.

54. Bearbeitung des Pferdes ohne Reiter.

Die dienstlichen Verhältnisse werden es selten gestatten, die verschiedenen Arten der Bearbeitung des Pferdes ohne Reiter allgemein und für die Mehrzahl der Pferde in ihrem ganzen Umfange anzuwenden. Dennoch treten bei der Dressur Fälle ein, bei denen man sich sowohl der Arbeit an der Hand wie der Longe mit Nutzen bedienen kann. Der Reitlehrer, besonders der Offizier, sollte daher mit den verschiedenen Arten der Bearbeitung ohne Reiter so bekannt sein, daß er die Fälle, in denen ihre Anwendung von Nutzen ist, zu erkennen und ein richtiges Verfahren einzuschlagen vermag. Ebenso ist anzustreben, daß in jeder Eskadron einige Unteroffiziere mit den dazu erforderlichen Verrichtungen und Handgriffen vertraut sind.

Stets ist zu bedenken, daß jede Bearbeitung des Pferdes ohne Reiter nur ein Hilfsmittel zur Belehrung junger oder zur Korrektur älterer, verdorbener Pferde ist. Die Dressur unter dem Reiter bleibt stets die Hauptsache.

Abkauenlassen und Biegen an der Hand.

Das Gebiß wirkt unmittelbar auf den Unterkiefer des Pferdes; daher setzt die Muskulatur des Unterkiefers der Wirkung des Gebisses den ersten Widerstand entgegen. Dieser wird überwunden durch den mehr oder weniger starken Druck des Gebisses auf die Laden. Wenn auch die meisten Schwierigkeiten im Genick zu suchen sind, so gehen doch auch manche von der Kiefermuskulatur aus, die daher ebenfalls zu bearbeiten ist.

Als erstes Mittel für die Bearbeitung der Kiefermuskulatur dient das Abkauenlassen an der Hand auf Trense. Es hat den Vorteil, daß es bereits vorgenommen werden kann, ehe das Pferd gelernt hat, das Gewicht des Reiters zu tragen, und ehe es den Schenkelhilfen gehorcht.

Der Reiter stellt sich vor das Pferd und erfaßt mit der linken Hand den rechten, mit der rechten Hand den linken Trensenzügel dicht an den Trensenringen. Beide Zügelenden befinden sich in der linken Hand. Der Reiter übt dann mit beiden Händen einen weich beginnenden, dann gleichmäßig wechselnden Druck mit dem Trensenmundstück senkrecht auf die Laden aus, um das Pferd dadurch zur Nachgiebigkeit gegen das Gebiß und zum Zurücknehmen des Unterkiefers zu bewegen. Das Pferd wird dabei zunächst das Maul ein wenig öffnen und im weiteren auch den Kopf zurücknehmen. Zu dieser letzteren Wirkung darf es vorläufig nicht kommen, sondern der Reiter gibt, sobald sich die Neigung dazu zeigt, nach, wodurch wieder ein Schließen des Maules erfolgt, so daß die ganze Arbeit ein geringes Zurück= und Vorgehen des Unterkiefers, ein leichtes Öffnen und Schließen des Maules, das Abkauen, zur Folge hat. Dieses Abkauen zeigt an, daß die Muskeln des Unterkiefers einem geringen Druck des Ge= bisses auf die Laden keinen Widerstand mehr entgegensetzen. Das Kauen bringt einen Reiz auf die Speicheldrüsen und damit vermehrte Speichelabsonderung hervor, durch die das Schäumen des Pferdemaules veranlaßt wird.

Kommt das Pferd dem Drucke nicht nach, so wird nach und nach die Kraft des Druckes gesteigert. Erfolgt leichtes Nachgeben, so wird das Pferd gelobt, noch besser durch ein Stückchen Mohrrübe oder Brot belohnt.

Hat sich das Pferd an den Druck des Gebisses auf beide Laden gewöhnt, so beginnt man mit dem Biegen an der Hand. Es bezweckt ein Nachgeben des Pferdes, zunächst auf den einseitigen Zügel, während der andere nach vorn wirkt und den Hals zum Langmachen veranlaßt. Das Langmachen des Halses ist nötig, damit die festen Teile nachgiebig werden und die Muskeln sich so aneinander fügen, daß der Hals durchlässig und doch am Widerrist stet wird.

Das Biegen an der Hand kann auf zwei Arten aus= geführt werden.

Bei der einen Art stellt sich der Reiter vor das Pferd und erfaßt die Zügel wie zum Abkauenlassen. Will er das Pferd z. B. rechts biegen, so nimmt die linke Hand den Kopf und Hals des Pferdes nach der rechten, jetzt inneren Seite herum, während die rechte Hand in der Richtung nach der rechten Schulter des Abbiegenden oder je nachdem in tieferer oder höherer Richtung wirkt und vorzieht.

Es wird also durch die Wirkung der linken (inneren) Hand die Biegung genommen, durch die rechte (äußere) Hand der Hals des Pferdes je nach Bedarf gerade gerichtet und lang gemacht. Der Reiter muß die Wirkung beider Hände dahin in Übereinstimmung bringen, daß der Hals des Pferdes nur so weit an der Biegung teilnimmt, daß der Mähnenkamm nach der inneren Seite überkippt und die Biegung mehr an den Ganaschen stattfindet. Biegt sich das Pferd an den Ganaschen, so wirken die Hände dahin, daß der innere Ganaschenrand sich unter (in seltenen Fällen über) die Ohrspeicheldrüse an die Halsmuskeln anlegt, während der äußere Ganaschenrand gleichsam von den Halsmuskeln abgehoben wird. Es ist darauf zu achten, daß der Mähnenkamm stets nach der inneren Seite überkippt; der Hals wird dann auf der inneren Seite flach, wobei sich zwei Längsrinnen bilden, während er sich auf der äußeren Seite wölbt.

Bild 55.

Bei der anderen Art tritt der Reiter, um einen sicheren Stand zu haben, in Spreizstellung an die Seite des Pferdekopfes, nach der er biegen will. Der innere Zügel wird zunächst dicht am Trensenringe erfaßt, während der äußere um etwa zwei Handbreiten länger genommen wird. Alsdann schiebt der Reiter die innere Hand, indem er den Trensenzügel entsprechend durchgleiten läßt, so gegen die Ohrspeicheldrüse, daß der Trensenzügel in der Verlängerung der Maulspalte zum Genick verläuft (Bild 55). Der äußere Zügel wird in der entgegengesetzten Richtung nach vorwärts und nach der Seite der Kopfstellung hin angenommen. In dieser Stellung halten die Hände, vorherrschend die biegende innere, je nach dem Widerstande des Pferdes mit einer gewissen Zähigkeit aus, bis das Pferd nachgibt. Die gegen die Ganasche in

Richtung der Maulspalte gerichteten Anzüge, mögen sie den Pferde=
kopf vorübergehend auch noch so hoch aufrichten, zwingen das
Pferd zu einer Genickbiegung, also auch zum Herunterstellen
der Nase. Sobald das Pferd sich im Genick seitlich zu biegen
beginnt, muß das Gegenhalten sofort unterbrochen werden.
Gibt das Pferd nicht nach, sondern drückt gegen die biegende
Hand, so unterbricht diese das Gegenhalten vorübergehend
und erneuert es sofort wieder in verstärktem Maße so oft, bis
das Pferd zu kauen beginnt und auf die Biegung eingeht.
Für jedes Nachgeben auf den biegenden Zügel muß der Reiter
das Pferd beloben.

Gibt sich das Pferd bei den erneuten Biegungsversuchen
allmählich willig her, so läßt der Reiter die innere Hand
nicht mehr in den Maulwinkel, sondern mehr auf die Laden
wirken (Bild 56). Versagt das Pferd bei der Einwirkung
auf die Lade die Kopfstellung, so richtet der Reiter den Anzug
des inneren Zügels sofort wieder gegen den Maulwinkel.

Um ein Zurücktreten des Pferdes aus der Stellung zu
verhindern, und um die
Biegung an der Ganasche
zu unterstützen, wird der
äußere Zügel nach vorwärts
und nach innen angenommen.
Entzieht sich das Pferd der
Biegung durch Ausweichen
der Hinterhand, so wird es
zum Biegen an die Bande
gestellt.

Bild 56.

Wenn das Pferd durch
die Anzüge in der Verlän=
gerung der Maulspalte ge=
lernt hat, sich in den Ga=
naschen zu biegen, so daß
die Anzüge auf die Laden
übertragen werden können,
so muß der Reiter den bei der ersten Art des Biegens an der
Hand geschilderten Grad von Ganaschenbiegung zu erreichen
suchen.

Auch auf Kandare kann sich das Abkauenlassen an der
Hand empfehlen.

Die Arbeit auf Trense wurde in einer tieferen Stellung von Hals und Kopf begonnen und mit eintretender Nachgiebigkeit in der Stellung betrieben, die das Pferd im Gange seinem Gebäude entsprechend annehmen soll. Die Arbeit auf Kandare muß dagegen sofort in der Stellung von Hals und Kopf begonnen werden, die als die beste Stellung bezeichnet ist. Wird auf Kandare in einer zu tiefen Stellung von Hals und Kopf gearbeitet, so daß die Nase des Pferdes hinter die Senkrechte kommt, so ist die Wirkung der Kandare fehlerhaft; die Anzüge wirken dann nicht mehr auf das ganze Pferd, sondern allein auf den Hals.

Der Reiter stellt sich an die linke Schulter des Pferdes und ergreift mit der rechten Hand die beiden Kandarenzügel, durch den Zeigefinger geteilt, etwa eine Handbreit hinter den Ringen. Die linke Hand wird vor der Pferdenase gehalten und verhindert mit den über den Hals heruntergenommenen Trensenzügeln ein Zurückkriechen des Pferdes. Sie hat ferner die Aufgabe, Kopf und Hals mit den Trensenzügeln nach Bedarf aufzurichten. Daher müssen die Anzüge mit der Trense nicht nur wagerecht, sondern auch von unten nach oben wirken.

Die Zügel sollen nicht fortwährend in der gleichen Stärke wirken; es muß mit kurzen, leichten Anzügen, aus denen immer wieder nachgegeben wird, begonnen werden. Auf die erste Nachgiebigkeit des Pferdes hin geben auch die Hände nach, und das Pferd wird gelobt. Dann wird von neuem begonnen, eine gesteigerte Nachgiebigkeit verlangt und in dieser Weise fortgefahren. Die Nachgiebigkeit zeigt sich durch Kauen des Pferdes. Es genügt aber nicht, daß das Pferd mit der Kinnlade allein nachgibt und kaut, sondern es soll im Genick nachgeben und das Gebiß loslassen. In dem Zügelanzuge ist so lange zu verharren, bis volle Nachgiebigkeit erzielt ist.

Versammelnde Arbeit an der Hand.

Die versammelnde Arbeit an der Hand bezweckt, das Verständnis des Pferdes für das Zusammenwirken der vortreibenden und verhaltenden Hilfen zu wecken und es so zunächst ohne Reiter zu lehren, an das Gebiß heranzutreten, sich daran abzustoßen und sich zu versammeln. Durch das mit der Peitsche bewirkte vermehrte Untertreten der Hinterbeine und durch die gegenwirkenden halben Paraden mit der Hand lernt das Pferd sich in Hanken und Genick biegen und sich aufrichten. Die Haltung des Pferdes wird verbessert und so die Arbeit unter dem Reiter unterstützt. Auch der Reiter lernt durch diese Arbeit sein Gefühl in der Hand verfeinern und gewinnt Verständnis für richtige Versammlung.

Die Anwendung dieser Handarbeit empfiehlt sich bei Pferden, die Schwierigkeiten beim Reiten zeigen und daher nachgearbeitet werden sollen. Sie ist namentlich bei Pferden angebracht, denen es aus Schwäche oder wegen ungünstigen Gebäudes schwer wird, sich zu versammeln, und verspricht hier mehr Erfolg als verlängerte Arbeit unter dem Reiter, weil bei der Handarbeit jede Überanstrengung vermieden wird.

Man kann von dieser Arbeit aber auch bei jungen Pferden Gebrauch machen, die keine besonderen Schwierig=keiten zeigen. Sie lernen dadurch schneller, sich in der für ihren Gebrauch notwendigen Form zwanglos zu bewegen. Auch wirkt die Handarbeit sehr vorteilhaft auf das Temperament; heftige und empfindliche Pferde beruhigen sich und werden handfromm, faule werden lebhafter.

Die Handarbeit wird am besten zu Anfang der Reit=stunde, und zwar auf beiden Händen ausgeführt. Es genügen zehn Minuten. Bei jungen Remonten übt man zunächst, bis die Pferde die Arbeit kennen, in den Erholungspausen. Auch während des Einzelreitens können auf einem Teil des Huf=schlages einzelne Pferde an der Hand gearbeitet werden.

Es empfiehlt sich, mit der versammelnden Arbeit an der Hand erst dann zu beginnen, wenn keinerlei Stallübermut oder Rückenzwang bei den Pferden mehr vorhanden ist, d. h. also erst, wenn sie sich losgelassen haben. Springen an der Hand oder ein Weichen des mit dem äußeren Zügel aus=gebundenen Pferdes vor der Peitsche auf dem Hufschlage einer Volte sind eine gute Vorbereitung.

Zur Arbeit an der Hand wird das Pferd an die Bande gestellt; der Reiter steht auf der inwendigen Seite in Höhe des Pferdekopfes, mit Front nach der Kruppe. Der äußere Trensenzügel wird über den Hals des Pferdes etwa zwei Handbreiten hinter den Ohren gelegt und von der Backenseite aus durch den inneren Trensenring gezogen, so daß er leicht ansteht. Das Zügelende wird nach oben zurückgeschlagen, auf den anderen Teil des Zügels gelegt und mit der vollen Hand festgehalten (Bild 57).

Bild 57.

a. äußerer Trenſenzügel.
b. innerer Trenſenzügel.

In dieſe Hand wird noch der innere Trenſenzügel ſo hineingelegt, daß er nicht herunterhängt. Die andere Hand führt die Gerte und legt ſie längs des Pferdeleibes an (Bild 58). Dann geht der Reiter längs des Hufſchlags rückwärts und veranlaßt das Pferd durch Stimme, Zungenſchlag und Nachziehen zum Vorwärtsgehen. Zunächſt iſt das Pferd an die Gerte zu gewöhnen und ihm beizubringen, daß es ihre vortreibende Hilfe zu beachten hat. Die Hand, die die Zügel führt, muß ſtets mitgehen und das Beſtreben haben, „vor dem Pferdemaul zu ſein". Hals und Kopf des Pferdes dürfen anfänglich nicht eingeengt werden. Erſt wenn das Pferd ſicher auf die Gerte vorwärts geht, was in einigen Tagen erreicht ſein wird, beginnt die eigentliche Arbeit.

Bild 58.

Der Reiter regt das Pferd durch stärker vortreibende Hilfen zu lebhafterem Treten an. Die Zügelhand verhindert durch halbe Paraden, die nach aufwärts rückwärts gegen das Genick gerichtet werden, ein Fortstürmen des Pferdes und veranlaßt es hierdurch, in Verbindung mit den vortreibenden Hilfen, sich zu versammeln. Gleichzeitig muß die Hand bestrebt sein, das Pferd mit dem auswendigen Zügel gerade zu richten und muß hierzu die Vorhand des Pferdes etwas in die Bahn führen, sobald sich ein Ausweichen der Schulter gegen die Wand bemerkbar macht.

Vortreibend wirkt auf das Pferd die Stimme, der Zungenschlag, das Drohen mit der Gerte und schließlich ihre mehr oder minder starke Anwendung. Man berührt das Pferd mit der Gertenspitze entweder unmittelbar hinter dem Gurt oder am inwendigen Hinterschenkel oder abwechselnd an diesem und über den Rücken hinweg an dem auswendigen Teil der Kruppe. Die Hand, die die Gerte führt, muß ebenso weich sein wie die Zügelhand. Alle Hilfen mit der Gerte müssen so gegeben werden, daß die ganze Gerte federt. Hierzu müssen Schulter=, Faust= und Ellenbogengelenk losgelassen sein. Die Stärke der Hilfen richtet sich nach dem Temperament des Pferdes. Man muß danach streben, mit möglichst schwachen Hilfen auszukommen.

Fortgesetzt gleichmäßig angewandte Hilfen stumpfen ab und sind deshalb nur anfänglich und zur Beruhigung heftiger Pferde am Platz. Später und besonders bei trägen Pferden wendet man verschieden starke Hilfen an. Zunächst sind die Gertenhilfen so zu bemessen, daß das Pferd veranlaßt wird, lebhaft zu arbeiten; sie werden durch ermunternden Zuruf oder Zungenschlag unterstützt. Unmittelbar darauf wendet man Stimme und Zungenschlag ebenso stark wie vorher, die Gerte aber schwächer an; das Pferd arbeitet dann in der Regel ebenso lebhaft wie vorher. Lassen die Tritte nach, so steigert man die Gertenhilfen wieder, geht aber, sobald Erfolg da ist, wieder zu schwächeren über. Die einzelnen Arbeitszeiten sind möglichst kurz zu bemessen.

Sobald das Pferd willig arbeitet, hört man auf und lobt das Pferd mit Stimme und Hand. Auf diese Weise erzieht man Pferde, die schon auf leichte Hilfen lebhaft treten.

Die Übereinstimmung der treibenden und verhaltenden Hilfen ist für den Erfolg der Handarbeit von größter Bedeutung. Die treibende Hilfe hat vorzuherrschen, doch darf man sich nicht mehr Gewicht auf die Hand treiben, als man aufnehmen kann. Bei Pferden, die große Genickschwierigkeiten haben oder dem Reiter leicht die Hand nehmen, kann man mit Vorteil Ausbindezügel verwenden; es gelten dann die hierfür beim Longieren gegebenen Vorschriften.

Anfangs wird in freiem, dann in versammeltem Schritt, möglichst bald aber im kurzen Trabe gearbeitet. Erst wenn die Arbeit sehr weit vorgeschritten ist, darf man den Pferden gestatten, in halben Tritten piaffeartig vorwärtszugehen. Bei Nichtbeachtung dieses Grundsatzes kommen die Pferde leicht dazu, sich mit steifem Rücken hinter dem Zügel zu verkriechen. Tritt dieser Fehler ein, so muß die Peitsche kräftiger vortreiben. Ein hierdurch veranlaßtes Ausschlagen mit den Hinterbeinen hat keinen Nachteil, sondern löst die Spannung der Rückenmuskulatur.

Unarten kommen bei richtiger Arbeit selten vor, wenn dem Pferde die Haltung nach und nach und ohne Zwang abgefordert wird.

Kriecht ein Pferd zurück, so war die Wirkung der Hand zu stark und der Pferdehals zu sehr eingeengt. Weigert sich ein Pferd, vorwärts zu gehen, trotzdem ihm mehr Freiheit gelassen ist, so läßt man es in einer Volte um sich herumtreten, wobei die Gerte den inneren Hinterfuß vortreibt und die Zügelhand das Pferd vorzieht. Aus der Volte geht man schulterhereinartig und dann geradeaus weiter.

Dieselbe Korrektur wendet man an, wenn Pferde gegen die Gerte drücken. Unter Umständen verengert man die Volte so stark, daß eine Wendung auf der Vorhand entsteht.

Springt ein Pferd plötzlich vorwärts, so waren die vortreibenden Hilfen zu stark. Beruhigung des Pferdes, halbe Paraden und unter Umständen Rückwärtsrichten stellen den Fehler ab.

Das Steigen wird gleichfalls in den meisten Fällen durch harte Hilfen hervorgerufen; der Reiter hat in der Regel mit Gewalt versammeln wollen. Das plötzlich eingeengte Pferd sucht sich durch Steigen dem ungewohnten Zwange zu entziehen. Diese Unart muß sofort abgestellt werden, da sie

sonst zur Gewohnheit werden und die Fortsetzung der Arbeit
sehr erschweren kann. Am besten wird der Reiter den Fehler
dadurch beseitigen, daß er mit der Zügelhand das Backenstück
ergreift und sich von dem steigenden Pferde mit hochziehen
läßt. Merkt das Pferd, daß es nicht loskommt, so gibt es
fernere Steigeversuche meist auf. Andernfalls muß man Kapp=
zaum und Longe verwenden.

Lassen sich die Pferde an der Hand durch leichte Hilfen
willig versammeln, so können sie mit fortschreitender Dressur
auch unter dem Reiter in versammelten halben Tritten
gearbeitet werden. Der Reitlehrer oder ein in der Hand=
arbeit ausgebildeter anderer Reiter hilft hierbei anfänglich mit
der Bahnpeitsche. Auf diese Weise entwickelt sich von selbst
aus der Handarbeit allmählich das Hankenbiegen unter dem
Reiter. Diese die Dressur sehr fördernde Lektion wird durch
vorhergegangene Arbeit an der Hand wesentlich erleichtert.

Einige beanlagte und gut gebaute Pferde werden unter
feinfühlenden Reitern im Laufe der Zeit sogar die Piaffe,
die Hankenbiegung in der Vollendung, leisten.

Longenarbeit.

Für die Bearbeitung an der Longe gelten die gleichen
Grundsätze wie bei der Arbeit unter dem Reiter. Die Longen=
arbeit hat ihre Aufgabe erfüllt, wenn es gelingt, das Pferd
dahin zu bringen, daß es sich losläßt, die Anlehnung in der
Tiefe sucht, sich vom Gebiß abstößt und im gleichmäßigen,
schwunghaften Gang immer erneut an das Gebiß herantritt.
Longieren und Reiten müssen Hand in Hand gehen und sich
gegenseitig ergänzen.

Da die Longenarbeit ihrem Wesen nach in erster Linie
beizäumend wirkt, so wird man sie bei der Dressur besonders
in den Fällen mit Nutzen anwenden, wo sich Schwierigkeiten
in der Haltung von Hals und Kopf zeigen oder der Gang
verbessert werden muß. Auch ist sie beim Anreiten der
Remonten ein gutes Hilfsmittel, empfindliche Pferde an
Sattel und Zaum zu gewöhnen und sie handfromm zu machen.
Bei der späteren Dressur wird man mit Vorteil zur Longe
greifen, wenn Unregelmäßigkeiten, die sich infolge falscher
Bearbeitung unter dem Reiter in Gang und Haltung ein=

gestellt haben, zu berichtigen sind. Die Longenarbeit eignet sich daher besonders zur Korrektur solcher Pferde, die mit Hirschhals und weggedrücktem Rücken gehen. Auch bei Pferden mit kurzem, straffem Rücken, die sich unter dem Reiter zusammenziehen und sich nicht loslassen, kann sich vor dem Reiten ein Longieren mit geringer Einstellung empfehlen.

Endlich können Pferde, die krank gewesen sind und nur leichte Arbeit ohne Reiter tun sollen, an der Longe abgetrabt werden, wobei ihnen die nötige Haltung spielend abgewonnen wird.

Ausrüstung.

Das Pferd wird zum Longieren grundsätzlich gesattelt und auf Trense gezäumt. Es sind ferner erforderlich: eine etwa 7 m lange Longe, eine Peitsche, so lang, daß das Pferd beim Longieren stets damit erreicht werden kann, und zwei Ausbindezügel. Vorteilhaft ist die Benutzung eines über den Sattel geschnallten Laufgurtes, an dem sich auf beiden Seiten mehrere Ösen befinden, in denen die Ausbindezügel höher oder tiefer befestigt werden können. Fehlt ein solcher Gurt, so sind die Ausbindezügel am Sattelgurt zu befestigen. Es empfiehlt sich, junge Pferde stets vorn zu bandagieren und ihnen die Hintereisen abzunehmen.

Longenführer.

Für eine gute Longenarbeit ist es erforderlich, daß der Longenführer Longe und Peitsche zu gleicher Zeit selbst führen und gebrauchen kann. Nur so ist die nötige Übereinstimmung der vortreibenden und verhaltenden Hilfen zu erzielen. Die Einwirkungen mit der Longe erfolgen nach den gleichen Grundsätzen wie die mit den Zügeln beim Reiten, weshalb die Verbindung zwischen Hand und Pferdemaul stets vorhanden sein muß. Die Einwirkungen mit der Longe sind der Empfindlichkeit des Pferdes anzupassen. Ein richtiges Gefühl in der Hand ist daher zur Longenarbeit ebenso erforderlich wie beim Reiten.

Der Longenführer bleibt stets vorwärts des Pferdes. Während des Haltens oder bei der Bearbeitung auf der Stelle steht er je nach Umständen mit mehr oder weniger Abstand vor dem Pferde, mit dem Gesicht ihm zugewandt. Bei der Arbeit auf gerader Linie im Schritt geht er entweder vor-

wärts oder rückwärts neben dem Pferde. Auf dem Zirkel
tritt er in die Mitte und nimmt schräge Front gegen die Longe.

In der erften Zeit ift namentlich bei jungen Pferden die
Unterftützung durch einen Gehilfen zu empfehlen. Er
darf fich nie plötzlich oder von hinten dem Pferde nähern,
sondern muß stets langsam und von vorn herantreten. Auch
muß er, um von einer Seite des Pferdes auf die andere zu
gelangen, um den Longenführer herumgehen. Er darf nicht
hinter dem Pferde herumgehen, auch darf er nicht unter
der Longe durchkriechen.

Handhabung der Longe.

Vor dem Einschnallen muß der Longenführer die Longe
richtig zusammengelegt haben. Hierzu greift die linke Hand
in die am Ende befindliche Schlinge. Die rechte Hand streicht
von hier aus die Longe unverdreht, so weit wie der ausge=
streckte Arm reicht, aus und legt diesen Teil in die linke Hand.
Demnächst wird eine neue Spanne ausgestrichen, eingeschlagen
und dies Verfahren so lange fortgesetzt, bis die ganze Longe
mit Ausnahme der letzten Spanne in gleichmäßigen Ein=
schlägen in der geschlossenen linken Hand übereinander liegt.

Die Longe wird in das Kinnstück der Trense so einge=
schnallt, daß der Dorn der Schnalle nach der Brust des Pferdes
zeigt. Will man die Wirkung des inneren Zügels verstärken,
so kann die Longe in den inneren Trensenring eingeschnallt
werden.

Die Longe wird stets mit der inneren Hand, also auf der
rechten Hand mit der rechten, auf der linken mit der linken
Hand geführt. Die führende Hand umfaßt den freien Teil der
Longe je nach den Umständen näher oder weiter vom Schnall=
ende mit allen vier Fingern. Der Daumen wird auf die
Longe da, wo sie über das zweite Gelenk des Zeigefingers
hinwegläuft, aufgesetzt. Die Hand, die den eingeschlagenen
Teil der Longe hält, wird, wenn Widerstand zu leisten ist,
auf den Rücken gelegt und dort wenn nötig in das Kreuz
eingestemmt. Der eingeschlagene Teil der Longe darf zwischen
den beiden Händen nicht so tief herabhängen, daß der Longen=
führer mit den Füßen hineintreten kann. Die Longe darf nie

bis zur Schlinge abgewickelt werden, damit das Pferd sie dem Longenführer nicht aus der Hand reißen kann.

Beim Verlängern läßt die führende Hand die Longe durch die etwas geöffneten Finger gleiten, während die andere Hand einen Schlag nach dem andern abwickelt.

Zum Verkürzen zieht die äußere Hand, rückwärts aus-holend, die Longe durch die leicht geöffnete führende Hand hindurch, greift bis hinter diese und wickelt die Longe wieder gleichmäßig auf.

Alle Hilfen mit der Longe wirken am besten, wenn der Longenführer die führende Hand in gleicher Höhe mit dem Pferdemaul hält. Ellenbogen- und Handgelenk werden leicht gekrümmt. Die Spitze des Daumens ist gegen den Kopf des Pferdes gerichtet. Diese Handstellung und Armhaltung ist auch nach Beendigung aller Einwirkungen sofort wieder an-zunehmen.

Das Gegenhalten wird angewandt, wenn ein Pferd rückwärts geht oder auf dem Zirkel nach außen drängt. Zum Gegenhalten neigt der Longenführer den Oberkörper etwas zurück und stemmt, um nicht vornüber gezogen zu werden, einen oder beide Füße vorwärts in den Boden.

Das Hereinnehmen besteht in wiederholtem leich-tem oder stärkerem Annehmen der Hand gegen die Schulter. Es wird durch Gegenhalten aus dem Oberkörper unterstützt und wird angewendet, wenn ein Pferd sich auf dem Zirkel mit Gewalt in die Longe legt.

Zum Hinausweisen macht der Longenführer mit der Longenhand eine Bewegung nach aufwärts vorwärts, so daß die Longe in eine schlängelnde Bewegung nach vorwärts gesetzt wird. Diese Hilfe wird so oft angewendet, bis sie wirkt. Sie kann durch die Stimme und die gegen die Pferdeschulter gerichtete Peitsche unterstützt werden.

Das Aufrichten geschieht durch einen leicht hebenden Anzug vorwärts. Hierzu muß die Longenhand zunächst etwas annehmen und dann eine rasche Bewegung auf- und vorwärts machen.

Paraden und halbe Paraden gibt der Longen-führer durch Zuruf und schüttelnde Bewegungen im Handgelenf, oder indem er die Longe annimmt und wieder nachgibt, ohne die Verbindung mit dem Pferdemaul aufzugeben. Die halbe Parade dient dazu, ein Pferd zu beruhigen, aus einem unregelmäßigen, übereilten Gang in einen taktmäßigen, lang= sameren zu setzen oder Gangart und Tempo zu verkürzen. Sie wird nach Bedarf wiederholt und so weit verstärkt, daß das Pferd einen kurzen Ruck mit der Longe erhält. Die Hand macht dazu eine schnellende Bewegung nach oben. Dies kann, in noch stärkerem Maße angewendet, auch als Strafe wirken.

Handhabung der Peitsche.

Die Peitsche besorgt bei der Longenarbeit das Treiben. Sie wird immer in der auswendigen Hand geführt. Führt der Longenführer Longe und Peitsche zugleich, so nimmt er in der Regel die ganze Longe in die führende Hand. Da die gleichzeitige Handhabung von Longe und Peitsche Übung und Gewandtheit verlangt, so muß einem noch unerfahrenen Longenführer, namentlich beim ersten Laufen des Pferdes an der Longe, ein Gehilfe als Peitschenführer beigegeben werden.

Die Peitsche wird am unteren Ende des Stiels mit der leicht geschlossenen Hand so angefaßt, daß nur der Knopf außerhalb der Hand zu sehen ist. Der Arm wird von der Schulter aus erhoben und der Peitschenstiel so gegen das Pferd ausgestreckt, daß die Spitze auf die Kruppe zeigt. Die Schnur schleppt auf dem Boden nach. Ist das Pferd im Longieren schon gefördert, so darf der Arm so weit gesenkt werden, daß sich die Peitschenspitze etwa in Höhe des Sprung= gelenks befindet.

Das Treiben geschieht, indem die Hand eine kreisförmige Drehung von oben nach unten und von hinten nach vorn macht und so die Peitschenschnur in eine schwingende Be= wegung von unten nach oben versetzt. Gleichzeitig kann man, um die vortreibende Wirkung zu verstärken, das Pferd mit der Spitze der Schnur dicht über dem Sprunggelenk berühren. Die Wirkung des Treibens darf nicht durch grobe Peitschen= hiebe, sondern muß durch viele kleine, kurz aufeinander fol= gende Hilfen erzielt werden. Zum Hinausweisen geht die Peitsche so weit vor, daß die Spitze auf die Schulter zeigt.

Die Peitschenhilfen müssen der Empfindlichkeit des
Pferdes und dem beabsichtigten Zweck angepaßt werden. Sie
können sich bei eintretendem Ungehorsam bis zur Strafe
steigern. Der Peitschenführer muß dazu seine Peitsche so in
der Gewalt haben, daß er genau die Stelle trifft, wo den
Umständen nach die Hilfe oder Strafe anzubringen ist. Diese
Stellen sind die Hinterbeine über dem Sprunggelenk und der
Bauch hinter den Sattelgurten. Bei einem stark nach innen
drängenden Pferde wird die Peitsche in einem hohen Bogen
von hinten nach vorn und von oben nach unten so gebraucht,
daß das Pferd an der Schulter getroffen wird.

Eine unzeitige oder zu harte Strafe verdirbt das Pferd,
eine unzulängliche und unrichtige fordert die Widersetzlichkeit
noch mehr heraus. Ein kräftiger Hieb, rechtzeitig und an
der richtigen Stelle angebracht, führt dagegen in der Regel
sofort zum Gehorsam.

Unterstützung der Longen= und Peitschen=hilfen durch die Stimme.

Die Stimme ist bei der Longenarbeit ein wesentliches
Hilfsmittel.

Gedehnte oder kurze, gleichmäßige oder verschiedene Be=
tonung der Kommandos und Zurufe werden die Hilfen leich=
ter verständlich machen.

Heftige und ängstliche Pferde beruhigt man durch Zu=
reden. Ein Zungenschlag wirkt vortreibend.

Bei fortgesetzt richtigem und gleichmäßigem Gebrauch der
Stimme werden die Pferde schon auf Zuruf hin ohne weitere
Hilfen die Gangarten wechseln.

Erstes Laufen an der Longe.

Nachdem die Longe befestigt ist, werden die Ausbindezügel
so lang eingeschnallt, daß sie bei ungezwungener Haltung des
Pferdes nur mäßig anstehen. Die Zügel werden anfänglich
gleich lang geschnallt, keinesfalls der innere kürzer. Zunächst
kommt es darauf an, daß das Pferd den Zirkel kennen und
einhalten lernt. Zu diesem Zweck führt es der Longenführer
entweder selbst auf dem innezuhaltenden Hufschlag oder läßt
es durch einen Gehilfen darauf führen.

Man beginnt zweckmäßig das Longieren auf der linken Hand, weil die Linkswendung dem Pferde leichter wird. Nachdem der Gehilfe das Pferd einige Male auf dem Zirkel am inwendigen Zügel herumgeführt hat, geht er langsam an der Longe entlang bis zur Mitte des Zirkels, wo er, wenn nötig, das Führen der Peitsche übernehmen kann. Behält der Longenführer selbst die Peitsche, so tritt der Gehilfe hinter ihn.

Bei Pferden, die, sobald sie losgelassen werden, fortstürmen und die Hilfen nicht beachten, ist Geduld nötig. Man begnüge sich zunächst damit, daß das Pferd vorwärts geht, und lasse es sich austoben. Bleibt das Pferd stehen, so muß es, wenn es auf die Peitschenhiebe nicht sofort wieder antritt, von dem Gehilfen aufs neue angeführt werden. Hat das Pferd sich beruhigt, so beende man die Arbeit, belohne es durch etwas Hafer oder ein Stück Brot und nehme es auf die andere Hand.

Hat das Pferd begriffen, was man von ihm verlangt, und hält es den Hufschlag des Zirkels, so führt es der Longenführer selbst an. Hierzu geht er mit verkürzter Longe neben dem Pferde bis zum Hufschlag des Zirkels und begleitet es, selbst rückwärts schreitend, kurze Zeit, während er es durch Zureden und leichte halbe Paraden im ruhigen Gang erhält. Die mit gesenkter Spitze gleichlaufend zum Pferde gehaltene Peitsche sorgt durch leichte treibende Hilfen für fließende Vorwärtsbewegung. Allmählich sucht der Longenführer, die Longe unter leichter Anlehnung verlängernd, die Mitte des Zirkels zu erreichen. Er bewegt sich hierbei auf einem immer kleiner werdenden Kreise und dreht sich so, daß er sich mit der Longenhand stets vor dem Pferde befindet. In der Mitte angekommen, setzt er das Pferd durch Zuruf oder durch eine leichte Peitschenhilfe in ein ruhiges Trabtempo.

Anfang der eigentlichen Bearbeitung.

Die eigentliche Bearbeitung an der Longe kann beginnen, sobald das Pferd die Furcht vor der Peitsche verloren hat, den Hufschlag hält, sich losläßt und die Hilfen hinreichend beachtet.

Da der Hauptzweck der Longenarbeit, die Entwicklung oder Berichtigung des Ganges, ohne eine gewisse Haltung und Anlehnung an das Mundstück nicht erreicht werden kann, so sind nunmehr die Ausbindezügel zu verkürzen.

Das Maß der Einstellung ist je nach den Umständen verschieden. Junge ungerittene Pferde oder solche, die zur Erzielung eines besseren, regelmäßigeren Ganges longiert werden, dürfen nicht sofort kurz ausgebunden werden. Sie müssen lernen, mit langem Hals die Anlehnung an das Gebiß zu nehmen. (Haltung wie in Bild 48.) Ein älteres Pferd dagegen, das Hals und Kopf zu hoch trägt, sich nicht loslassen und unter dem Reiter das Gebiß in der Tiefe nicht annehmen will, muß entsprechend kürzer ausgebunden werden, damit der Zweck, den Hals durch Longieren zum Fallenlassen zu bringen, erreicht wird. Selbst bei starker Einstellung muß es aber dem Pferde möglich sein, nachzugeben. Andernfalls bringt die Longenarbeit mehr Schaden als Nutzen.

Je nachdem man vorherrschend beizäumen oder gleichzeitig auch aufrichten will, werden die Ausbindezügel tiefer oder höher eingeschnallt. Mit fortschreitender Dressur ist eine geringe Stellung nach innen geboten.

Es ist falsch, die Pferde an der Longe unausgebunden oder ohne Anlehnung an den Ausbindezügeln haltungslos herumlaufen zu lassen.

Zunächst muß das Pferd lernen, taktmäßig und losgelassen am Zügel zu traben. Alle Hilfen müssen in so genauer Übereinstimmung gegeben werden, daß weder ein plötzliches Stutzen noch ein Vorprellen stattfindet. Durch grobe Hilfen wird der Gang gestört und das Pferd aus dem Takt gebracht. Die treibenden und die verhaltenden Hilfen müssen so gegeneinander abgewogen werden, daß schwunghafter Gang bei guter Haltung und völliger Losgelassenheit erreicht wird.

Hat man zum Halten pariert, so nimmt der Longenführer die Peitsche mit der Spitze nach hinten unter den Arm, geht, die Longe einschlagend, an das Pferd heran und belobt es.

Soll jetzt die Hand gewechselt werden, so faßt der Longenführer in den Ausbindezügel und läßt das Pferd mit Hilfe der Peitsche auf dem Hufschlage eine Wendung auf die andere Hand machen. Das Pferd darf hierbei weder vor der Peitsche fliehen noch zurücktreten. Dann wird die Länge der Ausbindezügel der neuen Stellung entsprechend berichtigt und wenn nötig die Longe umgeschnallt. Hierauf begibt sich der Longenführer wieder in die Mitte des Zirkels.

Hat das Pferd gelernt, im Takt an der Longe zu traben, so muß es der Longenführer durch halbe Paraden dazu bringen, daß es das Gebiß losläßt. Die Peitsche sorgt dafür, daß der schwunghafte Gang erhalten bleibt. Ein Longieren, bei dem das Pferd nicht lernt, sich vom Gebiß abzustoßen, verleitet es, sich auf den Zügel zu legen und verfehlt seinen Zweck.

Tritt das Pferd in einem gehaltenen Arbeitstrabe taktmäßig mit durchlässigem Genick an die Zügel heran, so kann zunächst zu einem freieren und demnächst zum abgekürzten Tempo übergegangen werden. Es ist jedoch zu fordern, daß Takt und Schwung des Ganges nicht verloren gehen.

Die Aufrichtung muß auch an der Longe mit der nach und nach eintretenden vermehrten Biegung der Hinterbeine Hand in Hand gehen und dem Gebäude des Pferdes stets angepaßt sein. Auch darf das Pferd nicht früher versammelt werden, als bis es sich losgelassen hat. Der schwungvolle, taktmäßige Gang ist stets der Maßstab für die Richtigkeit der Versammlung. Das Versammeln wird durch verstärkte halbe Paraden bei gleichzeitig vermehrtem Treiben mit der Peitsche bewirkt. Die halben Paraden sollen durch das ganze Pferd möglichst bis in die Hinterbeine gehen.

Hat das Pferd gelernt, an der Longe Mittel- und abgekürzten Trab schwunghaft und losgelassen zu gehen (Haltung wie in Bild 49 und 52) und den Tempowechsel richtig auszuführen, so kann mit dem Galopp begonnen werden. Es können aber auch Fälle eintreten, in denen der Galopp mit Nutzen früher angewendet werden kann.

Beim jungen Pferde darf der Galopp angenommen werden, wenn das Pferd ihn anbietet; er führt sehr bald die Losgelassenheit herbei und bringt das Pferd mit langem Hals richtig an die Zügel. Fehlerhafter Schritt und Trab werden leichter und schneller durch den Galopp gebessert, als wenn das Pferd nur in den betreffenden Gangarten selbst gearbeitet wird.

Zur ersten Entwicklung des Galopps darf das Pferd nicht so kurz ausgebunden werden, wie es im abgekürzten Trabe bereits zulässig war. Es muß im Galopp den Hals strecken können, damit es imstande ist, mit den Hinterbeinen genügend unterzugreifen (Haltung wie in Bild 50). Erst wenn das Pferd sicher auf dem Fuße bleibt und sich im Galopp tragen gelernt hat, kann vermehrtes Einstellen erfolgen.

Zum Entwickeln des Galopps nimmt man das Pferd in den abgekürzten Trab. Zeigt es darin eine gute Haltung, so stört man durch einen oder mehrere hebende Anzüge mit der Longe die Trabbewegung und berührt mit der Peitsche das Pferd nahe hinter dem Gurt in dem Augenblick, wo der innere Hinterfuß im Begriff steht, vorzutreten. Die Peitsche wird mit dem Takt des Galoppsprungs gehoben und gesenkt. Springt das Pferd richtig an, so bleibt die Hand bei anstehender Longe ruhig stehen.

Stürmt das Pferd, so wird durch Schütteln mit der Longe die halbe Parade gegeben, während gleichzeitig die Peitsche nochmals vortreibt. Diese Hilfen werden nach Bedarf wiederholt und durch Stimme (Zuruf: „Galopp!") und Zungenschlag unterstützt. Das Pferd darf nicht durch grobe Hilfen in den Galopp gleichsam hineingeworfen werden.

Das Pferd soll in einem natürlichen Galopp gut vorwärtsgehen. Kann es sich in diesem Galopp tragen und greift es dabei mit den Hinterfüßen gut unter, so wird zum Mittelgalopp übergegangen. Der Longenführer treibt das Pferd mit der Peitsche vermehrt vorwärts, während er durch halbe Paraden die Haltung zu verbessern sucht. Setzt das Pferd die Hinterhand gut unter, steht es sicher am Zügel und ist der Galopp schwunghaft, so können die Ausbindezügel kürzer geschnallt werden. Hierdurch wird, wenn sich das Pferd dabei am Gebiß abstößt, die Biegsamkeit der Hinterhand vermehrt. Bleibt das Pferd mit der Hinterhand zurück, so muß die Einstellung verringert werden.

Während der beim Eingaloppieren nötigen Pausen sind Zurücktreten, Biegen an der Hand und Abkauenlassen im Halten zu üben.

Nach dem Galopp empfiehlt es sich, das Pferd zunächst wieder traben zu lassen, da durch einen guten Galopp auch der unmittelbar folgende Trab gebessert wird.

Hat das Pferd im Mittelgalopp Haltung gewonnen, so wird zum abgekürzten Galopp übergegangen. Häufig wieder=holte halbe Paraden und lebhafte, leichte Peitschenhilfen führen die stärkere Versammlung herbei. Die Hilfen müssen aber besonders fein gegeneinander abgewogen werden; un=geschickte Hilfen bringen das Pferd leicht aus der Haltung. Der Galopp darf nicht zu sehr verkürzt werden.

Zur vermehrten Biegung der Hinterhand und zur Ver=besserung der Haltung kann das Verkleinern des Zirkels im abgekürzten Galopp geübt werden. Hierzu verkürzt der Longenführer die Longe ganz allmählich, ohne die Verbindung zwischen Longenhand und Pferdemaul aufzugeben und gibt wiederholt halbe Paraden. Der Zirkel darf höchstens auf sechs Schritt Durchmesser und nur ganz allmählich verkleinert werden. Längeres Arbeiten auf dem kleinen Zirkel ist nach=teilig.

Die versammelnde Arbeit an der Hand kann auch an der Longe mit einem ausgebundenen Pferde an der Wand geübt werden. Grundsätze und Hilfen sind die gleichen.

Es genügt für die Truppe, wenn es gelingt, das Pferd durch die Longenarbeit bei schwunghaften Gängen immer wieder zum Abstoßen am Zügel und erneutem Herantreten zu bringen. Um die durch die Longenarbeit gewonnene Hal=tung des Pferdes unter dem Reiter zu erhalten, kann es sich empfehlen, das Pferd vor der Wiedereinstellung in die Ab=teilung noch einige Zeit unter dem Reiter an der Longe zu arbeiten. Hierzu wird der Laufgurt entfernt und das Pferd am Sattelgurt gut ausgebunden.

55. Die Gerte.

Die Gerte ist ein unentbehrliches Hilfsmittel bei der Dressur. Sie weckt und erleichtert beim jungen Pferde das Verständnis für die Schenkelhilfen. Bei Widersetzlichkeit wird die Gerte als Strafe gebraucht.

Die Gerte muß mindestens 1 m lang sein, damit der Reiter das Pferd hinter seinem Schenkel am Leibe treffen kann, ohne die Stellung der Hand verändern zu müssen. Das Pferd darf dabei nicht im Maul gestört werden. Die Gerte wird mit der Spitze nach unten und rückwärts gehalten und vorwiegend auf der inneren Seite des Pferdes gebraucht.

Auch beim Führen des Pferdes wird die Gerte in der linken Hand, mit der Spitze nach unten und rückwärts, getragen. Geht das Pferd nicht vorwärts, so gibt der Führer, ohne stehen zu bleiben und ohne sich umzusehen, von hinten mit der Spitze eine leichte Hilfe.

Beim Aufsitzen bleibt die Gerte unverändert in der linken Hand. Hat der Reiter mit der linken Hand die Mähne ergriffen, so muß er darauf achten, daß die Gerte auf der linken Schulter des Pferdes still liegen bleibt. Will man einem aufgesessenen Reiter die Gerte reichen, so muß man ruhig und so dicht an das Pferd herantreten, daß es durch die Gerte nicht erschreckt wird.

Zum Reiten auf der rechten Hand wird die Gerte nach dem Aufsitzen, ohne das Pferd zu erschrecken, auf die rechte Seite gebracht, ehe die rechte Hand die Zügel ergreift. Die über den rechten Oberschenkel laufende Gerte wird am dicken Ende mit der vollen rechten Hand umfaßt und nach rückwärts abwärts gehalten.

Beim Wechsel von der rechten auf die linke Hand und zum Absitzen bei rechts getragener Gerte wird diese wie beim Aufsitzen in die linke Hand genommen.

Alle Bewegungen der Gerte müssen dem Pferde möglichst verborgen bleiben und beim Wechsel von einer Hand zur anderen beendigt sein, ehe die bisherige inwendige Seite gegen die Wand kommt.

Der Reiter gebraucht die Gerte, indem er sie an der Schulter oder am Leibe des Pferdes unmittelbar hinter seinem Schenkel anlegt oder anfallen läßt.

Wird die Gerte als starke Hilfe oder als Strafe gebraucht, so legt der Reiter die rechten Zügel von oben in die linke Hand, nimmt die Gerte mit der Spitze nach oben in die rechte Hand und gibt dem Pferde von oben herab einen oder mehrere kräftige Hiebe unter den Bauch. Auf der linken Hand wirft er die Gerte durch eine kurze Drehung des rechten Handgelenks so über den linken Unterarm, daß sie das Pferd am Leibe trifft. Will der Reiter mit der Gerte strafen, so setzt er sich mit etwas zurückgehaltenem Oberleib fest in den Sattel und nimmt dem Pferde den Kopf hoch, um es am Ausschlagen und Bocken zu hindern, gibt aber nach, sobald es vorwärts geht.

Auf Kandare wird die Gerte stets mit der rechten Hand gehalten. Auf der rechten Hand wird sie abwärts gerichtet getragen, so daß sie über dem rechten Oberschenkel liegt. Auf der linken Hand trägt sie der Reiter aufwärts und läßt sie

Bild 59.

zur Anwendung über den linken Unterarm hinter dem linken Schenkel anfallen.

Roffige Stuten sind stets mit der Gerte und ohne Sporen zu reiten.

56. Hilfszügel.

Die Anwendung von Hilfszügeln ist möglichst zu vermeiden. Gelingt es jedoch in vereinzelten Fällen nicht mehr, ein dem Zügelanzuge im Halse oder Genick nach oben widerstrebendes Pferd in die gewünschte Beizäumung zu bringen,

so kann vorübergehend der nachstehend beschriebene S ch l a u f=
z ü g e l verwendet werden (Bild 59).

Zwei, je etwa 2,75 m lange, links und rechts durch eine
Schleife oder einen flachen Haken am Sattelgurt in der Höhe
der Knielage des Reiters befestigte Zügel werden durch den
gleichseitigen Trensenring unterhalb des Zügels durchgezogen
und dann in die betreffende Hand des Reiters genommen.
Die beiden Zügelenden sind durch eine Schnalle verbunden.
Jeder Schlaufzügel läuft, die rauhe Seite gegen das Pferd
gekehrt, von innen nach außen durch den Trensenring und wird
so in die gleichseitige ganze Hand genommen, daß das Zügel=
ende mit der rauhen Seite nach oben unter dem Daumen liegt.

Die Schlaufzügel unterstützen nicht nur das Beizäumen,
sie ermöglichen auch das Geradestellen des Pferdes und er=
leichtern durch ihre seitlich verwahrende Wirkung das Fest=
stellen loser Hälse an den Schultern.

Um das Pferd mit der Wirkung des Schlaufzügels ver=
traut zu machen, macht der Reiter zweckmäßig vor dem Auf=
sitzen einseitige Zügelanzüge, die das Pferd zum Nachgeben
veranlassen sollen. Bei jedem Reiten in Stellung, namentlich
bei allen Wendungen, muß der äußere Zügel entsprechend
nachgelassen werden.

Die Verwendung des Schlaufzügels wird nur dann von
Erfolg begleitet sein, wenn er nicht dazu gebraucht wird, das
Pferd in eine Stellung zu zwängen. Es soll durch ihn dem
Pferde nur eine Grenze angewiesen werden, aus der es nicht
nach oben herausschlagen soll. Der Reiter muß bestrebt sein,
das Pferd zum Abstoßen am Hilfszügel zu bringen. G i b t
d a s P f e r d n a c h, s o m u ß d i e W i r k u n g d e s
H i l f s z ü g e l s, a l l m ä h l i c h v e r r i n g e r t u n d
n a c h u n d n a c h a u s g e s c h a l t e t w e r d e n.   Er soll
das Pferd gleichsam nur durch sein Gewicht mahnen, in der
gewünschten Stellung zu verbleiben, mithin hauptsächlich ver=
wahrend wirken.   Der Gebrauch des Schlaufzügels muß stets
mit tätiger Einwirkung der Schenkel verbunden sein; sonst
bringt er die Pferde auf die Vorhand und auch hinter den
Zügel, macht sie im Maule stumpf und schädigt den Schwung
und die Geräumigkeit des Ganges.   Eine gewaltsame Ein=
wirkung mit dem Schlaufzügel, um die Beizäumung rascher
zu fördern, hat meist Widersetzlichkeiten zur Folge.

Beim Überwinden von Hindernissen ist der Schlaufzügel vollkommen auszuschalten.

Ist auf Kandarenzäumung ausnahmsweise ein Hilfszügel erforderlich, so kann ein M a r t i n g a l verwendet werden (Bild 60). Er ist so lang zu schnallen, daß die Trensenzügel bei richtiger Handstellung und normaler Haltung des Pferdes

Bild 60.

nicht gebrochen werden. Die Ringe des Martingals sollen etwa eine Handbreit tiefer als der höchste Punkt des Widerristes stehen. An den durch die Martingalringe laufenden Trensen= zügeln sind stets Lederschieber anzubringen.

Bei der Dressur darf der Martingal nicht verwendet werden.

57. Zusätze für die anderen Truppen.

Allgemeines.

Die Bestimmungen der Reitvorschrift gelten, abgesehen von den Vorschriften über das Reiten mit der Lanze mit den nachstehenden Zusätzen auch für die anderen Waffen. Die reiterliche Durchbildung der Pferde ist, soweit es das Pferde= material zuläßt, zu fördern. Das wird nicht nur der Fahr= ausbildung, sondern auch dem gewandten Reiten des ein= zelnen Mannes im Melde= und Aufklärungsdienst zugute kommen.

Die große Verschiedenheit und die mannigfachen Mängel im Gebäude der Pferde zwingen aber dazu, die Anforde= rungen, namentlich in bezug auf Versammlung und Auf= richtung, dem Körperbau und den Kräften des einzelnen Pferdes sorgfältig anzupassen. Auch wird die Spätreife eines Teils der schwereren Pferde den Ausbildungsgang der Remonten verzögern. Im ganzen Verlauf der Dressur ist das Hauptaugenmerk auf gute Erziehung der Pferde, Rein= erhaltung des Ganges und Förderung der Gebrauchsgänge sowie auf Gewinnung einer guten Selbsthaltung und ge= nügender Durchlässigkeit zu richten.

Daher werden der vollkommen ausgebildete abgekürzte Galopp, der Kontergalopp und die Kurzkehrtwendung in der ganzen Abteilung im allgemeinen nicht gefordert werden können. Auch dürfen die Anforderungen bezüglich der Seiten= gänge nicht zu hoch gestellt werden.

I. Die Artillerie.

Zu I, 2. Einteilung in Reitabteilungen.

Bei der reitenden Batterie ist die Einteilung in Reitabteilungen ähnlich wie bei der Eskadron. In Ab= teilung D (E) reiten die als Fahrer in Aussicht genommenen Mannschaften ihre Sattelpferde.

Bei der fahrenden Batterie werden die Reit= abteilungen wie folgt eingeteilt:

Rekrutenabteilungen (1., 2. usw. nach Bedarf). In ihnen reiten die jüngsten Mannschaften und solche der älteren Jahrgänge, die reiterlich noch zurück= geblieben sind, auf ruhigen, gutgehenden Pferden.

Junge Remonten.

Abteilung A.

In ihr sind die alten Remonten und diejenigen im dritten Dienstjahre stehenden Pferde zu vereinigen, deren Gebäude und Rittigkeit die Gewähr bieten, sie auf eine höhere Stufe der Ausbildung zu bringen. Sie werden von Unteroffizieren, Trompetern und von besonders beanlagten Leuten der älteren Jahrgänge geritten.

Abteilung B.

Sie besteht aus denjenigen im dritten Dienstjahre stehenden Pferden, in Ausnahmefällen auch alten Remonten, die nach ihrem Gebäude und Temperament weniger zu Reitpferden geeignet sind. Hierzu treten ältere Pferde, die der Nachdressur bedürfen. In ihr reiten Unteroffiziere, Trompeter und Leute der älteren Jahrgänge.

Abteilung C bis E (nach Bedarf).

Hierzu gehören alle in den bisher genannten Abteilungen nicht verwendeten Pferde. In diesen Abteilungen reiten Mannschaften der älteren Jahrgänge, wenn nötig auch Unteroffiziere oder Trompeter.

In den Abteilungen B bis E wird es sich meist empfehlen, sich mit dem in der Reitvorschrift von den jungen Remonten am Schluß ihrer Ausbildung geforderten Schenkelweichen zu begnügen, das sich durch allmählich gesteigerte Wirkung der äußeren Hilfen dem Schulterherein nähern soll.

Zu I, 3. Die in der „Allgemeinen Zeiteinteilung" enthaltenen Grundsätze gelten sinngemäß auch für die Artillerie.

Die alten Remonten sind, soweit angängig, von besonders anstrengenden Übungen zurückzulassen. Zu den größeren Truppenübungen dürfen sie nach Anordnung des Regimentskommandeurs mitgenommen werden. Dagegen haben die reitenden Batterien, unter entsprechender Einschränkung der Zahl der mitzunehmenden Geschütze und Fahrzeuge, ihre alten Remonten von den Aufklärungsübungen grundsätzlich zurückzulassen.

In der Abteilung A, bei der reitenden Batterie auch in der Abteilung B, muß bis Mitte Januar auf Trense geritten werden. Im übrigen bleibt für die

Abteilungen B bis E dem Abteilungskommandeur überlassen, zu bestimmen, wann sie auf Kandare zu zäumen sind.

Junge Remonten sind nicht zu größeren Truppenübungen mitzunehmen.

Zu I, 7. Die Zügelhaltung mit durchgezogener Trense ist beim Fahren, Exerzieren und im Felddienst, auch bei Paraden die Regel.

Zu III, 37. Einfahren junger Pferde. Siehe A. V. A. Heft 12, Ziffer 1207 ff.

Zu IV, 48. Die Kurzkehrtwendung und der Konter-galopp sind von den Rekruten nicht zu reiten.

Zu IV, 51. Die besonderen Übungen finden sinngemäß Anwendung.

Zu IV, 52. Diese Bestimmungen gelten sinngemäß auch für die Artillerie. Bei den Abteilungen B bis D kommt es im besonderen darauf an, „unter Verzichtleistung auf schwierige Lektionen, die Pferde in eine brauchbare Reitform zu bringen und den Gang zu verbessern".

Alle jüngeren Hauptleute, Oberleutnante und Leutnante reiten ihre Offizierdienstpferde oder eigenen Offizierpferde. In einer zweiten Abteilung reiten sie außerdem nach Anordnung des Abteilungskommandeurs entweder eine alte Remonte oder ein älteres Dienstpferd, gegebenenfalls ihre überplanmäßigen eigenen Pferde. Abweichungen können vom Abteilungs-kommandeur angeordnet werden.

II. Die Nachrichtentruppe.

Die Zusätze für die Artillerie gelten sinngemäß auch für die Nachrichtentruppe. Die Überwachung des Reitdienstes geschieht durch den Abteilungskommandeur.

III. Die Fahrtruppe.

Die Reitausbildung bei der Fahrtruppe bezweckt, die jungen Mannschaften im Reiten zunächst so weit zu fördern, daß sie als Fahrer vom Sattel ausgebildet werden können. Die älteren Mannschaften sind durch Reiten in der Bahn und im Gelände für Verwendung als Unterführer der Kolonnen weiterzubilden.

Die Reitabteilungen für die Winterausbildung sind nach I, 2 der R. V. zusammenzustellen. Die Anforderungen

an das Reiten sind jedoch dem Körperbau der Pferde sorg=
fältig anzupassen und bei den als Zugpferden zu verwendenden
Pferden entsprechend einzuschränken.

Im allgemeinen sind alle Mannschaften im ersten und
zweiten Dienstjahre in Rekrutenabteilungen auszubilden.

Bei der Eskadron mit schweren Pferden und Gebirgs=
fahreskadronen sind, soweit der Bestand an Reitpferden es
zuläßt, auch die Abteilungen A, B, C zu bilden.

Sämtliche Remonten sind, soweit möglich, als Reit=
pferde durchzubilden. Über Einfahren siehe Fahrvorschrift.

Die Remonten schweren Schlages sind jedoch reiterlich
nur so weit auszubilden, daß sie im Schritt und Trab ihren
Reiter tragen, im übrigen aber bald an den Zug zu gewöhnen.

Die jungen Remonten sind nicht mit in das Manöver zu
nehmen, auch die alten Remonten nicht zu anstrengenden
Übungen heranzuziehen.

Alle jüngeren Hauptleute, die Oberleutnante und
Leutnante reiten in der Offizierreitstunde ihre Offizierdienst=
pferde oder eigenen Offizierpferde. Die Leutnante reiten
außerdem in einer Remonteabteilung mit.

Die Überwachung der Reitausbildung erfolgt durch den
Abteilungskommandeur.

IV. Die Infanterie und Pioniere.

Bei den M. G.= und M. W.=Kompanien sind während
der Wintermonate, und, soweit möglich, auch im Sommer alle
Offiziere und diejenigen Unteroffiziere und Mannschaften im
Reiten auszubilden, die nach der Stärkenachweisung beritten
oder Fahrer vom Sattel sind, außerdem für jeden Unter=
offizier und Mann möglichst ein Ersatzmann.

Die beschränkte Anzahl zur Verfügung stehender Reit=
pferde, die Notwendigkeit, auch Zugpferde zur Reitausbildung
der Mannschaften heranzuziehen, zwingt dazu, die Anforde=
rungen an das Reiten nicht zu hoch zu stellen und schwierige
reiterliche Übungen nicht zu verlangen.

Die Einteilung in Reitabteilungen hat ohne Rücksicht
auf den Dienstgrad der Reiter in der Art zu erfolgen, daß
in der

Remonteabteilung (außer jungen und alten Remonten

jüngere in der Dressur zurückgebliebene Pferde) die besten,
hierzu besonders beanlagten Reiter,

Abt. A gut beanlagte Reiter auf den besten Reit=
pferden (ausnahmsweise auch alten Remonten),

Abt. B junge und verbesserungsbedürftige Reiter auf
ruhigen älteren Pferden reiten.

Nach Bedarf sind Abteilungen C und D zu bilden.

Bei der Auswahl der Reitlehrer darf das Dienstalter oder
der Dienstgrad keine Rolle spielen, sondern nur die
Geeignetheit.

Während in der Remonteabteilung und in der Abt. A
die Anforderungen sich den an die entsprechenden Abteilungen
der Kavallerie gestellten nähern sollen, ist der Unterricht in
der Abteilung B nach den Grundsätzen der Rekruten=
abteilungen, in der Abt. C usw. nach denen der Abt. D der
Kavallerie zu erteilen. Es ist in B, C usw. also nur das
Allernotwendigste zu verlangen, d. h. guter Sitz des Reiters,
richtige Handstellung und Zügelführung, ruhiges Geradeaus=
gehen der Pferde in Schritt, Trab und Galopp. Der Haupt=
wert ist in allen Abteilungen auf Einzelreiten und gute Er=
ziehung der Pferde zu legen. Als Endzweck ist ruhiges sicheres
Alleingehen im Gelände zu erstreben.

Starke Versammlung in den abgekürzten Gängen,
Seitengänge und Kontergalopp sind in keiner Abteilung zu
üben.

Für die Brückenkolonnen der Pioniere gelten sinngemäß
die für die Fahrtruppe gegebenen Zusätze.

Soweit möglich, nehmen alle jungen Hauptleute, Ober=
leutnante und Leutnante der Infanterie und Pioniere an
dem Unterricht in der für sie in Betracht kommenden Abtei=
lung teil.

Die Reitausbildung überwacht bei der Infanterie der
Regts.= und Batls.=Kommandeur, bei den Pionieren der
Batls.=Kommandeur.

Schulmäßige Übungen, Hohe Schule.

Die in der Reitvorschrift zur Ausbildung des Pferdes angegebenen Übungen umfassen die Gebrauchsschule. Reiter und Pferd müssen diese voll beherrschen, ehe an ein Verfeinern der Dressur durch schulmäßige Übungen gedacht werden darf.

Das Pferd muß in allen Gangarten in der für sein Gebäude geeigneten Form in Selbsthaltung schwungvoll vorwärts gehen, der Reiter muß Tempo und Gangart jederzeit beliebig wechseln und zum Halten durchparieren können. Diese Übergänge sind fließend und geschmeidig, in guter Haltung, mit leicht anstehenden Zügeln zu reiten. Das Pferd soll aus dem Halten beim Antraben als erste Bewegung einen Trabritt, beim Angaloppieren sogleich einen Galoppsprung machen, ohne daß einzelne Schritt- oder Trabtritte vorangehen. Ebenso muß die Parade deutlich vom Maul bis zu den Hinterfüßen durchgehen und das Pferd veranlassen, bei richtiger Kopf- und Halsstellung das Gewicht mit gebogenen, unterlaufenden Hinterbeinen willig aufzunehmen. Trotz höchster Versammlung darf keinerlei Zwang im Pferde wahrnehmbar sein. Besonders die in die Hinterhand übergreifenden Rückenmuskeln müssen ohne jede krampfhafte Spannung federnd arbeiten. Der Reiter muß in weichem, tiefem Sitz auch im stärksten Trabtempo die Bewegung aussitzen können.

Erst wenn diese Anforderungen leicht und anstandslos erfüllt werden, dürfen die schulmäßigen Übungen ohne Schaden beginnen.

Aufbauend auf der Gebrauchsschule sind die Übungen der hohen Schule keine Künsteleien, sondern verfolgen ebenfalls Gebrauchszwecke. Die hohe Schule ist die Ratgeberin auf allen Reitgebieten. Sie lehrt Reiter und Pferde für ihre Aufgaben in wissenschaftlich begründeter Weise zu möglichster Vollkommenheit auszubilden. Hierzu erstrebt sie bei vermehrter Versammlung erhöhten Schwung in allen Gangarten und erhabenere Bewegungen des willig und zwanglos gehenden Pferdes. Ein Zurückkehren zu den einfachen, lösenden Übungen der Gebrauchsschule wird immer nötig werden, so-

bald falſche Spannungen eintreten und es ſich zeigt, daß das
Pferd den höheren Anforderungen noch nicht gewachſen iſt.
So ſtehen hohe Schule und Gebrauchsſchule in enger und
dauernder Wechſelwirkung zueinander.

Zur hohen Schule eignen ſich nur Pferde, deren Ge=
bäude, Gemütsart und Durchbildung den erhöhten Anforde=
rungen entſprechen. Daher iſt es zwecklos und bringt Miß=
erfolge, ungeeignete Pferde über die Gebrauchsſchule hinaus
ausbilden zu wollen.

Dieſer Anhang zur Reitvorſchrift ſoll nicht etwa eine
erſchöpfende Ausbildungsvorſchrift zum Erlernen der hohen
Schule ſein. Er ſoll nur zeigen, wie weiter fortgeſchrittene
Reiter ihre und ihrer Pferde Leiſtungen über den Rahmen
der Gebrauchsſchule hinaus fördern können.

A. Schulmäßige Übungen.

Dem Verfeinern und Vertiefen der Ausbildung dienen
zunächſt folgende Übungen, die für die Soldatenreiterei ent=
behrlich ſind und daher in der Reitvorſchrift fehlen.

1. Ein Hauptmittel zur ſtärkeren Verſammlung ſind
erhöhte Anforderungen in den Seitengängen. Hierbei iſt die
Folgſamkeit auf die Hilfen ſo zu ſteigern, daß im Schulter=
herein der auswendige, im Travers und Renvers der in=
wendige Schenkel vorherrſchend wirken können.

Folgende, in der Reitvorſchrift fehlende
Übergänge ſind zu üben, dabei iſt jede Wendung auf der
Vorhand zu vermeiden. Auch muß ſtets darauf geachtet
werden, daß das Pferd vor jedem Umſtellen einen Augenblick
geradeaus geſtellt und gerade gerichtet vorgedrückt wird.

Aus Schulterherein zum Renvers: Ohne Um=
ſtellen auf Kommando: „Zum Renvers kurz Kehrt — Marſch.“

Mit Umſtellen auf Kommando „Renvers — Marſch“ oder
„Tete — Renvers“. Hierbei verſichern des inneren Hinter=
fußes durch eine halbe Parade, umſtellen, umſitzen, heran=
holen des jetzigen inneren Hinterfußes, Renvershilfen.

Aus Travers zum Renvers: Ohne Umſtellen
durch Kehrtwendung auf Kommando „Tete zum Renvers
Kehrt — Marſch“, oder „Zum Renvers Kehrt — Marſch“.
Aus der im Travers gerittenen halben Volte führen vor=
herrſchende äußere Hilfen das Pferd allmählich zum Renvers
gegen den Hufſchlag. Ferner durch Changieren durch die
halbe Bahn mit Kommando „Tete Renvers“, wobei die
Hinterhand nicht zu früh auf dem neuen Hufſchlag an=
kommen darf.

Mit Umstellen auf Kommando „Renvers — Marsch": Hereinreiten zum Schulterherein mit Versicherung des inneren Hinterfußes, umstellen, umsitzen, Heranholen des jetzigen inneren Hinterfußes, Renvershilfen.

Aus Renvers zum Schulterherein: Mit Umstellen auf Kommando „Schulterherein — Marsch": Heranhalten des inneren Hinterfußes durch eine halbe Parade, umstellen, umsitzen, Schulterhereinhilfen.

Aus Renvers zum Travers: Ohne Umstellen durch Kehrtwendung auf Kommando „Zum Travers Kehrt — Marsch", oder „Tete zum Travers Kehrt — Marsch": Aus der im Renvers gerittenen halben Volte wird das Pferd schräge im Travers gegen den Hufschlag geführt. Ferner durch Changieren durch die halbe (ganze) Bahn auf Kommando „Ohne Wechsel durch die halbe (ganze) Bahn changiert".

Mit Umstellen auf Kommando „Travers — Marsch": Hinausführen der Vorhand zur Konterlektion von Schulterherein, Versicherung des bisherigen inneren Hinterfußes durch eine halbe Parade, umstellen, umsitzen, Heranholen des jetzigen inneren Hinterfußes, Travershilfen.

Sollen Ecken im Seitengang durchritten werden, so muß der Reiter im Schulterherein und im Renvers, wo die Hinterhand den größeren Weg zurückzulegen hat, darauf achten, daß die Hinterhand nicht in einer Vorhandwendung um die Vorhand herumgedrückt wird. Er muß vielmehr durch andauerndes Hineinführen der Vorhand und vermehrtes Unterschieben der Hinterhand den Seitengang aufrechterhalten, ohne daß die Fußfolge oder das ruhige Tempo im Gange sich ändern.

2. Traversalverschiebungen. Gut ausgeführte Traversalverschiebungen sind das Ergebnis der Bearbeitung des Pferdes auf Biegung und Stellung durch Seitengänge. Häufiger Übergang aus einer Stellung zur anderen und der dadurch bedingte Schenkelgehorsam sind Prüfsteine für den Dressurgrad des Pferdes.

Traversalverschiebungen reitet man in gut versammeltem Trabe, und zwar:

Von der Mittellinie abwechselnd nach rechts und links bis etwa 6 Schritt von der Mittellinie entfernt,

im Travers aus der 2. Ecke der kurzen Wand bis zur Mittellinie und von dort im Renvers zum Changierungspunkt vor der kurzen Seite,

im Renvers von der Mitte der kurzen Seite zur Mitte der langen Seite und von dort im Travers zur Mitte der anderen kurzen Seite, oder als doppelte und dreifache Traversallinien von langer zu langer Seite.

Bei Traversalverschiebungen muß der Reiter schräg vorwärts und bei jedem Umstellen des Pferdes geradeaus reiten. Leichteste, fein abgestimmte Gewichtshilfen mit nicht zu viel seitwärts schiebendem, vor allem nicht zu viel äußerem Schenkel sind nötig. Das Pferd muß, ohne aus dem Takt zu kommen, gleichlaufend zum Hufschlag der Mittellinie gerichtet bleiben. Nie darf die Hinterhand vor der Vorhand eine der Mittellinie gleichlaufende Linie überschreiten.

Hauptfehler sind: Zu schnelles unrichtiges Umstellen, Stutzen im Gange, mangelnder Takt sowie ungenaues Geraderichten zwischen beiden Stellungen.

3. **Seitengänge im Galopp** bezwecken, durch gesteigertes Versammeln die Biegung und Stellung des Pferdes weiter zu fördern. Auf den zum Ausfallen neigenden inneren Hinterfuß wirkt Schulterherein am meisten. Man darf nicht zu viel Abstellung verlangen. Der innere Schenkel wirkt vermehrt, der äußere Zügel richtet gerade und stellt den Hals am Widerrist fest.

Erst wenn das Pferd sich im Schulterhereingalopp ganz willig hergibt, darf man zum Traversgalopp übergehen. Weder im Travers noch im Renvers darf jedoch zu starke Abstellung genommen werden, sonst leidet die richtige Folge der Hinterhand, und der innere Hinterfuß tritt am Schwerpunkt nach innen vorbei.

4. **Fliegender Galoppwechsel** kann schulmäßig ausgeführt werden, wenn das Pferd auf leichte, fast zeichenartige Hilfen angaloppiert, sich auf jeder Hand, auch im Kontergalopp, sicher und erhaben trägt, und der Reiter den Augenblick des Wechselns im versammelten Galopp genau bestimmen kann.

Nur das ganz vollkommen gerade gerichtete Pferd kann den äußeren Hinterfuß und die Diagonale — innerer Hinter-, äußerer Vorderfuß — sicher und ruhig wechseln. Dazu empfiehlt sich sogar bei den letzten Galoppsprüngen vor dem Wechsel eine leichte Schulterhereinstellung. Leichter wird der Galoppwechsel durch Kehrtwendung aus der Ecke, auf der Changierungslinie aus dem Zirkel und durch den Zirkel oder durch die Bahn, oder auf der Linie „von der Mitte auf die Mitte" kurz vor der neuen Mitte.

Fehler: Seitwärtswerfen der Hinterhand oder Verhalten im Galopp mit hochschnellender Kruppe vor dem Wechsel.

Verbessernde Hilfen: Taktmäßiges Herauslassen des erhabenen Galoppsprunges bei gleichzeitigem, vermehrtem

Vorholen des inneren Hinterfußes mit dem inneren Schenkel. Kräftiges gerades Vorschieben des Pferdes mit den neuen Hilfen. Klares Umstellen und feines Abstimmen der Gewichtshilfen.

5. **Pirouette.** Die Pirouette ist eine Wendung im versammelten Traversgalopp auf der Hinterhand, um die sich die Vorhand in mehreren Sprüngen dreht. Das Pferd muß die Galoppsprünge in guter Haltung, Stellung und Längsbiegung mit tiefer Kruppe, gut am Zügel und an den Hilfen bleibend, auf engstem Raum ausführen. Der innere Hinterfuß übernimmt mit dem Verengern der Wendung vermehrt die Last, die die anderen drei Füße, besonders der äußere Hinterfuß, ihm zuschieben. Nur große Biegsamkeit des inneren Hinterbeines und die Kraft, die Last jederzeit kräftig fortzuschnellen, befähigen ein Pferd zur Pirouette. Vorbedingung ist die sichere, einwandfreie Kurzkehrtwendung.

Fehler: Hinter dem Zügel Herumwerfen, Ausfallen der Hinterhand, infolgedessen Umchangieren hinten. Falsche Gewichtshilfen, Vornüberneigen, zuviel äußerer, wenig innerer Schenkel. Zum Abstellen dieser Fehler muß der Reiter immer wieder bei richtiger Stellung nach innen das Gewicht auf den inneren Hinterfuß legen.

B. Hohe Schule.

Erst nach dem durch diese Übungen erhöhte Durchlässigkeit, Haltung und Schwung in allen Gangarten erreicht sind, darf man zu den Übungen der hohen Schule übergehen. Diese sind: Piaffe, Passage, Pesade und die Schulsprünge.

Für alle Übungen der hohen Schule gilt besonders der Grundsatz, daß man sich anfangs mit geringen Fortschritten begnügen, die Arbeit bei dem kleinsten Erfolg gleich abbrechen oder doch unterbrechen, und das Pferd mit Hand und Stimme loben muß. Auch empfiehlt es sich, schwierige Übungen am Schluß des Reitens auszuführen und das Pferd als Lohn für einen, wenn auch nur geringen Erfolg, in den Stall zu führen.

1. **Piaffe** (Bild 61). Die Piaffe ist eine taktmäßige, trabartige, erhabene Bewegung auf der Stelle, bei der die diagonalen Beinpaare, ihre Gelenke biegend, sich abwechselnd heben und niedersetzen. Den größeren Teil der Gesamtlast tragen die Hinterbeine, die Vorderbeine stützen nur leicht. Bei erhobener Vorhand ist die Kruppe durch starkes Biegen aller

Gelenke der Hinterhand gesenkt, die Rückenmuskeln sind in federnder Spannung tätig, die Lendenpartie wölbt sich.

Ausführung: Das Pferd erhebt den Vorarm des Vorderbeines etwa bis zur Wagerechten und setzt dann das Bein senkrecht nieder, während der diagonale Hinterhuf sich bis über die Höhe des Fesselgelenks des stehenden Hinter=

Bild 61.

Piaffe.

beines hebt. Der Rumpf bewegt sich sanft, aber kräftig im Takt auf und ab. Der Reiter behält weiche Fühlung mit Gesäß und Schenkeln und unterstützt das Pferd bei stillem Sitz durch wechselseitige Hilfen.

Zum Vorbereiten, Vervollkommnen und Verbessern der Piaffe dient die Arbeit an der Hand und in den Pilaren. Unter dem Reiter entsteht die Piaffe zunächst nicht durch Versammeln auf der Stelle, sondern durch ein sich allmählich steigerndes Versammeln aus einem kräftigen, schwungvollen Trabe.

Schulung des Reiters: Sitz und Gefühlsübungen ohne Zügel auf einem in den Pilaren gut piaffierenden Pferde. Der Reiter muß sich mit „Hüften fest" weich und unbefangen den Bewegungen des Pferdes überlassen. Dies ist das beste Mittel, einen schmiegsamen und feinfühligen Sitz zu bekommen, denn die Auf= und Abwärtsbewegungen eines gut piaffierenden Pferdes sind bei aller Kraft so sanft, daß die Verbindung des Gesäßes mit dem Sattel dauernd bestehen bleibt.

Fehler des Reiters: Mangelnde Losgelassenheit, zu stark sichtbare Hilfen mit Oberkörper und Schenkel, unruhige Hand.

Fehler des Pferdes: Beginn der Übung vor völliger Zwanglosigkeit. Mangelhaftes Treten durch das Genick, durch Entziehen und Zurückkriechen. Zu tiefe Hals=stellung, dadurch zu stark gewölbter Rücken und mangelnde Tätigkeit der Vorderbeine. Übereilte, ungleichmäßige, zurücktretende oder zu wenig erhabene Tritte. Zu hohe Aufrichtung, dadurch weggedrückter Rücken und Hochziehen der Sprunggelenke nach hinten hinaus. Seitwärtsschwingen und Hochwippen der Hinterhand. Zu tiefes Untertreten der Hinterbeine und dadurch Beeinträchtigung eines federnden Abschwingens der Hinterbeine. Die verbessernden Hilfen müssen stets mit kräftigem Vordrücken an die Hand beginnen.

2. **Passage** (Bild 62). Die Passage ist eine schwebende Trabbewegung, bei der neben der Tragkraft auch die Schieb=kraft der Hinterhand vermehrt mitwirkt. Sie ist also gleich=sam die Piaffe in der Fortbewegung. Wie bei dieser bleibt das erhobene diagonale Beinpaar eine Zeitlang in der Luft, wodurch die taktmäßige Bewegung entsteht.

Je kräftiger das Pferd sich vom Boden abfedert, je höher es die Beine hebt, je gleichmäßiger die Tritte der ohne geringstes Seitwärtsschwingen des Rumpfes auf= und ab=arbeitenden Beine sind, um so vollkommener und schöner ist die Passage. Zu dieser schwebenden Bewegung müssen sich die Rückenmuskeln anspannen, wie sich dies auch bei der Piaffe durch Wölben der Nierenpartie zeigt. Es wäre aber durchaus falsch, daraus zu folgern, daß sich das Pferd in der Passage irgendwie steifen oder festmachen soll. Im Gegenteil muß ein gut passagierendes Pferd bei seiner vollkommenen Haltung, dem Biegen aller Gelenke und dem taktmäßigen Abkauen bei jedem Tritt, bei höchster Versammlung den Eindruck vollster Zwanglosigkeit machen.

Ausführung: Die Grundlage besteht im Erwecken besonders großer Gehluft. Aus schwungvollem Trabe muß das Pferd durch dem Tempotakt angepaßte halbe Paraden bestimmt werden, die Füße länger erhoben zu halten. Es muß sich dabei so kräftig von einem diagonalen Beinpaar zum

Bild 62.

Paffage.

andern schwingen, daß die Fußfolge langsamer wird als im Mittel= und abgekürzten Trabe. Das Pferd muß durch Seitengänge sowie durch mehrfaches Zulegen und Verkürzen des Tempos in eine so hohe und doch willig hergegebene Versammlung kommen, daß ein nochmaliges vermehrtes Treiben bei gleichzeitig taktmäßig verhaltender Hand die erhabenen Tritte hervorruft. Im Augenblick des Anspannens der

Rückenmuskeln des Pferdes muß der Reiter den Passagetritt herauslassen und zugleich bei wechselseitigen Hilfen mit dem Oberkörper in die Bewegung eingehen.

Die Fehler des Pferdes sind im allgemeinen die gleichen wie bei der Piaffe. Verliert es den nötigen Schwung, so muß der Reiter mehr vortreiben. Zum Verbessern der Fehler kehrt man stets zum versammelten Trabe zurück. Ein häufiger Fehler bei der Passage ist das schrittwechselartige Hopfen eines Hinterfußes infolge mangelhaften Gerade= richtens. In diesem Fall richtet man das Pferd von neuem gerade, stellt es an beide Zügel, treibt es vor und macht es durch häufige Paraden durchlässig.

Fehler des Reiters sind: Verpassen des rich= tigen Augenblicks zum Herauslassen des Passagetritts, nicht genügendes Eingehen des Oberkörpers in die Bewegung. Stören durch unruhigen Sitz.

Nachdrücklich zu warnen ist vor zu frühem Annehmen falscher, schwebender Tritte bei festgehal= tenem Rücken. Der Reiter darf erst dann mit der Passage beginnen, wenn er einen schönen, versammelten, abgekürzten Trab auf einem wie auf zwei Hufschlägen reiten und den ihm vom Pferde angebotenen schwebenden Tritt jeder= zeit mühelos unterbrechen und in einen fleißigen Trabtritt übergehen kann.

3. **Pesade** (Bild 63) **(Levade).** In der Pesade tragen die durch starkes Biegen der Hüft=, Knie= und Sprunggelenke unter den Schwerpunkt geschobenen Hinterbeine die Gesamt= last von Reiter und Pferd. Gleichzeitig erhebt sich die Vor= hand mit scharf angezogenen Vorderbeinen so hoch, daß die Rückenlinie zum Boden einen halben rechten Winkel bildet. Das Pferd wiegt sich in vollkommenem Gleichgewicht auf der Hinterhand, daher der Name Pesade, der „Wage" bedeutet.

Vorbereitet wird die Pesade durch die Levade. Diese ist ein kürzeres, weniger hohes Erheben in der vorgeschriebenen Art, das jedoch nicht mit dem Steigen verwechselt werden darf. Es empfiehlt sich, nur ·Pferde in der Pesade auszu= bilden, die bei der Arbeit an der Hand oder in den Pilaren Neigung und Anlage dafür zeigen. Setzt sich z. B. das Pferd in der Piaffe oft, so wird es sich zur Pesade eignen, die dann schulgerecht auszuarbeiten ist.

Ausführung: Man läßt das Pferd zunächst piaffieren, treibt es dann mit der Hinterhand vermehrt unter den Schwerpunkt, hält es gleichzeitig mit der Longe auf und veranlaßt es so, die Vorhand zu heben. Man muß mit dem geringsten Erfolg zufrieden sein und das Pferd belohnen. Nach dem erſten oder zweitenmal muß man aufhören. Allmählich darf man die Übung öfter wiederholen, die das Pferd durch die Kräftigung der Hinterhand länger auszuhalten lernt. Im weiteren Verlauf muß man das Pferd wieder zur Piaffe anregen, ſonſt würde es bald ſtets die Levade anbieten.

Bild 63.

Peſade.

Nach genügender Vorbereitung an der Hand und in den Pilaren darf man die Levade und Peſade unter dem Reiter üben. Hierzu läßt man das Pferd in der Piaffe noch mehr untertreten. Der Reiter hält mit beiden Händen auf, bis das Pferd ſich hebt und bleibt im allgemeinen ſenkrecht zum Boden oder mit leichter Rückwärtsneigung ſtill ſitzen. Nur ſo kann das Pferd im Gleichgewicht bleiben, bei vorgeneigtem Sitz des Reiters kann es ſich nicht genug erheben; neigt ſich der Reiter dagegen zu weit zurück, ſo muß das Pferd zurücktreten.

Das Pferd muß gut am leichten Zügel stehen. Die Hinterhand darf bei längerem Schweben der Vorhand ihren Platz nicht verlassen.

4. **Die Schulsprünge.** Die „Schulen über der Erde" sind: Kurbette, Kruppade, Ballotade und Kapriole.

Die Kurbette besteht aus mehreren Sprüngen. Hierbei hebt das Pferd bei tief gesenkten Hanken die Vorhand mit stark gebogenen Knien und springt, sich mit der Hinterhand vom Boden abschnellend und auf dieser landend, mehrmals vorwärts.

Bei der Kruppade springt das Pferd auf der Stelle mit scharf angezogenen Hinterbeinen hoch, so daß Vorder- und Hinterbeine gleich stark gebogen sind.

Die Ballotade ist ein Sprung, bei dem das Pferd die Beine wie bei der Kruppade anzieht, dabei aber die Sohle der Hinterhufe zeigt, ohne jedoch auszuschlagen. Die Ballotade ist die Vorbereitung zur Kapriole.

Die Kapriole ist der vollkommenste Schulsprung. Vor- und Hinterhand befinden sich in gleicher Höhe. Bei gebogenen Vorderbeinen streichen die Hinterbeine mit aller Kraft wagerecht nach hinten aus.

Diese Schulsprünge werden sehr selten und nur von ganz wenigen Pferden ausgeführt, die bei der Pilarenarbeit für eine oder die andere dieser Übungen besonders ausgesprochene Veranlagung gezeigt haben. Aus diesem Grunde unterbleibt hier die Erteilung von Ratschlägen für die Ausführung.

C. Hilfsmittel für die Arbeit.

Bei richtiger Bearbeitung des Pferdes ohne Reiter werden sich schon bald so große Fortschritte zeigen, wie man sie unter dem Reiter nicht annähernd so schnell erreichen kann.

1. **Der Kappzaum.** Ist das Pferd durch die im V. Teil, Ziff. 54, gelehrte, außerordentlich nützliche „Arbeit an der Hand" genügend vorbereitet, so darf die weitere versammelnde Arbeit am Kappzaum beginnen.

Der Kappzaum soll nicht als Strafe für verdorbene Pferde dienen, sondern ist neben der Longe auch bei jungen im Maul empfindlichen Pferden anzuwenden. Hierzu schnallt man die Longe in den Mittelring des Nasenriemens ein. Da das Pferd hierdurch nicht im Maul gestört wird, nimmt es bald das Gebiß an und tritt an den Zügel heran.

Der Nasenriemen muß so eng geschnallt werden, daß man nur einen Finger zwischen ihn und den Unterkiefer stecken

kann. Den oberen Kehlriemen schnallt man wie den einer
Trense. Den zweiten Kehlriemen schnallt man kurz, damit
das Auge nicht durch Verschieben des Backenstückes verletzt
wird. Zuerst wird das Pferd longiert, bis es sich losläßt,
dann folgt versammelnde Arbeit an der Hand. Hierzu
schnallt man eine zweite Longe in den inneren Trensenring
ein. Ein rückwärtsgehender Gehilfe führt das Pferd an der
ersten Longe in halben Tritten vor, während der Reiter, die
zweite Longe in der Hand, mit einer Peitsche von hinten
treibt. Nach einigen Tritten „Halt" und Belohnen. Dabei
darf man mit der Peitsche nicht schlagen. Der Reiter muß
sich mit der Peitsche heranfühlen und mit der Mitte der
Peitschenschnur die Hinterhand umfassen wollen. Die Aus=
bindezügel dürfen nicht zu kurz sein, sonst zwängen sie den
Hals ein. Zuerst nimmt man die Tritte etwas freier und
allmählich immer weniger raumgreifend, bis zum piaffeähn=
lichen Treten auf der Stelle.

2. **Die Pilaren.** Ist das Pferd durch Handarbeit so
weit gefördert, daß es sich hinten gut aufnimmt und taktmäßig
tritt, so darf es in die Pilaren kommen, um es noch vermehrt
auf die Hinterhand zu setzen und den Takt zu verfeinern. Un=
entbehrlich sind die Pilaren für die Schulen über der Erde.
Die Arbeit in den Pilaren ist sehr schwierig und verlangt viel
Erfahrung. Voraussetzung für richtige Arbeit
ist Anleitung und Aufsicht durch einen er=
fahrenen Fachmann. Bei falscher Pilarenarbeit kann
ein Pferd leicht verdorben werden. Für Truppen=
dienstpferde ist die Pilarenarbeit nicht an=
zuwenden.

Die Pilaren stellt man am besten in die Mitte der Bahn
oder eines Zirkels. Beide Pilaren sind 1,60 m auseinander,
einen Meter fest im Boden. Höhe der Pilaren vom Boden
bis oben 2 m. Jede Pilare etwa 20 cm Durchmesser, an der
Innenseite gut gepolstert. Zwischen den Polstern jeder Pi=
lare sind 5—6 Ringe eingelassen, ihr unterster ist 1,25 m über
dem Boden, die übrigen 10 cm auseinander.

Die Pilarenhalfter muß von starkem Leder und gut ge=
polstert sein. Die Halfterzügel sind ebenfalls aus starkem
Leder. Man schnallt sie so, daß das Pferd in Schulterhöhe
zwischen den Pilaren steht. Die Zügel schnallt man in halber
Schulterhöhe ein. Das Höher= und Tieferschnallen der Halfter=
zügel richtet sich also nach der Größe des Pferdes.

Als Peitschen sind zwei sogenannte Pilarenpeitschen
(lange Fahrgerten) zu verwenden.

Die Pilaren sind keine Marterpfähle, sondern Hilfsmittel, um die Ausbildung der Pferde zu fördern. Sie werden einem Pferde, das sie noch nicht kennt, zunächst gezeigt. Bevor man das Pferd einschnallt, führt man es daher erst einige Male an den Pilaren vorbei und durch sie hindurch. Dann schnallt man es vorsichtig ein, tritt vor das Pferd, ergreift die Longe, nimmt das Pferd langsam mehrere Male vor und zurück und läßt es einige Zeit in Anlehnung am Halfter stehen. Hat das Pferd Zutrauen gefaßt, so gibt der Reiter dem Gehilfen die Longe, während er selbst mit der Peitsche hinter das Pferd tritt. Nun läßt er das Pferd vor der Peitsche seitwärts über= treten. Hat es dies 1—2mal gut gemacht, so belohnt der Reiter das Pferd. Weiter treibt er sodann das Pferd mit beiden Peitschen geradeaus mehr vor und verlangt einige piaffeartige Tritte. Geht das Pferd darauf ein, so hört als Lohn die Arbeit auf. Erst allmählich darf man mehr ver= langen bis zur Piaffe. Die Dauer für die Arbeit des Pferdes in den Pilaren ist nicht festzusetzen. Geht das Pferd rasch darauf ein, so darf sie bald aufhören. Macht es Schwierig= keiten, so muß man sich Zeit lassen und mit häufigen Pausen etwas länger arbeiten. Ratsam ist, heftige und lebhafte Pferde in den ersten Tagen in den Pilaren nicht festzuschnallen, son= dern an zwei Longen ganz ruhig und vorsichtig zu arbeiten. Auch empfiehlt es sich, die Pferde zu bandagieren und ihnen die Hintereisen abzunehmen.

Turnier= und Rennreiten, Waffensport.

Der Turnier= und Rennsport muß im Heer seine Heimat haben. Solche Wettbewerbe vervollkommnen die militärische Reitfertigkeit und entwickeln wichtige Soldatentugenden. Die Vorbereitung für Turniere und Rennen fordert gesunde und enthaltsame Lebensführung. Die Entscheidung verlangt zähen Willen und schnelles Erfassen der Lage, auch in schärfster Gangart. Auch das Verständnis für Pflege, Behandlung und Leistungsvermögen des Pferdes wird wesentlich gefördert.

Nur ernste Arbeit, ergänzt durch Anleitung und Rat älterer, erfahrener Reiter, bringt Erfolg, nicht aber eitler Drang, sich auf gut Glück öffentlich zu zeigen. Ein anfäng= licher Mißerfolg darf nicht abschrecken und die Liebe zur Sache schmälern.

A. Turnierreiten.

Es empfiehlt sich, erst dann an Turnieren teilzunehmen, wenn die Anforderungen der Prüfung in der vorbereitenden Arbeit erfüllt sind. Einwandfreies Satteln, Zäumen und tadelloser Anzug sind Bedingung für öffentliches Auftreten.

Von größter Wichtigkeit ist die Wahl eines für den Turniersport geeigneten Pferdes von Rasse, Adel, Gang und Springvermögen. Die Arbeit mit minderwertigem Material verursacht ungleich mehr Mühe und Sorge und führt selten zum Erfolg.

1. **Dressurprüfungen.** Die auf den Grundsätzen der alten klassischen Reitkunst aufgebaute Reitvorschrift zeigt dem Reiter die Wege zur Ausbildung eines Dressurpferdes. Reiter und Pferd müssen in Größe und Figur zueinander passen. Erst wenn beide alle Übungen der Gebrauchsschule voll beherr= schen, sind sie zur Teilnahme an Dressurprüfungen berechtigt.

Bei dauernd einwandfreiem, ungezwungenem und ge= schmeidigem Sitz des Reiters soll das Pferd in schöner Selbst= haltung willig und durchlässig am leichten Zügel mit schwung= voll federnden, fleißigen und raumgreifenden Gängen vor= wärtsgehen und Tempo und Gangart auf leichte, kaum wahr= nehmbare Hilfen seines Reiters verändern. Reiter und Pferd sollen stets ein schönes, harmonisches Bild darbieten.

Man beginnt zweckmäßig zuerst mit leichten Dressur= prüfungen, ehe man sich an mittlere und schwere Prüfungen heranwagt.

2. **Springprüfungen.** Das Einspringen für Turniere setzt voraus, daß die Pferde bereits entsprechend den Weisungen in Ziff. 21 und 36 der Reitvorschrift in der Bahn und im Gelände gearbeitet sind. Erst dann dürfen die Pferde größere und verschiedenartige Hindernisse springen, um ihre Willigkeit zu erhalten und ihre Leistungen zu steigern.

Grundsätzlich erfolgt zuerst die Arbeit ohne Reiter. Die Hindernisse sollen fest, ihr Äußeres nach Möglichkeit den Turnieranforderungen angepaßt sein (Koppelzaun, Gatter, Mauer, Wall). Der Aufbau geschieht zweckmäßig in einer kreisförmigen Springbahn, in der die Hindernisse etwa 15 bis 20 Meter Abstand voneinander haben. Das zwingt die Pferde, sich nach jedem Sprung schnell wieder aufzunehmen. So verlernen sie das Stürmen. Kann eine solche Springbahn nicht gebaut werden, so ist in der Reitbahn unter Ausnutzung der Bande mit auf Unterstützungen gelegten Latten, Leinen oder Strohseilen eine ähnliche Springbahn anzulegen.

Auch das Einspringen an der Longe ist oft nützlich, besonders bei heftigen und stürmenden Pferden, die sich auf diese Weise bald beruhigen und den richtigen Absprung finden lernen. Um das Pferd nicht im Maule zu stören, ist ein Kappzaum vorteilhaft. Pferde, die ohne Rücken springen, läßt man dagegen ausgebunden an der Longe so lange über niedrige Hindernisse springen, bis sie den Rücken nicht mehr wegdrücken. So lernen sie den richtigen Absprung finden und in den Zügel hineinspringen.

Um Beschädigungen zu vermeiden, empfiehlt es sich, den Pferden beim Schulen über feste, hohe Hindernisse die Hintereisen abzunehmen und sie mit Wickeln, Kniekappen und Gummikappen zu versehen; Gummikappen verhüten Kronentritte. Die Anforderungen sind vorsichtig zu steigern, um dem Pferde die Lust zum Springen zu erhalten. Häufiges Loben und Klopfen sowie Vorhalten der Haferschwinge werden Ängstlichkeit beseitigen und das Vertrauen wecken. Der Gebrauch der Peitsche richtet sich nach Herz und Gelüst des Pferdes. Nur wenn es nötig ist, soll die Peitsche treiben.

Mit dem Springen unter dem Reiter darf man erst beginnen, wenn das Pferd sicher über alle Hindernisse springt. Das Überwinden einer turniermäßigen Springbahn wird nur durch langsam steigende Anforderungen an Reiter und Pferd erreicht.

Die Zäumung muß, um das Pferd durchlässig und wendig zu erhalten, dessen Eigenart entsprechen. Die meisten

Pferde springen besser auf Trense. Kandarenzäumung beim sportlichen Springen erfordert fortgeschrittenes reiterliches Können und durchgerittene Pferde; sie ermöglicht einem Reiter, der gewandt mit geteilten Zügeln und vorherrschender Trense zu reiten versteht, leichteres Führen und Einwirken.

Bei Pferden, die den oberen Teil der Hindernisse ab=streifen, wendet man zweckmäßig eine Klopfstange an, d. h. eine etwa drei Meter lange, dünne, leichte Stange aus Bambus oder hartem Holz, im Notfall ein dünnes Gasrohr. Der die Stange führende Mann steht still neben dem Hindernis und hält sie dem Pferde verborgen in gleicher Höhe mit dem Hindernis. Je nach den Fehlern berührt er das Pferd beim Sprung vorn oder hinten möglichst dicht über der Fessel kräftig, damit es die Beine mehr anzieht. Dabei darf man das Pferd, besonders wenn es empfindlich ist, nicht durch auffallende Bewegungen mit der Stange ängstlich machen, weil es sonst leicht ungehorsam wird.

Den Sitz des Reiters beim Springen lehrt Reit=vorschrift Ziffer 21.

Jeder unnötige Peitschengebrauch, Anrufen des Pferdes oder Zungenschnalzen bei jedem Sprung sind unreiterlich und daher zu vermeiden.

3. **Geländeritte.** Sie fördern Willenskraft, Selbstver=trauen und Gewissenhaftigkeit des Reiters und vermehren seine Erfahrungen über Vorbereitung, Stallpflege, Füttern und Leistungsvermögen.

Bei der Auswahl des Pferdes achte man in erster Linie auf Passion, Gehorsam und Springvermögen. Ein gehor=sames und beherztes Pferd ist immer besser als ein unsicheres mit außergewöhnlicher Anlage zum Springen.

Die Vorbereitung erfordert neben der Tätigkeit im Sattel auch dauernde geistige Beschäftigung mit dem Ritt. Zur Vorbereitung des Reiters empfiehlt sich, außer aus=giebiger Tätigkeit im Sattel viel Sport, wie Laufen, Tennis, Hockey, Fußball und Schwimmen zu treiben, dazu mäßig und enthaltsam zu leben.

Aufbau und Dauer der Vorbereitung des Pferdes sind abhängig von der verfügbaren Zeit und den Anforderungen des Geländerittes. Ist die Zeit zur Vorbereitung nur kurz, so hüte man sich vor zu viel Arbeit. Ein frisches Pferd hat mehr Aussicht zu siegen als ein zu schnell vorbereitetes und abgehetztes Pferd. Nicht durch schnell, sondern durch all=mählich gesteigerte Anforderungen werden Pferde für Höchst=leistungen gekräftigt.

Die Vorbereitung eines Pferdes zu einem Geländeritt von 40 km, Zeit für 1 km etwa 4,5 Min., kann, wenn vier Wochen verfügbar sind, zweckmäßig etwa in folgender Weise geschehen:

1. Woche. 1 km Schritt = 10 Min., 3 km Trab = 15 Min., 1 km Schritt = 10 Min., 2 km Galopp = 6 Min., 3 km Trab = 15 Min., zusammen: 10 km in 56 Min., den Kilometer in 5,6 Min.

2. Woche. 1 km Schritt = 10 Min., 7 km Trab = 35 Min., 2 km Galopp = 6 Min., 1 km Schritt = 10 Min., 7 km Trab = 35 Min., 2 km Galopp = 6 Min., zusammen: 20 km in 1 Stunde 42 Min., den Kilometer in 5,1 Min.

3. Woche. 1 km Schritt = 10 Min., 5 km Trab = 25 Min., 4 km Galopp = 12 Min., 5 km Trab = 25 Min., 1 km Schritt = 10 Min., 5 km Trab = 25 Min., 4 km Galopp = 12 Min., 5 km Trab = 25 Min., zusammen: 30 km in 2 Stunden 24 Min., den Kilometer in 4,8 Min.

4. Woche. 1 km Schritt = 10 Min., 7 km Trab = 35 Min., 6 km Galopp = 18 Min., 6 km Trab = 30 Min., 1 km Schritt = 10 Min., 7 km Trab = 35 Min., 6 km Galopp = 18 Min., 6 km Trab = 30 Min., zusammen: 40 km in 3 Stunden, 6 Min., den Kilometer in 4,65 Min.

Einteilung für jede Woche: Ein Tag Übungs= ritt, einmal Springen an der Longe oder in der Springbahn mit langsam gesteigerten Anforderungen, einmal unter dem Reiter. Die übrigen Tage mehrere Stunden im Freien Schrittarbeit unter dem Reiter, an der Hand oder an der Longe. Reiten des Pferdes zum Exerzieren und im Feld= dienst ist ebenfalls eine gute Vorbereitung.

Jeder Übungsritt ist stets im Schritt zu beginnen. Im Trabe und Galopp darf man das Tempo nicht übereilen. Man reitet zweckmäßig zu Zweien und unbedingt nach der Uhr. Im Schritt, besonders auf Pflaster, bergauf und bergab muß geführt werden. Klettern und Schwimmen kräftigen Muskeln und Herz.

Die Übungen im Springen und Klettern im Gelände sind möglichst auf die ganze Strecke des Rittes zu verteilen und stets einzeln auszuführen, um dabei Frische und Gehorsam des Pferdes zu prüfen. Man beginnt mit leichten Hinder= nissen auf ebenem Boden, später sind auch an Hängen Hinder= nisse aufzustellen. Natürliche Gräben sind durch davor=, dahinter= oder hineingestellte Stangen zu verändern.

Ritte über 30 km erfordern Rasten, deren Zahl sich nach dem Wetter und der Müdigkeit des Pferdes richten.

Am Schluß ist das Pferd im Trabe zu mustern. Es soll trocken und ruhig atmend in den Stall kommen.

Nach dem Ritt ist die Körperwärme zu messen. 37,5 bis 38,5° C sind einwandfrei, bei 40° ist der Veterinäroffizier zu fragen.

Das F u t t e r muß einen Kraftüberschuß schaffen. Schon einige Wochen vor der Vorbereitung muß das Pferd etwa 5 bis 6 kg Hafer erhalten. Bei abnehmender Freßluft ist die Arbeit einzuschränken.

Die S t a l l p f l e g e ist genau zu überwachen, besonders nach dem Ritt. Nach der Wartung muß im Stall Ruhe herrschen.

Der B e s c h l a g ist 8 bis 10 Tage vor dem Geländeritt zu erneuern. Vor und nach jedem Übungsritt sind Beschlag und Beine zu untersuchen. Auch dem geringsten Schaden ist sofort abzuhelfen.

D u r c h f ü h r u n g   d e s   G e l ä n d e r i t t s.

Reitet man nach der Karte, so teilt man die Strecke mit dem Zirkel unter Berücksichtigung des Geländes, Zustand und Beschaffenheit der Straßen, sowie der Steigungen in Ab= schnitte und berechnet die Zeiten. 10 bis 15 Minuten über= schuß in der Gesamtzeit müssen verfügbar bleiben.

Das Pferd muß frisch an den Ablauf kommen, daher ist der letzte Übungsritt mindestens vier Tage vor den Gelände= ritt zu legen. Am vorhergehenden Tag ist nur Schritt zu reiten. Eisenbahnfahrten müssen mindestens 24 Stunden vor dem Geländeritt beendet sein.

Nur Fleiß und Ausdauer beim Vorbereiten und unbe= dingter Wille zum Sieg führen zum Ziel, die Willenskraft des Reiters geht auf das Pferd über.

Ein Aufgeben des Rittes ist nur gerechtfertigt, wenn das Pferd lahm oder sehr in seiner Gesundheit gefährdet ist. Der Ritt ist durchzuführen, auch wenn ein Sieg wegen vieler Fehler unerringbar erscheint. Man weiß nie, ob die anderen nicht noch mehr Fehler machen werden.

Vor den Sprüngen ist das Pferd etwas aufzunehmen und dann in Fahrt zu bringen. Mindestens zehn Pferdelängen vorher suche man den besten Absprung möglichst in der Mitte des Hindernisses aus, um Ausbrechen zu vermeiden. Macht das Pferd Fehler, so muß man die Schuld stets bei sich selbst suchen. Meist war das Tempo falsch, oder der Reiter hat schlecht gesessen oder im Maul gestört.

B. Rennreiten.

Rennreiten ist ein Sonderzweig der Reitkunst. Alles bezweckt höchste Schnelligkeit. Reiterliche Entschlußkraft und rasches Denken in schnellster Gangart werden gefördert. Die harte Vorbereitung erhöht die körperliche Leistungsfähigkeit des Reiters. Ferner verlangt die Vorbereitung des Pferdes unermüdliche Geduld und Willenskraft, alles Eigenschaften, die das Rennreiten besonders wertvoll für die Ausbildung des Offiziers machen.

Im Rennen sitzt und hält man sich anders als beim Schulreiten. Die Notwendigkeit, dem Pferde eine feste An= lehnung zu geben und ihm dabei den Rücken so viel als mög= lich zu entlasten, erfordert tiefes Führen, kurze Bügel, fest anliegendes, aber biegsames Knie und vorgeneigten Ober= körper. Das in Ziffer 23 der Reitvorschrift für Jagdreiten Gesagte gilt noch mehr für Rennen. Erst wenn der Offizier in rennmäßigem Tempo und über Rennhindernisse völlig sicher ist, darf er auf öffentlichen Bahnen reiten. Er muß alle Renn= bestimmungen kennen. Militärisch und sportlich besonders wertvoll ist es, wenn der Offizier selbst seine Pferde für die Rennen vorbereitet. So lernt er am besten die Fähigkeiten seiner Pferde kennen und sammelt durch die Wechselfälle der Vorbereitung wertvolle Erfahrungen, die seiner kavalleri= stischen Ausbildung zugute kommen können.

Für die Vorbereitung wird der junge Reiter zweck= mäßig den Rat älterer, erfahrener Kameraden oder guter Trainer suchen. Nur durch häufiges und regelmäßiges Reiten in der Arbeit kann man die nötigen Kenntnisse und Fähig= keiten erwerben und das eigene Training fördern.

Bei der Arbeit sind Voll= und Halbblüter zu unter= scheiden. Während erstere neben der täglichen ruhigen Galopparbeit in der Woche ein bis zwei Renngalopps brauchen, sind Halbblüter vor allem frisch zu erhalten, danach ist die nötige schärfere Arbeit einzuteilen.

Die tägliche Arbeit besteht neben dem Reiten zur Arbeits= bahn im Schritt und Trab aus ruhigen Arbeitsgalopps von 1000 bis 1200 m. Vollblüter gehen oft zweimal über diese Strecke, während für den Halbblüter ein Arbeitsgalopp genügt. Renngalopps brauchen nicht immer so lang zu sein wie die bevorstehenden Rennen, auch kürzere Strecken genügen. Den Schlußgalopp gibt man etwa drei Tage vor dem Rennen, am Tage vorher noch einen „Spritzer" über 500 bis 600 m, um die Lunge frei zu machen. Ist das Pferd schon gelaufen und hat es noch weitere Rennen vor sich, so ist die Arbeit ent=

sprechend einzuschränken. Bei der Arbeit auf Sand ist dessen
Zustand zu berücksichtigen; tiefer Boden arbeitet mehr, dem
müssen die Anforderungen entsprechen.

Den natürlichen Gradmesser für die Arbeit bildet die
Freßlust des Pferdes. Leidet diese, so ist zu viel geschehen.
Nach scharfer Arbeit bietet die Atemtätigkeit des Pferdes
Anhalt für seine Leistungsfähigkeit. Beruhigt es sich nur
langsam, so fehlt ihm noch Arbeit. Den Schlußgalopp reitet
man, wenn möglich, auf der Grasbahn.

Das Schulen über Hindernisse muß im Renntempo
erfolgen, um schnelles Springen auszubilden. Junge Pferde
läßt man über Rennhindernisse zweckmäßig zuerst von älteren,
guten Springern führen, ehe sie allein springen. Die Beine
des Pferdes bedürfen dauernder Überwachung durch Befühlen
mit der Hand. Sind empfindliche Stellen warm, so ist die
Arbeit auszusetzen und Heilbehandlung vorzunehmen.

Auf dem Rennplatz muß der Offizier ruhig und
bescheiden auftreten und tadellos vorschriftsmäßig angezogen
sein. Der Gebrauch von Sporen richtet sich nach der Eigenart
des Pferdes. Um Verletzungen zu vermeiden, sind kurz=
halsige Sporen zu verwenden. Sattel= und Zaumzeug müssen
in gutem Zustand und rechtzeitig zum Abwiegen bereit sein.
Es wird ohne Peitsche gewogen.

Vor dem Aufsitzen ist die Sattelung und Zäumung genau
zu prüfen, insbesondere die Lage des etwa zu tragenden Bleis.
Um ein Verrutschen des Sattels zu vermeiden, empfiehlt es
sich, beim Aufsitzen nicht in den Bügel zu treten, sondern sich
hinaufheben zu lassen. Bis zum Aufgalopp zum Start läßt
man das Pferd führen, um Ungehorsam beim Reiten durch
die Zuschauer vorzubeugen.

Am Start ist den Weisungen des Starters unbedingt zu
folgen und dabei genau auf ihn zu achten, um den Ablauf,
den das Senken der roten Flagge anzeigt, nicht zu versäumen.
Ein schlechter Start beruht meist auf Unachtsamkeit. Er
schmälert die Gewinnaussichten.

Dem Verlauf des Rennens muß sich die auf
„Gehen" oder „Warten" eingestellte Taktik anpassen. Nie darf
man einen anderen Reiter im Rennen behindern oder kreuzen,
d. h. nicht den Platz wechseln, wenn nicht mindestens eine halbe
Pferdelänge Abstand zwischen dem Schweif des eigenen und
der Nase des folgenden Pferdes vorhanden ist. Verstöße hier=
gegen führen zum Aberkennen des etwaigen Gewinns und
gefährden Ansehen und Ruf des Reiters.

Im Endkampf ist vor übermäßigem Gebrauch der

Peitsche sowie der Sporen zu warnen. Meist genügt es, dem Pferde die Peitsche taktmäßig zu zeigen oder kurz vor dem Ziel ein bis zwei scharfe Hiebe dicht hinter den Gurt zu führen. Faule Pferde wird man schon im Rennen aufrütteln müssen.

Nach Erreichen des Zieles muß man, um die Pferdebeine zu schonen, allmählich auf gerader Linie zum Trabe und dann, sich werfen lassend, zum Schritt parieren, dann erst wird gewendet. Auch wenn der Reiter nicht auf einen Platz gekommen ist, sollte er sich zurückwiegen lassen. Einsprüche können das Ergebnis ändern, und gewinnberechtigt ist nur, wer zurückgewogen wurde.

Nach dem Rennen ist der Zustand des Pferdes ver=mehrt zu überwachen. Am nächsten Tage wird das Pferd leicht bewegt, damit es nicht steif wird.

Rennen auf Dienstpferden für Unteroffiziere und Mann=schaften sind verboten.

C. Waffensport.

Allgemeines. Waffensport soll den Dienst ab=wechslungsreich machen. Sein Hauptreiz liegt im sportlichen Wettkampf. Er fördert Lust und Liebe zum Reiterdienst, körperliche Gesundheit und Geistesgegenwart. Aussetzen von Preisen wirkt fördernd.

Nachstehende Übungen sollen nur anregen. Sie aus=zugestalten oder zu ändern, ist Sache der Vorgesetzten.

Der körperlichen Gewandtheit dienen Wettsatteln, Auf=sitzen mit Ulanensprung und mit Sattel ohne Gurten, Ab= und Aufspringen im Trabe und Galopp, Aufheben von Gegen=ständen vom Boden, Reiten über Hindernisse auf ungesattelten Pferden, Reiterspiele, Leibesübungen am lebenden Pferde und Schwimmen mit dem Pferde.

Weitere, besondere Gewandtheit verlangende Waffen=übungen zu Pferde sind: Lanzenwettstechen und Pufflanzen=wettfechten, Hindernisritte, verbunden mit Stechen und Schießen, Schießen vom Pferde mit Karabiner und Pistole.

Zur besseren Ausbildung der Meldereiter dienen Melde=ritte in vorgeschriebener Zeit über Hindernisse oder durch feindliche Posten, Zurechtfinden, auch nachts, in fremdem, schwierigem Gelände, schriftliches Melden nach der Uhr auf der Karte oder im Gelände nach gegebener Lage, Behalten längerer Meldungen, Reiten im Gelände nach Studium und Abgabe der Karte.

Der Zweck dieses Sports wird am besten erfüllt, wenn

die wettbewerbenden Reiter auf annähernd gleicher Ausbil=
dungsstufe stehen und gleichartige Pferde reiten.

Beispiele für Reiterspiele: Reiten kurzer
Strecken mit Ab= und Aufsitzen an der gegenüberliegenden
Seite und Zurückreiten mit oder ohne Sattel.

Reiterlich ebenso, von der anderen Seite ein Glas voll
Wasser holen, ohne etwas zu verschütten.

Reiterlich ebenso, auf der anderen Seite Zwirn in eine
Nadel einfädeln. Erschweren der Übungen durch Springen
über niedrige Hindernisse, Tore aufmachen, verschiedene Gang=
arten, Führen des Pferdes im Laufen.

Beispiele für besondere Lanzenübun=
gen: Nach oben, und seitwärts Radschlagen, Deckungen,
Lanzenwerfen, Wettstechen, Zweikampf Säbel gegen an=
gekreidete Pufflanzen.

Beispiel für einen Hindernisritt, ver=
bunden mit Schießen: Man flaggt eine Strecke von
etwa 500 m mit vier 0,8 m hohen Hindernissen und einem
2 m breiten Graben aus, 100 m hinter dem letzten Sprung
steht ein Pfosten, 200 m davon sechs Brustfallscheiben. Aus=
rüstung: Feldmarschmäßig, Karabiner geladen, gesichert im
Schuh. Aufgabe: Zwei Mann galoppieren zusammen über
die Hindernisse, halten am Pfosten, sitzen ab, geben einzeln
liegend je fünf Schuß auf die Brustfallscheiben ab, der Nicht=
schießende hält die Pferde, aufsitzen, Karabiner an Ort, über
die Hindernisse zurück.

Fehlerberechnung: Die Zeit wird mit der Stoppuhr
gemessen, jeder Fehlschuß wird mit zehn Fehlern der Gesamt=
zeit zugezählt.

Beispiele für Schießen vom Pferde mit
Karabiner: 200 m vom Start wird ein Kreis von etwa
30 m Durchmesser abgesteckt, 200 m hiervon eine Scheibe.
Ausrüstung: Feldmarschmäßig, Karabiner geladen und ge=
sichert im Schuh. Aufgabe: Vom Start zu dem Kreis galop=
pieren, halten, dreimal auf die Scheibe schießen, Karabiner
an Ort, zurückgaloppieren. Fehlerberechnung: Die Zeit wird
mit der Stoppuhr gemessen, jeder Fehlschuß wird mit zehn
Fehlern der Gesamtzeit zugezählt.

Beispiel für Schießen vom Pferde mit
der Pistole: 200 m vom Start wird ein Kreis von etwa
30 m Durchmesser abgesteckt. 30 m vom Mittelpunkt des
Kreises eine Figurscheibe. Aufgabe: Die geladene und ge=
sicherte Pistole in der Hand, auf den Kreis zugaloppieren,
innerhalb dieses Kreises auf die linke Hand gehen und in be=

liebig häufigem Herumreiten viermal auf die Scheibe schießen, zum Ausgangsplatz zurückgaloppieren. Fehlerberechnung: Die Zeit wird mit der Stoppuhr gemessen. Vorbeischießen wird mit zehn Fehlern der Gesamtzeit zugezählt.

Beispiel für gruppenweisen Wettbewerb im Gefecht zu Fuß: Teilnehmer je eine Gruppe von einem Unteroffizier und neun Reitern. Ausrüstung: Feldmarschmäßig. Aufgabe: Im Trabe mit der geschlossenen Gruppe zu Vieren etwa 500 m weit nach einer bestimmten Stelle traben. Dort mit beweglichen Handpferden zum Fußgefecht absitzen (ein Unteroffizier und vier Mann). Auf etwa 400 m Schützen (etwa zehn Kopffallscheiben) beschießen, je Mann drei Schuß. Der Unteroffizier gibt den Befehl zur Feuereröffnung. Die Handpferde, die inzwischen 300 m zurückgebracht sind, werden herangewinkt; aufsitzen, geschlossen zum Ausgangspunkt zurücktraben. Die gebrauchte Zeit wird in Sekunden gemessen, jeder Fehlschuß kostet zehn Fehler. Geschlossenheit und militärische Ausführung wird mit 1 bis 5 bewertet. 1 = 5, 2 = 10, 3 = 15, 4 = 20, 5 = 25 Fehler. Die Fehlerzahlen werden den Gesamtzeiten zugezählt.

Die gleiche Übung kann von weniger Leuten in Verbindung mit dem amerikanischen Koppeln ausgeführt werden, wobei nur ein Mann bei den Pferden bleibt.

Quellenverzeichnis für Anhang I und II.

Steinbrecht: Gymnasium des Pferdes.

v. Heydebrand und der Lasa: Illustrierte Geschichte der Reiterei.

Holleuffer: Die Bearbeitung des Reit- und Kutschpferdes zwischen den Pilaren.

Seidler: Dressur des Pferdes.

Seidler: Dressur diffiziler Pferde.

Freiherr v. Maercken zu Gerath: Geländereiten und Springen.

Tepper-Laski: Rennreiten.

Schlüter: Training des Pferdes.

Bauer: Der Rennsport.

Dodel: Der Hindernissport.

Rosenberg: Zusammengewürfelte Gedanken über unseren Dienst.

Schmidt-Beneke: Der Hindernissport.

Wätjen: Die Dressur des Reitpferdes für Turnier und hohe Schule.

v. Heydebrand und der Lasa: Die hohe Schule in der k. k. Hofreitschule in Wien.

Übungen zur Förderung der Reitausbildung.

A. zu Fuß.

Die Reitausbildung junger Reiter wird wesentlich er=
leichtert und gefördert durch alle gymnastischen Übungen, die
den Körper geschmeidig machen, und die den Mann dazu
bringen, seinen Körper vollkommen zu beherrschen.

Derartige Übungen sind daher, vor allem von den
Rekruten, nach Möglichkeit nicht nur jeden Morgen vor dem
Dienst als Frühgymnastik auszuführen, sondern können auch
während der Reitstunden zugleich, zur Schonung der Pferde,
eingelegt werden.

Folgende Übungen dienen besonders dazu, bei jungen
und auch älteren Reitern häufig vorkommende Fehler zu
beseitigen. Der Reitlehrer hat jedem seiner Schüler die für
ihn hauptsächlich in Betracht kommenden Übungen zu nennen
und ihre Ausführung zu überwachen.

Näheres über die Übungen selbst siehe an den angegebenen
Stellen der Vorschrift für Leibesübungen.

1. **Schlechte Kopfhaltung: Übungen zum Kräftigen und
   Lockern der Hals= und Nackenmuskeln.**

Kopf drehen rechts und links	Heft II	26
Kopf kreisen		28

2. **Steife Schultern: Übungen zum Lockern des Schulter=
   gürtels.**

Schwingen eines Armes	Heft II	30
Mühle schwingen		31
Schlenkern der Arme		34

3. **Hohles und schlappes Kreuz, seitliches Einknicken im
   Kreuz: Übungen zum Kräftigen der Rumpfmuskeln.**

Rumpfbeugen mit Nachfedern	Heft II	35 a
Rumpfheben und =senken		35 b
Rückenlage, Heben beider Beine		42
Doppelbeinkreisen		43 a
Seitbeugen des Rumpfes		46
Seitliegestütz, Durchsenken und Hochwölben der Hüfte		47

Bei jedem Üben sind dauernd Lockerungsübungen, besonders für das Handgelenk (Lb. II Z. 24), einzuschieben.

B. Zu Pferde.

1. **Sitz= und Freiübungen** sollen den jungen Reitern einen sicheren, ungezwungenen, vom Zügel unabhängigen Sitz beibringen und sich zeigende Sitzfehler beseitigen. Sie sind in nicht zu langen Reprisen und ruhigem Tempo in der auf

einen Schritt aufgeschlossenen Abteilung zu üben. Herunter=
fallen ist zu vermeiden.

Folgende Übungen sollen als Anhalt dienen:

a) **Zur Verbesserung des Sitzes:**

Beinheben seitwärts und rückwärts mit gekrümmtem
Knie und lose herabhängenden Fußspitzen. Die Übung
hat stets von der Grundlage, dem Gesäß, auszugehen;
dazu sind die Oberschenkel bei gerader Haltung des auf
dem Gesäß ruhenden Oberkörpers so weit aus dem
Hüftgelenk auseinander= und zurückzunehmen, daß der
Ober= und Unterschenkel bei krummem, weichem Knie
möglichst flach am Pferde Fühlung nimmt. Diese
Übung ist zuerst im Halten und dann in ruhigen
Gangarten auszuführen.

Abheben eines Beines mit Zufassen beider Hände und
Herumdrehen des Oberschenkels aus dem Hüftgelenk;
dann Zurückstoßen des flach anliegenden Beines aus
dem Hüftgelenk. Die Fußspitzen hängen lose herab.

b) **Zur Dehnung und Kräftigung der Bein= und Rücken=
muskeln:**

Rumpfbeugen rückwärts, möglichst weit, ohne Ver=
änderung der Schenkellage; also den Oberschenkel nicht
vornehmen. Diese Übung ist nur im Halten und
Schritt zu machen und allmählich so weit zu steigern,
daß die Reiter mit dem Rücken sich auf den Pferde=
rücken legen können.

c) **Zur Erlangung eines unabhängigen Sitzes und zum
Geschmeidigmachen des Hüftgelenks:**

(Hände in Reitstellung) Kopf= und Rumpfbeugen rück=
wärts, seitwärts und vorwärts; Kopf= und Rumpf=
drehen, Kopf= und Rumpfrollen, Schwingen beider
Arme gleichzeitig in großen Kreisen (soweit wie mög=
lich und ohne den Schluß im Reitsitz zu verlieren).

d) **Zur Erlangung unabhängiger Beweglichkeit der Unter=
schenkel und Füße:**

Bewegen der Unterschenkel im Kniegelenk nach vor=
wärts und rückwärts bei möglichst gestreckt und still am
Pferde liegenden Oberschenkeln und heruntergetretenen
Absätzen; Fußrollen.

Eine gute Übung zur Erlangung des geschmeidigen
Gleichgewichtssitzes ist Ball= und Mützenwerfen (anfangs nicht
hoch) im Schritt und ruhigem Galopp, später im Trab und
noch später im Sprunge über die Stange.

2. Voltigieren am stehenden und galoppierenden Pferd
dient wesentlich dazu, die reiterliche Gewandtheit zu fördern.
Vorbedingung für einen nutzbringenden Unterricht hierin sind
an der Longe ruhig und sicher eingaloppierte Pferde. Es
empfiehlt sich, die meisten Übungen erst am stehenden, dann
am galoppierenden Pferde auszuführen.

Folgende Übungen sollen als Anhalt
dienen:

Auf- und Abspringen in den Spreiz- und in den Quersitz,
Abspringen aus dem Spreizsitz mit gestreckten Beinen nach
vorwärts (ein Bein über den Hals des Pferdes),
Abspringen durch Überschlag nach vorwärts an der
inneren Schulter des Pferdes,
Schere vorwärts und rückwärts,
Knien und Stehen auf dem Pferde.

Lehre vom Pferde.

A. Der Körperbau.

Allgemeines.

Die Leistungsfähigkeit des Pferdes wird durch die Beschaffenheit seines Körpers wesentlich beeinflußt.

Das Knochengerüst oder Skelett wird eingeteilt in die Knochen des K o p f e s, des R u m p f e s und der G l i e d m a ß e n. Die Benennung der wichtigsten Einzelknochen ergibt Bild 64.

Die Verbindung der einzelnen Knochen miteinander ist entweder u n b e w e g l i c h wie bei den Knochen des Kopfes und Beckens, w e n i g b e w e g l i c h wie bei den Wirbeln, oder g a n z b e w e g l i c h durch Gelenk wie bei den Gliedmaßen. Die Gelenke sind durch Gelenkkapseln abgeschlossen und durch Gelenkbänder gefestigt. Die Innenfläche der Gelenkkapseln sondert die Gelenkschmiere ab.

Der wichtigste Teil des Skelettes ist die W i r b e l s ä u l e. Ihr beweglichster Abschnitt nächst den S c h w e i f w i r b e l n ist die H a l s w i r b e l s ä u l e. Die Verbindungen der übrigen Wirbel werden durch Wirbelgelenke und sehnige Bänder hergestellt; die Wirbel sind daher nur wenig beweglich.

Bei der von der Reitkunst als richtig anerkannten Haltung von Hals und Kopf bilden die drei ersten Halswirbel einen nach vorn und unten geöffneten Bogen, die drei letzten Halswirbel einen nach hinten und oben geöffneten Bogen.

Sämtliche R ü c k e n =, L e n d e n = und K r e u z w i r b e l sind mit D o r n f o r t s ä t z e n von ungleicher Länge und Richtung versehen. Diese Dornfortsätze sind durch den Rückenlendenteil des elastischen N a c k e n b a n d e s sowie durch starke B ä n d e r fest miteinander verbunden.

Die Rücken= und Lendenwirbel (W i r b e l b r ü c k e) stellen beim stehenden Pferd eine nach hinten ansteigende, nahezu gerade Linie dar. Die Beweglichkeit der einzelnen Wirbel untereinander ist gering. Die Wirbelbrücke pflanzt die Bewegung von den Hinterbeinen auf den Vorderkörper fort und trägt hauptsächlich die Last der Eingeweide und des Reiters. Ihre Tragfähigkeit ist um so größer, je kürzer sie ist.

Bild 64.

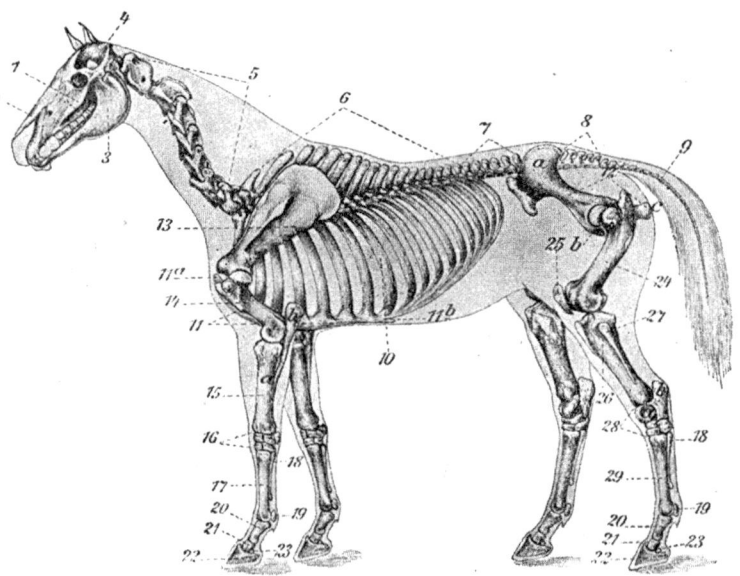

Knochengerüst.

1 Jochbein
2 Nasenbein
3 Unterkieferbein
4 Hinterhauptsbein
5 Halswirbel (7)
6 Rückenwirbel (18)
7 Lendenwirbel (6)
8 Kreuzwirbel (5) bzw. Kreuzbein
9 Schweifwirbel (18—21)
10 Rippen
11 Brustbein
11a Habichtsknorpel
11b Schaufelknorpel
12 Beckenknochen
12a Hüftbein
12b Schambein
12c Sitzbein mit Sitzbeinhöcker
13 Schulterblatt
14 Armbein

15 Vorarmbein
15a Speiche
15b Ellenbogenbein mit Ellenbogenhöcker
16 Vorderkniegelenkknochen
17 Vorderschienbein
18 Griffelbein
19 Gleichbein
20 Fesselbein
21 Kronbein
22 Hufbein
23 Strahlbein
24 Oberschenkelbein
25 Kniescheibe
26 Unterschenkelbein
27 Wadenbein
28 Sprunggelenkknochen
28a Rollbein
28b Sprungbeinhöcker
29 Hinterschienbein

19*

Bild 65.

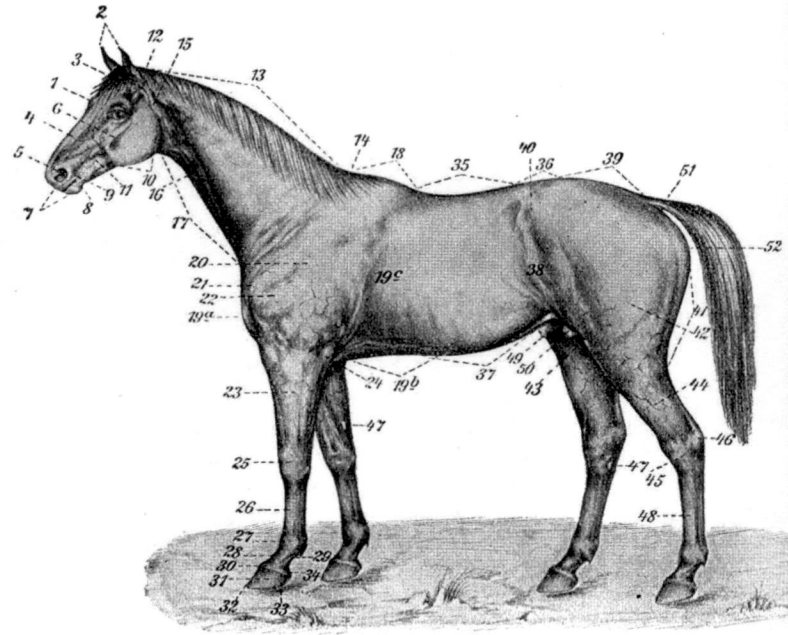

Benennung der äußeren Körperteile.

1	Stirn	26	Vorderschienbein
2	Ohren	27	Fesselkopf
3	Scheitel	28	Fessel (Köte)
4	Nasenrücken	29	Kötenzopf
5	Nüstern	30	Hufkrone
6	Jochleiste	31	Huf (Seitenwand)
7	Ober= und Unterlippe	32	Huf (Zehenwand)
8	Kinngrube	33	Huf (Trachtenwand)
9	Maulwinkel	34	Ballen
10	Ganasche	35	Rücken
11	Backe	36	Lende
12	Genick	37	Bauch
13	Mähnenrand des Halses	38	Flanken
14	Halskerbe	39	Kruppe
15	Ohrdrüsengegend	40	Hüfte
16	Drosselrinne	41	Hinterbacke
17	Kehlrand des Halses	42	Oberschenkel
18	Widerrist	43	Knie
19a	Vorderbrust	44	Unterschenkel
19b	Unterbrust	45	Sprunggelenk
19c	Brustwand	46	Hacke
20	Schulter	47	Kastanie
21	Bugspitze	48	Hinterschienbein
22	Oberarm	49	Schlauch
23	Vorarm	50	Hodensack
24	Ellenbogenhöcker	51	Schweifansatz
25	Vorderknie	52	Sitzbeinspitze

Bild 66 und 67.

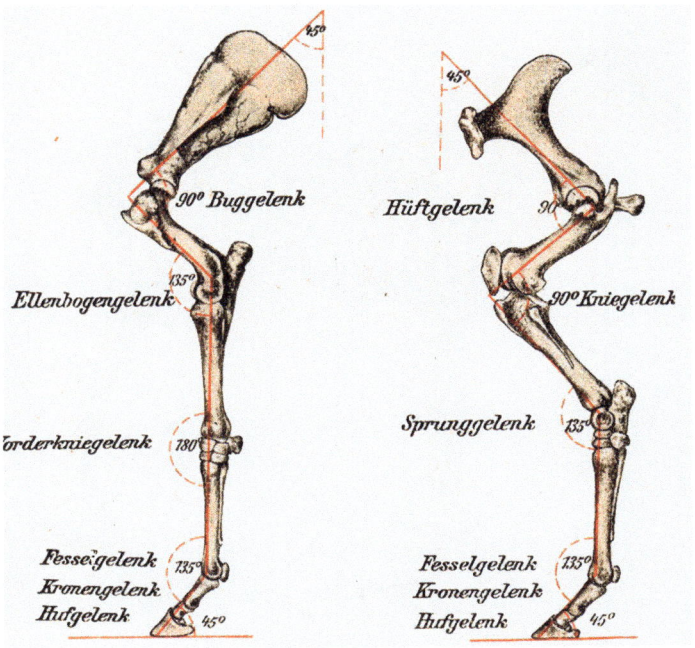

Gelenkwinkelung.

An den Knochen der Beine sind die Winkel, die die einzelnen Knochen in den Gelenken miteinander bilden, von Bedeutung. Eine gute Winkelung (Bild 66 und 67) ist mit entscheidend für die Leistung der Gliedmaßen und damit des Pferdes; sie beeinflußt auch wesentlich die Elastizität des Ganges, die wiederum für das Gefühl des Reiters und für die Gesunderhaltung der Bewegungswerkzeuge wichtig ist. Je stumpfer die Gelenke gewinkelt sind, um so kräftiger wird die Erschütterung von Knochen zu Knochen nach oben fortgeleitet; sie wird um so mehr in den Gelenken gebrochen, je weniger steil die Knochen zueinander stehen.

Den Knochen als passiven Bewegungswerkzeugen stehen als aktive die Muskeln gegenüber. Die Wirkung eines Muskels kommt zustande, indem er sich abwechselnd durch Zusammenziehen verkürzt und durch Abspannung wieder ver=

Bild 68.

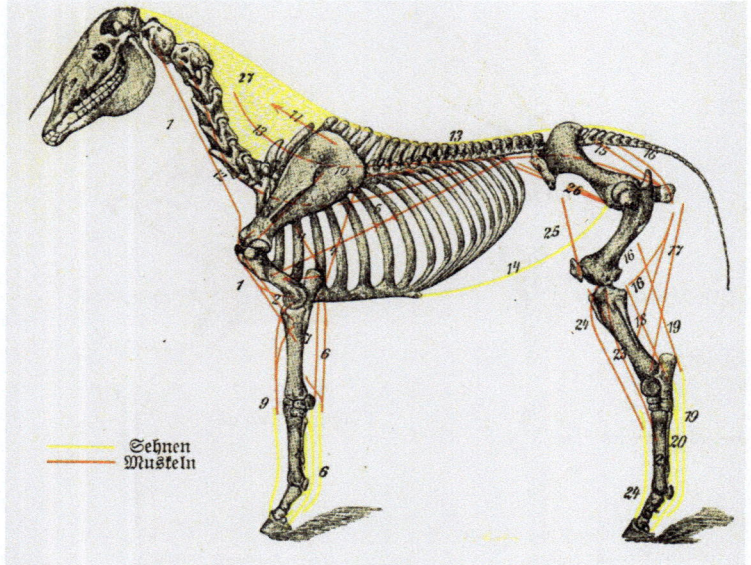

Muskellage.

1 Gemeinschaftlicher Kopf-, Hals-, Armmuskel
2 Beugemuskel des Vorarms
3 Vorderer Grätenmuskel
4 Streckmuskeln des Vorarms
5 Beugemuskeln des Armbeins
6 Kronbeinbeuger
7 Hufbeinbeuger
8 Fesselbeinbeuger
9 Gemeinschaftlicher Strecker des Fessel-,
  Kron- und Hufbeins
10 Rückenteil des Kappenmuskels
11 Halsteil des Kappenmuskels
12 Beugemuskeln des Halses
13 Langer Rückenmuskel und Streckmuskeln des Halses
14 Bauchmuskeln

15 Kruppenmuskeln
16 und 17 Aus- und Einwärtszieher
  des Hinterbeines
18 Streckmuskeln des Sprunggelenks
  (Achillessehne)
19 Kronbeinbeuger
20 Hufbeinbeuger
21 Fesselbeinbeuger (oberes Gleichbeinband)
22 Unteres Gleichbeinband
23 Beugemuskeln des Sprunggelenks
24 Gemeinschaftlicher Strecker des Fessel-,
  Kron- und Hufbeins
25 Spanner der breiten Schenkelbinde
26 Lendenmuskeln
27 Nackenband

Bild 69.

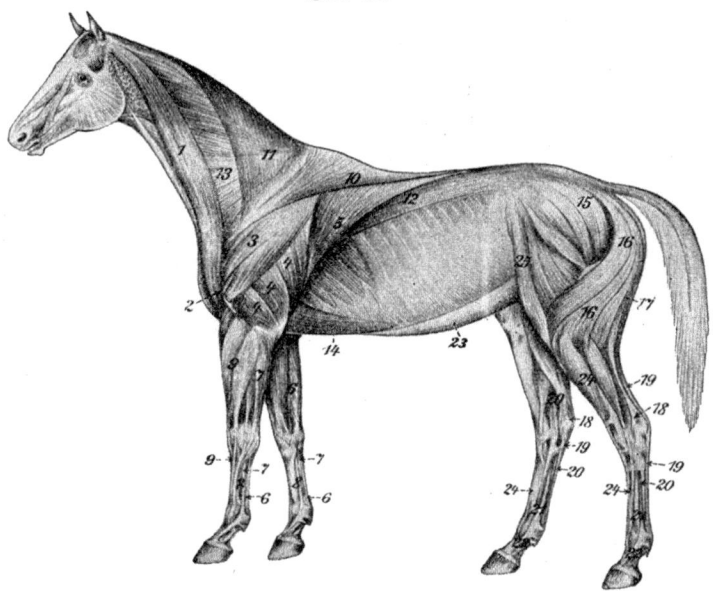

Muskeln.

1 Gemeinschaftlicher Kopf=,Hals=,Arm= muskel
2 Langer Beuger des Vorarms (von 1 verdeckt)
3 Grätenmuskeln
4 Strecker des Vorarms
5 Breiter Rückenmuskel
6 Kronbeinbeuger ⎫ des
7 Hufbeinbeuger ⎬ Vorderbeines
8 Fesselbeinbeuger ⎭
9 Gemeinschaftlicher Strecker des Fessel=, Kron= und Hufbeins (Zehenstrecker)
10 Rückenteil ⎫ des Kappenmuskels
11 Halsteil ⎭
12 Langer Rückenmuskel
13 Tiefere Halsmuskeln

14 Brustmuskeln
15 Kruppenmuskeln
16 und 17 Aus= und Einwärtszieher des Hinterbeines
18 Streckmuskeln des Sprunggelenks (Achillessehne)
19 Kronbeinbeuger ⎫
20 Hufbeinbeuger ⎬ des
21 Fesselbeinbeuger ⎪ Hinterbeines
(oberes Gleich= ⎪
beinband) ⎭
22 Unteres Gleichbeinband
23 Gerader Bauchmuskel
24 Gemeinschaftlicher Strecker des Fessel=, Kron= und Hufbeins (Zehenstrecker)
25 Spanner der breiten Schenkelbinde

längert. Daburch werden die zugehörigen Knochen bewegt.
Je nach der Art der Wirkung werden die Muskeln als Beuge=,
Streck=, Drehmuskeln usw. bezeichnet (Bild 68 und 69). Jeder
Muskel hat, meist an Knochen, einen festen Ursprungs=
punkt und einen beweglichen Anheftungspunkt.

Die Anheftung der Muskeln an die Knochen erfolgt oft
durch feste, entweder strangförmige oder bandartige Gebilde,
Sehnen. Bei starken Anstrengungen ermüden die Muskeln,
nicht aber die Sehnen. Die Muskeln der unteren Gliedmaßen=
knochen des Fessel=, Kron= und Hufbeins haben lange Sehnen,
die mit wenig nachgiebigen Zugsträngen vergleichbar sind.
An Stellen, an denen die Sehnen neben Knochen hin= und her=
gleiten oder, wie z. B. an der hinteren Fläche des Fessel=
gelenkes zeitweise einem starken Druck ausgesetzt sind, finden
sich Sehnenscheiden in Gestalt länglicher, meist dünn=
häutiger Säcke, deren Innenfläche eine der Gelenkschmiere
ähnliche Flüssigkeit absondert.

Die eigenartige Anheftung und Lagerung der Sehnen
und Gelenkbänder ermöglicht es, daß die Pferde ohne wesent=
liche Ermüdung der Muskeln lange Zeit stehen und im Stehen
ausruhen können.

Soll ein Vorderbein vorwärts bewegt wer=
den, so werden zunächst unter Entspannung der Beuge=
sehnen die Gelenke in leichte Beugestellung gebracht. Alsdann
tritt der gemeinschaftliche Kopf=, Hals=, Armmuskel mit den
übrigen Rumpf=Schenkelmuskeln und den Beugemuskeln des
Vorarms in Tätigkeit und schwingt durch gleichzeitige Vor=
wärtsbewegung des unteren Schulterblattendes, Streckung des
Buggelenkes und Beugung des Ellenbogengelenkes das ganze
Bein nach vorn.

Sobald das vorgeschwungene Bein etwa in Höhe der
anderen angelangt ist, werden wesentlich durch die Tätigkeit
der Streckmuskeln des Vorarms und der unteren Knochen
sämtliche Gelenke gestreckt. Schließlich gelangt der Huf an den
Boden und nimmt von neuem die Last auf, die ihm von der
Hinterhand zugeschoben wird.

Die Bewegung der Hinterbeine, von denen
der Hauptantrieb zur Fortbewegung ausgeht, wird eben=
falls zunächst durch Entspannung der Beugesehnen ein=
geleitet. Das Vorwärtsschwingen erfolgt in der Hauptsache
durch die Tätigkeit der Lendenmuskeln unter gleichzeitiger
Beugung der Gelenke. Sobald das Bein die Höhe des
anderen erreicht hat, fangen sämtliche Gelenke, zuerst das
Kniegelenk, an, sich zu strecken. Die hierbei beteiligten Mus=

keln sind die auf dem Oberschenkelbein gelegenen Kniescheiben-
muskeln und die an der Vorderfläche des Unterschenkels gelegenen Streckmuskeln. Unter zunehmender Streckung erreicht
das Bein den Boden und wird alsbald belastet. Die kräftigen Aus- und Einwärtszieher, Kruppen- und Rückenmuskeln
bewegen bei feststehendem Huf alsdann den Rumpf nach vorwärts.

Beurteilung des Körperbaues.

Die Widerristhöhe eines gut gebauten Pferdes ist einerseits etwas kleiner als die Rumpflänge — das Pferd ist
länger als hoch —, andererseits etwas größer als die
Kruppenhöhe. Pferde, bei denen Widerrist und Kruppe in
einer Höhe liegen oder letztere gar höher ist, heißen überbaut. Solche Pferde ebenso wie die kurzen greifen sich leicht.

Ein regelmäßig gebautes Pferd ist in der Vorhand etwas
schmaler als in der Hinterhand. Eine zu schmale Vorhand,
die meist mit kurzer, steiler Schulter und bodenweiter Stellung
der Beine verbunden ist, ist für die Leistungsfähigkeit wenig
günstig. Die Hinterhand soll im Interesse eines guten Nach-
schubes breit sein.

Die Form des Kopfes und die Feinheit seiner Umrisse
sind im wesentlichen nur auf die Schönheit des Pferdes von
Einfluß. Ein sehr schwerer Kopf ist infolge Überlastung der
Vorhand für den Reitgebrauch nicht erwünscht.

Von der Seite gesehen ist die von den Ohren zur Nase
verlaufende Gesichtslinie entweder gerade oder nach außen gewölbt (Ramskopf) oder nach innen eingebogen (Hechts-
kopf).

Der hintere Ganaschenrand soll nur eine geringe
Wölbung zeigen. Zu breite Ganaschen erschweren dem Pferde
die Genickbiegung, ein zu enger Kehlgang erschwert die Beizäumung.

Das Genick muß mäßig breit, lang und sanft gewölbt
sein. Ein breites und kurzes Genick erschwert die seitliche Biegung und Beizäumung, zumal wenn die Ohrspeicheldrüsen
breit sind und vertieft liegen, was häufig bei dieser Genickform
der Fall ist.

Der Hals muß beim Reitpferde genügend lang und gut
bemuskelt sein, damit die von ihm zu den Vorderbeinen
verlaufenden Muskeln geräumige Schulterbewegungen aus-
lösen können.

Mit Aufsatz wird die Art und Weise bezeichnet, mit der

sich der Hals aus der Vorderbrust erhebt. Die Abbildung 65 veranschaulicht einen günstig angesetzten Hals. Ein zu hoher Aufsatz ist oft mit niedrigem Widerrist und Rücken verbunden; während ein tief angesetzter Hals zwar meist mit einem tragfähigen Rücken vereinigt ist, aber ebenso wie ein kurzer Hals die Dressur erschwert.

Ein sehr langer und dünner Hals ist häufig zu beweglich und unstet, auch gestattet er selten die erforderliche ruhige Anlehnung an das Mundstück. Dasselbe gilt in erhöhtem Maße von dem Schwanenhals, bei dem hoher Aufsatz und Länge in der Regel noch mit hohem Kopfansatz verbunden sind. Der Hirschhals ist meist tief angesetzt, in seinem unteren Teil nach vorn herausgedrückt und zu hoch aufgerichtet. Hiermit sind fast immer kurzes Genick und breite Ganaschenbildung verbunden, so daß dem Pferde die Beizäumung erschwert wird und es die Neigung zeigt, ihr mehr oder weniger nach oben auszuweichen.

Der Widerrist soll hoch und lang sein, da dann die Tragfähigkeit des Rückens stärker ist und die sich an die Dornfortsätze anheftenden Muskeln an langen Hebelarmen wirken. Bei dieser Widerristform ist die Schulterfreiheit in der Regel gut. Im Gegensatz hierzu muß der kurze und niedrige Widerrist bei Reitpferden als ein Mangel angesehen werden, da hierbei die Sattellage meist ungünstig ist. Ein hoher und dabei kurzer Widerrist ist Beschädigungen durch den Sattel leicht ausgesetzt.

Der Rücken soll eine möglichst wagerechte Linie bilden und nicht zu lang sein. Seine Tragfähigkeit ist mit abhängig von der Entwicklung der Muskeln des Rückens, der oberen und unteren Halsmuskeln, sowie der Bauchmuskeln. Übermäßige Länge des Rückens beeinträchtigt das Tragvermögen und erschwert das richtige Ineinandergreifen der Tätigkeit von Hinter- und Vorhand. Die Nachteile eines langen Rückens können bis zu einem gewissen Grade durch kräftige Entwicklung der Lenden ausgeglichen werden. Der Senkrücken, bei dem die Rückenlinie nach unten durchgebogen ist, ist für den Reitgebrauch im allgemeinen nachteilig. Der Karpfenrücken, bei dem die Rückenlinie in ihrem hinteren Teil nach oben aufgewölbt ist, veranlaßt in der Regel einen harten Gang.

Die Beschaffenheit der Kruppe ist wegen ihrer Mitwirkung bei der Kraftübertragung von hinten nach vorn auf die gesamte Leistungsfähigkeit von weitgehendem Einfluß. Vorteilhaft ist eine mäßig schräge Lage der Kruppe bei genügender Breite und Länge. Bei derartiger Beschaffenheit der Kruppe sind die wichtigsten, der Tätigkeit der Hinterhand dienenden Muskeln kräftig entwickelt und können ihre Wirkung gut ausüben. Die kurze Kruppe entbehrt dieser Vorzüge ebenso wie die schmale. Bei der horizontalen Kruppe ist die Kraftübertragung wesentlich erschwert. Das gleiche ist der Fall bei der abschüssigen Kruppe, auch sind bei dieser Form in der Regel die Bewegungen der Hinterbeine weniger ausgreifend.

Die Brust soll lang, breit, tief und gut gewölbt sein, damit sie einer möglichst kräftigen Entwicklung der Lunge und des Herzens genügend Raum gewährt. Die auf einer flachen Wölbung der vorderen Rippen und einer schwachen Ausbildung der Brustmuskeln beruhende schmale Brust deutet auf mangelhafte Entwicklung der Atmungswerkzeuge und verbürgt keine sichere Sattellage.

Der Umfang des Bauches soll dem des Brustkorbs entsprechen und Platz für eine gute Entwicklung der Eingeweide bieten. Die untere Bauchlinie soll allmählich nach hinten ansteigen. Ein zu flacher Rippenbau oder ein ganz runder Leib sowie ein dicker Bauch oder aufgeschürzte Flanken beeinträchtigen die Lage des Sattels.

Die Flanken sollen kurz sein; dann ist das Pferd gut geschlossen und eine feste Verbindung zwischen Hinterhand und Vorderhand vorhanden.

Die Verbindung der Vorderbeine mit dem Rumpfe wird durch Muskeln und Sehnenhäute hergestellt; der Rumpf ist gleichsam in einem Schwebegurt aufgehängt.

Die Schulter soll lang, breit und schräg gelagert sein; der Schritt ist dann gut und geräumig. Auch Länge und Lage des Armbeines sind auf die Schrittweite von Einfluß. Die kurze und steile Schulter ist meist mit einem kurzen und steilen Armbein verbunden. Der Schritt ist dann in der Regel kurz und unelastisch.

Der Vorarm steht hinsichtlich seiner Länge meist im umgekehrten Verhältnis zum Vorderschienbein. Langer Vorarm mit kurzem Schienbein erzeugt bei entsprechender Winkelung des Beines einen langen, jedoch flachen Schritt; dagegen wird bei kurzem Vorarm und langem Schienbein der Schritt meist kurz, aber hoch sein.

Das Vorderknie soll senkrecht zwischen Vorarm und Vorderschienbein eingefügt sein und eine gute Entwicklung in allen drei Richtungen erkennen lassen. Die Vorderfläche soll eine schwache Wölbung zeigen. Der Übergang der hinteren Fläche zum Schienbein soll gerade oder nur leicht ausgeschweift

sein. Bei starker Aushöhlung an dieser Stelle wird das Vorder=
knie als g e s ch n ü r t bezeichnet. Diese Form weist auf ein
schwaches Gelenk sowie auf eine mangelhafte Entwicklung der
Beugesehnen hin und ist meist mit einem losen Stand ver=
bunden.

Das V o r d e r s ch i e n b e i n soll von der Seite betrachtet
breit sein und trocken erscheinen. Die Beugesehnen müssen sich
deutlich voneinander abheben.

Der F e s s e l k o p f soll besonders von der Seite betrachtet
breit sein; diese Form läßt auf eine gute Ausbildung der
Sehnen und Gelenkbänder schließen. Um diesen breite Ansatz=
flächen zu bieten, muß die F e s s e l von vorn breiter erscheinen
als das Schienbein. Zu lange Fesseln erschweren die Be=
wegung und vermindern die Schnelligkeit und Sicherheit des
Ganges; zu kurze erzeugen einen unelastischen Gang. Die
H u f k r o n e muß einen größeren Umfang besitzen als die
Fessel.

D i e F o r m d e s H u f e s s o l l s t e t s d e r S t e l =
l u n g s e i n e s B e i n e s e n t s p r e ch e n. Von der Seite
gesehen wird dies daran erkannt, daß Fessellinie (Längs=
achse des Fesselbeins) und Zehenlinie in gleicher Richtung ver=
laufen. Von vorn betrachtet paßt der Huf zur Stellung, wenn
die Verlängerung der Halbierungslinie der Fessel die Mitte
der Hufzehe trifft. Befinden sich Beinstellung und Hufform
nicht im Einklang, so treten leicht Schädigungen der Knochen,
Gelenke oder Sehnen ein.

Die H i n t e r b e i n e stellen die hinteren Stützpfeiler
des Rumpfes dar. Die Verbindung mit ihm wird durch
das Hüftgelenk hergestellt. Durch ihre starke Verlängerungs=
fähigkeit beim Strecken der Gelenke tragen die Hinterbeine
in erster Linie zur Vorwärtsbewegung bei.

Der O b e r s ch e n k e l muß richtig gelagert, lang und
breit sowie mit kräftigen Muskeln umgeben sein. Die vordere
Kniefläche soll senkrecht unter der Hüfte und das Knie in einer
Höhe mit dem Ellenbogengelenk liegen.

Durch regelmäßige Lage und ausreichende Länge des
U n t e r s ch e n k e l s sind die besten Vorbedingungen für ge=
räumige und schnelle Bewegungen der Hinterbeine gegeben.
Der kurze Unterschenkel ist meist auch steil gestellt und hat
einen kurzen, tappenden Schritt zur Folge.

Das S p r u n g g e l e n k muß bei richtiger Länge und
Winkelung der über ihm gelegenen Knochen so gelagert sein,
daß der Sprungbeinhöcker senkrecht unter der Sitzbeinspitze
liegt. In seinen sämtlichen Ausdehnungen muß das Sprung=
gelenk stark entwickelt sein. Ein sowohl von der Seite wie von

hinten schmal erscheinendes Sprunggelenk ist großen Anstren=
gungen nicht gewachsen. S c h a r f a b g e s e t z t nennt man
ein Sprunggelenk, wenn seine Innenfläche nicht allmählich in
die Innenfläche des Schienbeins übergeht.

V o n d e r S e i t e betrachtet stehen die Beine r e g e l =
m ä ß i g , wenn eine an der Hufzehe eines Vorderbeines
errichtete Senkrechte das Buggelenk, eine an der Huftracht
eines Hinterbeines errichtete Senkrechte etwa die Mitte
zwischen Hüftgelenk und Sitzbeinspitze trifft. V o r s t ä n d i g
heißt die Stellung, wenn die Senkrechte vor, und r ü c k =
s t ä n d i g , wenn sie hinter die bezeichneten Punkte fällt.
Weicht nur das Vorderschienbein von der Senkrechten nach
vorwärts ab, so nennt man das Pferd r ü c k b i e g i g , weicht
es nach hinten ab, v o r b i e g i g . Bei der s c h r ä g e n
F e s s e l u n g bildet die Fessellinie mit dem Boden einen
Winkel, der kleiner ist als 45°. Bei dieser Stellung sind die
Sehnen stark belastet. Bei der s t e i l e n F e s s e l u n g ist
der Winkel größer als 45°. B ä r e n f ü ß i g heißt die Stel=
lung, wenn sich an einer schrägen Fessel ein stumpfer Huf be=
findet; hier verläuft die Fessellinie nicht in gleicher Richtung
mit der Zehenlinie des Hufes.

Bei der r e g e l m ä ß i g e n Stellung v o n v o r n ge=
sehen trifft eine vom Buggelenk gefällte Senkrechte die Mitte
der Hufzehe, und beide Beine stehen parallel zueinander
An den Hinterbeinen muß eine von der Sitzbeinspitze
gefällte Senkrechte mit der Mittellinie der hinteren Schien=
beinfläche zusammenfallen. B o d e n w e i t ist die Stellung,
wenn die Beine von den Buggelenken ab nach unten aus=
einander weichen, b o d e n e n g , wenn sie sich nähern.
Beginnen diese Abweichungen nach außen oder innen am
Vorderknie oder am Sprunggelenk, dann spricht man von
x= oder o= b e i n i g e r Stellung. Fangen sie erst am Fessel=
kopf an, so nennt man diese Stellung z e h e n w e i t oder
z e h e n e n g . Bei allen diesen Stellungsarten können die
Beine noch um ihre Längsachse nach außen oder innen
gedreht sein; man bezeichnet dies als d i a g o n a l n a c h
a u ß e n oder d i a g o n a l n a c h i n n e n .

Beim r e g e l m ä ß i g e n Huf, v o n d e r S e i t e ge=
sehen, bilden Zehenwand und Trachtenwand einen Winkel
von etwa 45° mit dem Boden, in ihrer Länge verhalten sie
sich wie 3:1. Beim s p i t z e n Huf ist der Zehenwinkel
kleiner, beim s t u m p f e n Huf größer als 45°.

Der regelmäßige Huf, von vorn gesehen, hat mäßig schräg verlaufende Seitenwände; er ist von mittlerer Höhe, die Sohle ist etwas gewölbt, der Tragerand hat eine runde, beim Hinterhuf mehr spitzrunde Form. Beim engen Huf verlaufen die Seitenwände steil, er ist hoch, die Sohle zeigt starke Wölbung, und der Tragerand hat eine ovalrunde Form. Der weite Huf hat schrägere Seitenwände als der regelmäßige Huf, er ist niedrig, die Sohle flach, und der Tragerand kreisrund.

B. Die Bewegung.

Gleichgewicht.

Unter Gleichgewicht des Pferdes im reiterlichen Sinne versteht man diejenige Haltung von Hals und Kopf in Ver=

Bild 70.

bindung mit einer solchen Stellung der Beine, bei der die Last am günstigsten verteilt ist und der Reiter bei richtigem Sitz am besten über die Kräfte des Pferdes verfügen kann. Auch steht dann die Verteilung des Gewichtes des Pferdes und des Reiters im richtigen Verhältnis zur Tragfähigkeit und Federkraft der Beine. Je mehr diese Bedingungen während des Ge= brauches erfüllt werden, um so länger wird das Pferd brauchbar und sicher auf den Beinen bleiben.

Der Schwerpunkt eines Körpers ist der Punkt, um den sämtliche Teile so gelagert sind, daß bei seiner Unterstützung der ganze Körper unterstützt ist. Die Senkrechte durch den Schwerpunkt heißt die Schwerlinie.

Der Schwerpunkt des Pferdes liegt je nach dem Körperbau des Tieres und nach dessen Haltung sehr verschieden. Von Einfluß sind namentlich die Schwere von Kopf und Hals sowie deren vorhängende oder mehr nach rück= wärts verlegte Haltung. Bei dem auf den vier Beinen gerade stehenden Pferde liegt der Schwerpunkt, infolge der natürlichen Mehr= belastung der Vorhand um $1/_9$ des Gesamt= körpergewichts, näher den Vorder= als den Hinterbeinen. (Bild 70. S.)

Die Unterstützungsfläche des stehenden Pferdes wird durch die Verbindungslinien der äußersten Punkte der vier Hufe begrenzt. Je größer die Unterstützungsfläche ist, und je näher der Rumpf über ihr liegt, um so besser ist dieser gestützt. Da die Schwerlinie bei normaler Kopfhaltung mehr in die vordere Hälfte der Unterstützungsfläche fällt, ist **die Vorhand wesentlich mehr belastet als die Hinterhand.** Beim Senken von Hals und Kopf wird die Vorhand noch mehr belastet, durch Aufrichten erheblich entlastet.

Bei Belastung des Pferdes durch das Gewicht des Reiters müssen die Schwerlinien von Reiter und Pferd möglichst zusammenfallen, wenn die Last leicht getragen und unterstützt werden soll. Vom Gewicht des Reiters fallen etwa zwei Drittel der Vorhand und ein Drittel der Hinterhand zu.

Allgemeines über die Fortbewegung.

Bei der Fortbewegung oder dem Gang wird der Schwerpunkt des Pferdes nach der Bewegungsrichtung hin verlegt und von neuem unterstützt. Jede Vorwärtsbewegung nimmt ihren Ausgangspunkt von einer Streckung der Gelenke der Hinterbeine. Um den vorwärts bewegten Rumpf zu stützen, muß sogleich ein Vorderbein vorgebracht werden.

Nach dem Abheben vom Boden wird das einzelne Bein vorwärts geschwungen, bis es wieder aufgesetzt wird und nun den Körper stützt. Sobald dann der Körper auf die Beine nachgerückt ist, stemmt es ihn wieder weiter und hebt sich selbst demnächst wieder vom Boden ab. Demgemäß läßt sich die Bewegung jedes Beines einteilen in den Zeitabschnitt des Abhebens, des Schwingens, des Stützens und des Stemmens.

Die einzelnen Vorgänge fallen schnell aufeinander, so daß eine unmittelbare Beobachtung schwer ist. Erst die Herstellung fortlaufender Augenblicksbilder erleichterte die genaue Erkenntnis der Fußfolge bei den verschiedenen Gangarten.

Gangarten.

Die Gangarten des Pferdes sind Schritt, Trab, Galopp.

Sie unterscheiden sich im wesentlichen voneinander durch die zeitliche Folge der Tätigkeiten der einzelnen Beine durch die Schnelligkeit der Bewegungen und durch die Mitbeteiligung des Rumpfes. Abgesehen von den durch die Reitkunst erzeugten Veränderungen unterscheidet man danach schwunglose (Schritt) und schwunghafte (Trab und Galopp) Gangarten oder auch schreitende (Schritt und Trab) und springende (Galopp).

Die Geräumigkeit des Schrittes ist von der Streckfähigkeit der Vorderbeine (Vortritt) und der Hinterbeine (Nach=schub) abhängig. Die notwendige Vorbedingung für einen sicheren, raumgreifenden Schritt sind neben regelmäßiger Winkelung der Gelenke eine im Verhältnis zur Höhe des Pferdes richtige Länge der Knochen und damit auch der dazu=gehörigen Muskeln.

Die Messungen der Schrittlänge, d. h. der Entfernung der Hufspuren desselben Beines, ergeben abweichende Zahlen. Die Durchschnittslänge beträgt etwa 1,60 bis 1,80 m. Die Spuren der Hinterhufe fallen bei regelmäßigem Körperbau und regelmäßiger Beinstellung etwa in die hintere Hälfte der Spuren der Vorderhufe, etwas seitwärts nach außen.

Die Vorwärtsbewegung der Beine erfolgt nacheinander in diagonaler Reihenfolge. Wenn z. B. der rechte Vorderfuß antritt, folgt der linke Hinter=, hierauf der linke Vorder= und zum Schluß der rechte Hinterfuß.

Die Tätigkeit der Beine während der einzelnen Zeit=abschnitte ist nachstehend schematisch dargestellt. Dabei folgen die einzelnen Fußsetzungsmomente mit Zahlen versehen von links nach rechts. Der Pfeilstrich bedeutet die Bewegungs=richtung. Die Beine, die auf dem Boden stehen, also st ü ß e n oder st e m m e n, sind dargestellt (Bild 71), die, die sich zur selben Zeit in der Luft befinden, also a b h e b e n oder s ch w i n g e n, sind fortgelassen.

Beim P a ß werden nicht die diagonalen, sondern die gleichseitigen Fußpaare gleichzeitig vorwärts geschwungen und niedergesetzt. Dabei entstehen schaukelnde Bewegungen des Körpers. Für die Soldatenreiterei ist diese Gangart fehlerhaft.

Im Trab schreiten die Beinpaare wechselseitig, so daß stets zwei diagonale Beine gleichzeitig nach vorn geführt werden. Die Hinterbeine federn dabei den Körper so kräftig ab, daß das Pferd beim Wechsel der diagonalen Fußpaare einen Augenblick frei in der Luft schwebt. Das schwingende Beinpaar erreicht also den Boden etwas später, als ihn das stemmende Paar verlassen hat.

Die Geräumigkeit der Trabbewegung ist außer von den beim Schritt bereits angegebenen Vorbedingungen besonders noch von der Beschaffenheit und Tätigkeit der Schenkel= und Rückenmuskulatur abhängig. Je größer die Schubfähigkeit der Hinterbeine und die Schulterfreiheit sind, und je ge=streckter die Vorderknie unter möglichster Streckung der Bug= und Ellenbogengelenke nach vorn geführt werden können, um

als Vorübung für den Exerziergalopp allmählich verstärkt werden.

Das Verstärken des Galopps hat auf langen Linien zu erfolgen.

Das Schließen ist nur in dem Umfange zu üben, wie es im Gliede gebraucht wird.

Um die jungen Pferde zur Verwendung im Gliede vor= zubereiten, müssen sie lernen, mit den verschiedenen, beim Exerzieren vorkommenden Abständen in sicherem Tempo zu gehen. Besonders notwendig ist die Übung im Reiten auf einen Schritt Abstand, weil das Halten des Tempos hierbei am schwersten ist.

Die Lanzenübungen sind so frühzeitig zu beginnen, daß die Pferde bei Einstellung in die Eskadron jede Scheu vor Lanze und Stechgegenständen verloren haben. Die Pferde sind auch an den Säbel zu gewöhnen.

Das Schwimmen am Kahn und mit dem Reiter gehört gleichfalls zur Ausbildung des jungen Pferdes.

durch Beugung und Streckung der unter den Körper gesetzten Hinterbeine. Die Schub= und Schnellkraft geht nicht wie beim Schritt und Trab abwechselnd und gleichmäßig von beiden Hinterbeinen aus. Sie erfolgt vielmehr von dem einen, dem auswendigen, das nach dem freien Schweben zuerst allein aufsetzt, früher als von dem andern mit dem diagonalen Vor= derbein gleichzeitig aufsetzenden Hinterbein. Die Beine befinden sich nicht gleichmäßig nebeneinander, sondern ein gleichseitiges Fußpaar ist mehr nach vorn gestellt. Danach unterscheidet man Rechtsgalopp und Linksgalopp.

Im natürlichen Rechtsgalopp kommt nach dem freien Schweben zuerst der linke Hinterfuß auf den Boden, sodann gleichzeitig der linke Vorder= und rechte Hinterfuß und zuletzt der rechte Vorderfuß. Das Abschwingen erfolgt in derselben Reihenfolge. Vergleicht man den Galoppsprung mit der Flug=

Trab.
Bild 72.

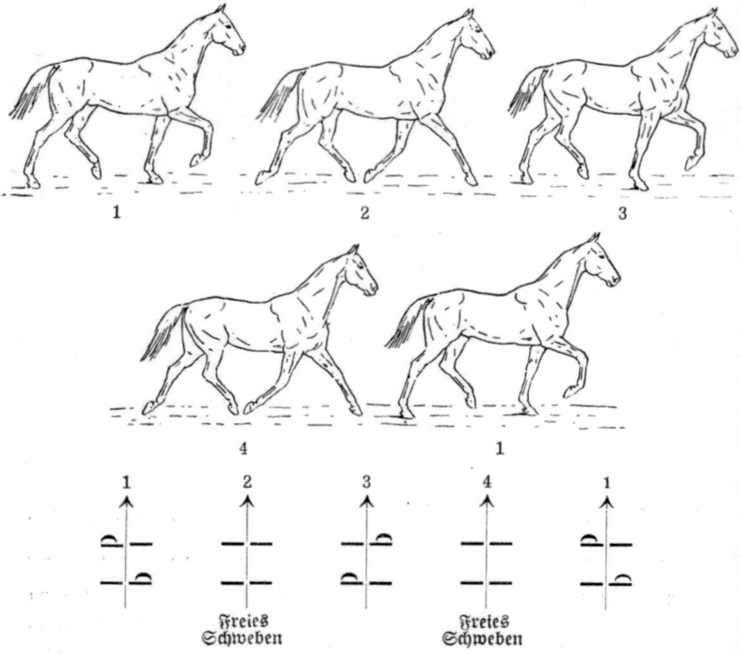

1   2   3

4   1

1	2	3	4	1
	Freies Schweben		Freies Schweben	

bahn eines Geschosses, so fußt der auswendige Hinterfuß noch im absteigenden Ast, die diagonalen Füße fangen am Ende des Sprunges die Hauptlast des Körpers auf. Der inwendige Vorderfuß schaltet, gleichsam als Sprungstab, das nach vorn gerichtete und durch die Körperschwere gleichzeitig abwärts gelenkte Beharrungsbestreben in die wieder ansteigende Richtung für den neu beginnenden Sprung um.

Natürlicher Rechtsgalopp.
Bild 73.

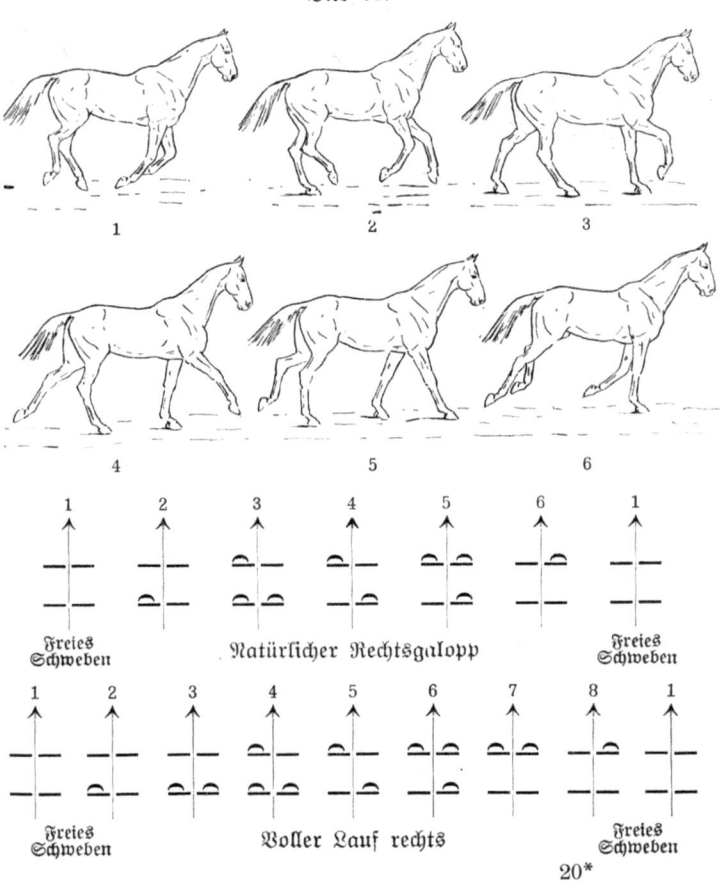

Im abgekürzten Galopp, wo die Tragekraft, und im vollen Lauf, wo die Schubkraft überwiegt, fußt das diagonale Paar nicht gleichzeitig, sondern der innere Hinterfuß um weniges früher als der äußere Vorderfuß. Im abgekürzten Galopp ist ein freies Schweben nicht wahrnehmbar.

Die Geräumigkeit der Galoppsprünge und die Geschwin= digkeit ist nach der Galoppart verschieden. Im Mittelgalopp ist der Sprung ungefähr 3,60 m lang.

Sprung.

Zum Sprung hemmen die Vorderbeine die Vorwärts= bewegung je nach der Größe des Hindernisses so weit, daß die Hinterbeine vermehrt untergeschoben werden können und fast gleichzeitig fußen. Die Vorderbeine stoßen die Vorhand vom Boden ab, die Gewichtsmasse wird von den vermehrt gebeugten Hinterbeinen aufgenommen und von diesen durch kräftige Streckung nach vorwärts und aufwärts geschnellt. Beim richtig ausgeführten Sprunge landen die Vorderbeine zuerst, und zwar das eine meist früher als das andere, die Hinter= beine werden dicht an die Vorderbeine herangesetzt, so daß die Vorwärtsbewegung möglichst wenig gehemmt wird.

Anhang V.

Die wichtigsten deutschen Zuchtbrände.
A. Brände der Staatsgestüte.
Preußische.

Hauptgestüt Graditz
(h. r.)

Hauptgestüt Weber-
beck (h. r.)

Hauptgestüt Neu-
stadt a. D. (h. r.)

Hauptgestüt
Trakehnen (h. r.)

Hauptgestüt
Albefeld (h. r.)

Bayrische.

Brand des bayr.
Stammgestüts
Achfelschwang (h. r.)

Brand des bayr.
Stammgestüts
Zweibrücken (h. r.)

B. Stutbuchbrände.

Oſtpr. Stutb.-Br.
(h. l., bzw. für ins
Stutbuch neu auf-
genommene Stuten:
Hals l.)

Oſtpr. Züchter-
Vereinigung (h. l.)

Hannov. Stutbuch-
brand (h. l.)

Mecklenburger
Stutbuchbrand (h. l.)

Pommerſcher
Stutbuchbrand (h. l.)

Oldenburger
Stutbuchbr. (h. l.)

Südoldenburger
Stutbuchbr. (h. l.)

Oſtfrieſ. Stutbuch-
brand (Hals l.)

Schleſiſcher Stut-
buchbr. (h. l.)

Weſtfäliſcher
Stutbuchbr. (h. l.)

Württembg.
Stutbuchbrand (h. r.)

Grenzmark-Stutbuch
Geſellſchaft (h. l.)

C. Kontrollbrände.

Oftpr. Kontroll=
bra d, Reg.=Bez.
Gumbinnen (h.l.)

Oftpr. Kontroll=
brand, Reg.=Bez.
Königsberg und
Allenstein (h. l.)

Oftfrief. Kontroll=
brand (h. l.)

Weftfälifcher Kon=
trollbr. Sattellage l.

Hannöverfcher
Kontrollbrand. Für
Nachkommen von
Stuten mit blauen
oder roten Füllen=
fcheinen, die nicht in
das Stutbuch ein=
getragen find.

D. Privatgestütsbrände.

Lopshorn
(Sennergestüt) h. I.

E. Brände aus abgetretenen Gebieten.

Posener Stutb.=Br.
(h. I.)

Posener Kontrollbr.
(Rück. I.)

Sachverzeichnis.

><

Ernst Siegfried Mittler und Sohn, Buchdruckerei G. m. b. H.,
Berlin SW68, Kochstraße 68—71.